全国教育科学"十三五"规划教育部重点课题
"科学与艺术有机整合的幼儿学习活动创新研究"（DHA160361）成果

学前儿童STEAM学习活动

案例及评析

陈晓芳　等◎著

北京师范大学出版集团
BEIJING NORMAL UNIVERSITY PUBLISHING GROUP
北京师范大学出版社

图书在版编目(CIP)数据

学前儿童 STEAM 学习活动案例及评析 / 陈晓芳等著 . — 北京:北京师范大学出版社,2022.8(2023.8 重印)
ISBN 978-7-303-27957-9

Ⅰ.①学… Ⅱ.①陈… Ⅲ.①科学知识－活动课程－教案(教育)－学前教育 Ⅳ.①G613.3

中国版本图书馆 CIP 数据核字(2022)第 118442 号

营 销 中 心 电 话　010-58808083　58805532
图 书 意 见 反 馈　gaozhifk@bnupg.com　010-58805079

XUEQIAN ERTONG STEAM XUEXI HUODONG ANLI JI PINGXI

出版发行:北京师范大学出版社 www. bnupg.com
　　　　　北京市西城区新街口外大街 12-3 号
　　　　　邮政编码:100088
印　　刷:唐山玺诚印务有限公司
经　　销:全国新华书店
开　　本:710 mm×1000 mm　1/16
印　　张:14
字　　数:235 千字
版　　次:2022 年 8 月第 1 版
印　　次:2023 年 8 月第 2 次印刷
定　　价:48.00 元

策划编辑:张丽娟　　　　　责任编辑:梁民华
美术编辑:陈　涛　李向昕　装帧设计:李尘工作室
责任校对:陈　荟　　　　　责任印制:马　洁　赵　龙

编委会

总　序

整体的学习，关联的经验

我国基础教育的基本目的是培养全面发展的儿童，这既是国家对未来人才的基本要求，也是儿童自身成长和发展的必然要求。培养德智体美劳全面发展的完整儿童也是世界教育的基本价值追求。促进儿童全面发展，培养完整儿童，一直是我国学前教育者努力奋斗的目标，广大幼儿教师为此付出了青春和汗水，积累了丰富的实践经验，取得了明显的教育成效。

实现儿童全面发展的学前教育目标是一项艰巨复杂的工作，需要广泛探索，深入研究，创新实践。要避免学前教育的单一化、片面化、小学化，要用联系的、整体的眼光去构建学前教育实践体系，真正使儿童发展的各领域有机联系，使幼儿园的课程相互渗透。要像陈鹤琴先生在"活教育"和"五指活动"中所倡导的那样，关注儿童的生活，以儿童的生活为基础，注重健康、社会、语言、科学和艺术之间的有机联系和相互渗透。因此，儿童的学习领域是一种相对的划分，它以完整儿童的成长为前提，以儿童整体的生活为基础，不同领域相互支撑，共同作用，灵活协同，共同促进儿童的全面发展。

科学领域和艺术领域是两个既相对独立又相互关联的领域，是幼儿园课程体系中非常重要的不可或缺的组成部分。科学领域，主要是通过儿童对外部自然世界和科学现象的观察、探究、实验、思考等不断获得新的科学经验，发展科学思维和科学能力。科学认知的过程，经常伴随着儿童的审美过程，关注自然现象和科学现象中的自然美、科学美是审美的重要途径和内容。幼儿园教室里的植物角内各种形状和颜色的植物,幼儿园内花草树木及其四季的变化,大自然中更为丰富多样的动植物等都是重要的审美对象。从这个意义上说,自然与艺术是相融、相通的,是有机联系、相互渗透的。

艺术领域除了多种形式的审美,还包括多种方式的表达美和表现美。儿童对美的表达是伴随科学认知的。秋天,当儿童走进小树林,看到金黄的树叶,他们自然会表达出赞美和欣赏之情;当儿童走在落叶上,听到沙沙沙的声响,他们也会说出赞美的诗句。这是对自然美的表达。儿童对种植的植物生长过程的记录,对养殖的小动物生命历程的记录,都具有表达美的意味。儿童对科学实验中各种现象的表达,都体现了对美的追求。儿童的很多诗歌、故事和戏剧都以特定的方式表达着自然和科学现象中的美。因此,科学是美的源泉,美是科学经验的延伸和深化。亲近自然既能获取科学经验,也能加强审美经验。

深入研究并把握幼儿园课程中科学与艺术领域之间的有机联系和相互渗透,对儿童获得真实的、相互联系的经验至关重要。陈晓芳老师带领幼儿园教师一直在进行这个领域的研究,有较为深入的理论思考,也经过了几轮实践的探索,这个过程非常必要,也非常有价值。该研究已经形成了一些基本的观念,一系列的教育活动,一套行之有效的实践策略,这对整合科学与艺术领域的教育,让儿童获得关联和完整的经验具有重要的意义,也对进一步推进幼儿园课程不同领域之间的相互渗透和有机结合,培养完整儿童具有重要的启发意义。

希望课题组不断研究,进一步探索,提升经验,建构理论,为繁荣和发展新时代我国学前教育的理论和实践做出新的贡献。

虞永平

南京师范大学教育科学院教授,博士生导师

2020 年 10 月 25 日

前　言

　　STEAM 教育是整合科学、技术、工程、艺术、数学的教育,强调学习者以学科融合的方式认识世界,运用跨学科思维、综合创新的形式改造世界,培养解决实际问题的能力。

　　秉持 STEAM 教育理念的学者认为,科学、技术、工程、艺术、数学之间存在着一种相互支撑、相互补充、共同发展的关系。只有在这些领域的交互运用、相互碰撞中,才能实现儿童深层次的学习(理解性学习),也才能真正促进儿童认识、技能、情感、思维等方面的发展。STEAM 教育的"学科融合"思想和学前儿童"整体认知事物"的学习特点基本一致。所以,STEAM 教育的理念和课程可以在幼儿园实施。

　　学前儿童 STEAM 学习活动,即教师根据幼儿整体认知事物的学习特点,为了解决幼儿在学习和生活中遇到的问题或满足其学习和生活的需要,以"项目学习"或"问题学习"为主要方式,通过对活动目标、内容、形式进行整合设计及有效评价,对 3~6 岁幼儿开展科学、技术、工程、艺术、数学整合的教育。教师通过设置巧妙的问题情境,以幼儿的生活经验为基础,通过回忆与重组生活经验、动手操作、观察实物、想象、描述、联想、模拟、分析和推理等途径,引导幼儿通过合作与实践完成主题项目,解决生活中遇到的难题。这一过程一般会经历"问题提出、方案设计、工程规划、建立模型、技术实施、测试优化、工程完成(审美展现)"等学习阶段,能够培养

1

幼儿发现问题、分析问题、创造性地解决问题的能力。因而,学前儿童 STEAM 课程具有跨学科、体验性、协作性、情境性、艺术性的基本特征。

本书在研究美国、芬兰、英国等国家 STEAM 教育课程方案及儿童学习成效评价方案的基础上,将国外 STEAM 教育的精髓进行本土化转换研究。首先,采用程序化、操作化和定量分析的手段,从个别到一般,归纳出幼儿学习的现状及存在的问题,为设计 STEAM 幼儿学习活动奠定基础。其次,对幼儿学习活动进行现场观察,分析案例,访谈调研教师,研发并不断验证、修改与完善量表,获得对幼儿 STEAM 活动中的学习兴趣、主要学习方式及学习规律的有效认识,再利用这个规律对幼儿的 STEAM 活动进行进一步的科学设计、组织、实施、评价。最后,归纳和总结出学前儿童 STEAM 活动的目标、内容、过程和方法。

其实,就儿童科学学习实践的本质而言,幼儿的科学学习包含了对技术、工程、数学领域知识的学习,所以本书是北京教育学院陈晓芳教授主持的全国教育科学"十三五"规划教育部重点课题"科学与艺术有机整合的幼儿学习活动创新研究"(课题编号:DHA160361)的实践转化成果,亦是北京教育学院卓越教师工作室项目"学前儿童 STEAM 教育研究"的成果,也是陈晓芳教授组织、带领北京市第一幼儿园、北京市六一幼儿院、北京市西城区棉花胡同幼儿园、北京市东城区新中街幼儿园、北京市朝阳区丽景幼儿园的专家和团队成员历经两年所取得的合作研究成果。各幼儿园在传承自己园本特色课程的基础上,借鉴 STEAM 教育理念,丰富和拓展了自己的课程,使得课程更具时代性,更加符合现代儿童发展的需要。本书第一章"概述"由胡鹏、陈晓芳、谢志东老师撰写,第二章"基于 STEAM 教育理念的幼儿生活化科学活动案例研究"由北京市第一幼儿园总园李新平老师科研团队撰写,第三章"融合 STEAM 教育理念的幼儿艺术活动案例研究"由北京市朝阳区丽景幼儿园孟娜老师科研团队撰写,第四章"汇集 STEAM 教育理念的幼儿区域活动案例研究"由北京市西城区棉花胡同幼儿园蒋小燕老师科研团队撰写,第五章"融入 STEAM 教育理念的幼儿主题活动案例研究"由北京市六一幼儿院杨意老师科研团队撰写,第六章"整合 STEAM 教育理念的幼儿动画制作活动案例研究"由北京市东城区新中街幼儿园穆东燕老师科研团队撰写,第七章"渗透 STEAM 教育理念的幼儿戏剧活动案例研究"由北京市第一幼儿园吉祥分园邢燕虹老师科研团队撰写。全书由陈晓芳、胡鹏总策划,徐慧芳、卫星、杨宣、孙美红、李佳景审阅、修改。

本书在案例的开发和实施中,始终以幼儿的兴趣与需求为活动设计的基点和主线,发现并追随幼儿的兴趣;以科学、技术、工程、艺术、数学领域在学前教育中的独特价值为前提,承认它们之间复杂的关联以及相互作用,为幼儿创设一个基于真实问题解决的,集问题探究、方案设计、工程规划与实施、合作沟通、艺术创想为一体的学习环境。在这样的环境中,幼儿能够愉快地学习。

本书的出版也是北京教育学院"卓越教师工作室"入室教师带领的青年教师专业成长的见证。青年教师在参与课题研究的过程中阅读并分析了大量国内外有关学前儿童 STEAM 教育的文献,并借鉴其教育思想,结合所在幼儿园的课程特点和幼儿的实际状况,开发了适合学前儿童的 STEAM 活动案例,进行了案例实施及过程的规律性总结。本书对我国广大从事有关研究和课程开发的幼儿园教师有借鉴作用。

本书的创新之处在于实现了从培养幼儿的简单学科素养到培养幼儿的综合素养的转变,从培养幼儿的项目学习能力到培养幼儿的创造能力的转变。此外,我们在幼儿教育实践的基础上,结合教育发展趋势,探讨学前儿童 STEAM 课程融合的模型,并从实践层面提出了科学、技术、工程、艺术、数学在早期幼儿教育阶段融合的模式与方法。此项应用性理论研究不仅弥补了国内对幼儿科学、技术、工程、艺术、数学学习关系研究的不足,而且对幼儿综合学习能力的提升具有促进作用。

本书适用于一线幼儿园教师,可为其课程开发及案例研究提供一定的借鉴;也适用于学前教育专业的本科生和研究生,供其开展学术研究用。

最后,衷心感谢给予本工作室的研究和本书的出版以支持的北京教育学院的专家;北京市第一幼儿园刘金玉园长,北京市六一幼儿院曹雪梅院长,北京市东城区新中街幼儿园李丽华、黄姝园长,北京市朝阳区丽景幼儿园唐燕园长,北京市西城区棉花胡同幼儿园李建丽园长,北京市东城区明城幼儿园迟芳园长;北京师范大学出版社的编辑老师们。

陈晓芳　谢志东

2022 年 2 月

目　录
CONTENTS

第一章　概　述

随着人工智能、5G、大数据等现代信息技术的飞速发展，教育面临着多元化社会背景下的融合与变革。当今影响较为广泛的 STEAM 教育，正是适应这种融合与变革的产物。幼儿是祖国未来的希望，是多年后社会人力资源的重要储备。研究学前阶段的 STEAM 教育有利于幼儿个人的发展，也有利于对未来创新科技人才的培养。

STEAM 教育源于美国，是由科学(Science)、技术(Technology)、工程(Engineering)、艺术(Arts)、数学(Mathematics)组成的综合性跨学科教育。"在未来一到两年内，STEAM 教育将在全球兴起，成为知识经济时代一种全球性的科技教育战略，并且将对学校教育特别是基础教育产生重要影响。"(*2015 Horizon Report K-12 Edition*)2017 年 3 月，北京师范大学智慧学习研究院发布的《2017 新媒体联盟中国高等教育技术展望：地平线项目区域报告》指出：STEAM 学习的兴起将是短期内我国教育技术的重要发展趋势之一。

"十四五"学前教育发展提升行动计划(以下简称"行动计划")，旨在进一步推进学前教育改革发展。行动计划指出，学前教育改革的重要任务是全面提高保教质量。这就意味着教育者必须尊重幼儿身心发展规律和学习特点，激发幼儿探究兴趣，培养幼儿的交往与合作能力，以促进幼儿在快乐的童年生活中获得有益于身心的发展。当前，学前教育普惠性资源日益充足，但教学质量、教育方法问题日益突出。随着人类脑科学和神经科学的研究成果日益丰富，在尊重幼儿成长规律的前提下，提高学前教育质量将是下一步发展的关键。互联网和人工智能等科学技术迅猛发展，未来国家发展依靠的是具有创新精神的科技人才，幼儿园培养的是未来社会需要的人才，从幼儿园阶段开始进行 STEAM 教育是社会发展的必然趋势。

随着课程改革的发展，教师的专业成长必须依赖于自我反思和教研合作。我们发现案例研究是促进和实现教师专业成长的重要路径。如何收集 STEAM 教育理念下幼儿学习活动案例并撰写案例，找出合理的、结合幼儿园优势资源来开发 STEAM 课程的有效路径是本书研究的重点。

本章就幼儿 STEAM 活动案例的形成与分析进行总述。

第一节　幼儿 STEAM 活动案例的形成

STEAM 教育注重知识融合性、人才创新性的理念顺应了我国"十四五"乃至未来更长时期的人才培养需求，其强调"生活性、问题性、情境性、合作性"的精髓亦符合学前儿童的学习特点和学习需要，因而，对学前儿童开展 STEAM 教育，尤其是引导 4～6 岁幼儿开展 STEAM 学习活动，对其自身的发展和满足社会的需要有重要意义。

本节将对幼儿 STEAM 活动的内涵及特征、案例资源的开发做主要论述。

一、幼儿 STEAM 活动的内涵及特征

(一)幼儿 STEAM 活动的内涵

幼儿 STEAM 活动，即教师根据幼儿"整体性"认知事物的学习特点，以"项目学习"或"问题(主题)学习"为主要方式，通过对活动目标、内容、形式的整合设计、科学实施及有效评价，对 3～6 岁入园幼儿开展科学、技术、工程、艺术、数学(包括绘画、陶艺、音乐、戏剧、电影等)的融合教育。教师以幼儿的生活经验为基础，设置巧妙的学习问题情境，引发幼儿回忆生活经验、动手操作、观察实物、想象、描述、联想、模拟、分析和推理，通过合作与实践完成主题项目，解决生活中遇到的难题。幼儿在这一过程中一般会经历"问题提出、方案设计、工程规划、建立模型、技术实施、测试优化、工程完成(审美展现)"等学习阶段，能够提高其发现问题、分析问题、创造性地解决问题的能力。因而，幼儿 STEAM 活动具有跨学科、协作性、情境性、审美性、创新性的基本特征。

(二)幼儿 STEAM 活动的特征

1. 以问题连接的跨领域(学科)性

幼儿 STEAM 活动，以问题解决的过程来促进科学、技术、工程、艺术、数

学领域经验和知识的有机融合，支持幼儿以跨学科、综合的、发展性的思维看待和改造世界。正是由于以真实的问题为学习的线索，因此脱离了传统的以领域（学科）知识为中心的短暂且孤立的学习，取而代之的是一种幼儿经历长期的、跨领域（学科）的、以其自身思维发展为主轴且与现实世界之问题和实践相融合的学习活动。这是 STEAM 活动能够引发幼儿心中的好奇、疑惑，引起幼儿兴趣的前提。

2. 与生活勾连的情境性

创造真实的生活情境是激发幼儿学习和探究的必要条件。幼儿 STEAM 活动注重学习与生活的联系，通过为幼儿提供生活化的情境，帮助幼儿在不同领域（学科）之间形成有意义的经验联结，并与幼儿的社会性生活形成有效互动，使幼儿产生真实的情感共鸣，进一步激发幼儿探究的欲望和兴趣。

3. 以体验贯穿的审美性

杜威说，当幼儿正在做的事情和幼儿想要做的事情相一致时，当目的和过程相统一时，那么，这一事件就具备了审美性。由于 STEAM 活动起始于幼儿自身的兴趣和需要，在活动过程中幼儿能够全身心地投入并体验到从事的活动带给他们的愉悦，因此 STEAM 活动本身是带有审美属性的。同时，STEAM 活动本身涵盖了艺术内容，幼儿活动的结果也必须具有美学特征，所以其活动过程和结果都充满了体验性的美感。

4. 以任务导向的协作性

幼儿 STEAM 活动，一方面需要幼儿自己动手，完成他们自己感兴趣且自行设定的"项目"任务；另一方面，由于任务具有一定的难度，需要幼儿与成人之间、幼儿与幼儿之间协商合作。这一过程也使得幼儿一边从"做中学"，一边通过与同伴、成人的交流与合作而学习。

5."想象变为现实"的创新性

想象力是在大脑中描绘图像的能力。当然，所想象的内容并不单单包括图像，还包括声音、味道等五感内容，疼痛和各种情绪体验都能通过想象在大脑中被"描绘"出来，从而使人达到身临其境的境界。幼儿的想象力产生于自身与周围世界的衔接和融合的过程中[①]，如幼儿看着夜晚天空中明亮的月亮，产生了要去

---

① 陈晓芳：《儿童创造力培养的现实困境与实践突破》，载《人民教育》，2021(Z3)。

月亮上荡秋千的想法，这种想象被称为"幻想"。但是，如果幼儿想到"他可以乘着宇宙飞船去，而宇宙飞船是靠着火箭发射升空的，那么，火箭是如何发射并把宇宙飞船送入太空的呢?"于是幼儿在教师和科研人员的引导和支持下，开始了对火箭相关知识和发射原理的学习和探究，并用习得的经验和原理自制火箭。这一原本看似"不符合实际的"幻想，经过一系列的推理、分析以及与现实的接洽，变成了幼儿为解决心中疑问和困惑的现实的活动，并通过活动创造出了"自制火箭"这一"以实物存于现实"的结果，这一过程即是使幼儿的"想象变为现实"的过程（当然，幼儿实则是无法使其自制的火箭飞升太空的，但将来他们成为宇航员中的一员后，完全可以实现自己的想法）。根据火箭的结构和功能，在生活中寻找合适的材料自制火箭，并根据火箭升空原理，使自制火箭能够发射成功的探究和实验过程，本身就是没有现成事例可依照的。

二、幼儿 STEAM 活动案例的开发

(一)幼儿 STEAM 活动案例开发的原则

我们基于多年的教学工作经验，根据幼儿阶段教学目标的要求，结合幼儿生活经验，归纳总结出了以下幼儿 STEAM 活动案例开发的原则。

1. 目的性原则

任何一种幼儿学习活动案例资源的开发，首先应该考虑教育对象的年龄特点、关键经验等；其次要以教育目标为依据，考虑其与教育内容相契合的程度。其中，教育目标直接决定案例资源合适与否，即案例资源的开发要以教学的三维目标为指向。因此，案例资源的选择必须有明确的目的性和典型性，这样才能提高案例资源的针对性和质量。

2. 问题性原则

幼儿 STEAM 活动是教师通过为幼儿提供生活化的情境，用真实的问题引发师幼之间、幼幼之间的合作交流，解决活动中出现的问题的过程。教师选用的案例应用到幼儿学习活动中，必须能够引发幼儿心中的疑惑，因为有疑惑才会有思维。疑惑可以增强幼儿的好奇心和求知欲，是实现教学目标的有力保障。

3. 真实性原则

创造真实的生活情境是激发幼儿学习和探究的必要条件。案例要真实，真实

的生活情境有利于幼儿调动生活经验，使幼儿产生真实的情感共鸣，进一步激发幼儿探究的欲望和兴趣。

4. 新颖性原则

教师在开发案例时，应该了解幼儿的兴趣，知道幼儿的生活体验，从大自然中、生活中选取与 STEAM 教育相关的内容，开展幼儿感兴趣的活动，如幼儿园空间大改造、STEAM 儿童动画制作实验室、在班级相关区域模拟未来社区等。

(二)幼儿 STEAM 活动案例开发的过程要点

我们在明确教学目标、梳理出 STEAM 活动关键经验的基础上，进行案例资源的开发工作。

1. 案例开发过程要点

(1)明确任务，让过程结果化

STEAM 活动的核心是培养幼儿解决问题的能力，教师和幼儿在项目确定阶段就要明确项目的任务，项目成果评价要围绕"任务是否完成及完成得怎么样"展开。因为幼儿在动手实践时，容易迷失在探索材料的特性和追求工具的使用中，所以教师要在幼儿探究过程中经常提醒其不忘要求。专注于学习过程，不过分偏离任务目标对幼儿成长很重要。

(2)突出设计，让思维可视化

人类的短时记忆非常有限，仅有 7 ± 2 个组块，这使人类信息加工受到了很大限制。幼儿的身心尚未发育成熟，还存在思维不可逆的特性，需要教师通过多样的辅助手段帮助其提升思维能力。STEAM 活动中常涉及工程设计问题，这一问题是幼儿思维能力培养过程中的重要问题。在确定设计问题后，利用"树状"思维导图不仅能清晰呈现问题的演进过程，还能避免幼儿重复思考问题。

(3)注重观察，让发现价值化

幼儿 STEAM 活动强调在学习过程中发挥幼儿的主观能动性。幼儿活泼好动、注意力短暂等特点需要教师在活动过程中注重观察其学习行为，以便了解幼儿的学习进程。教师要关注并挖掘幼儿有价值的发现，及时推广其好的想法；也要关注幼儿在科学探究中出现的错误，使错误成为进一步探究的起点。

（4）发扬民主，让氛围轻松化

STEAM 活动任务的顺利完成需要幼儿有良好的问题解决能力和亲善包容、独立自主的个性，包括幼儿使用工具的技能、对失败的心理承受能力、等待实验结果的耐心程度、对于合作学习的心理认同度等。因此教师在关注幼儿学习过程的同时，要理解幼儿活泼好动的行为，发扬民主，尊重幼儿的自主权、决策权、选择权，营造 STEAM 活动轻松愉悦的氛围，努力促使幼儿良性发展。

2. 案例开发要点分析

STEAM 课程借鉴广域课程模式（一种较为综合化的课程组织形式，一般包含某一完整的知识分支，也可包含两个或两个以上知识分支，是将各科教材依性质归到各个领域，再将同一领域的各科教材加以组织和排列，进行有系统的教学）的精髓，以项目活动为载体，突出各领域的核心概念和关键技能，使幼儿在完成项目的综合实践活动中理解概念、掌握技能、创新方法。核心概念不是用来让幼儿背诵的，而是要成为教师引导和支持幼儿形成经验体系的工具。教师围绕核心概念和关键技能设计项目主题，黏合以往支离破碎的事实和定理，使幼儿运用对客体的直接经验理解概念、提高技能。我们根据《3—6 岁儿童学习与发展指南》中五大领域，即健康、语言、社会、科学（包含数学）和艺术领域的培养要求，以综合性、缜密性、连贯性、灵活性为标准，将基于项目的 STEAM 活动主题内容围绕的核心概念与关键技能进行筛选和归纳。研究如表 1-1 所示。

（三）幼儿 STEAM 活动案例开发的阶段

案例必须经过加工和整理，而不是多个素材的堆积。加工案例需要教师研究教学目标，将收集的经典案例进行精编、整理。好的案例基本可依据四个阶段来组织和实施。

第一，项目确定阶段，侧重点是让幼儿发现并确定项目问题。

第二，项目计划阶段，计划项目时间、材料、人员、流程。

第三，项目实施阶段，注重项目小组活动及个人活动。

第四，成果展示阶段，让幼儿完成汇报展示和交流总结。

表 1-1　STEAM 课程主题内容的核心概念和关键技能

领域核心概念	关键技能	跨领域经验
科学： 物质及其属性 力与力的相互作用 能量与守恒 生物体/非生物体 生态系统 地球/宇宙 技术： 使用工具 方法手段 开发和使用模型 工程： 系统与模型 结构与功能 设计与实施 调整与完善 艺术： 审美感知 审美记忆 审美想象 审美创造 数学： 数学思维 数、量与集合 时间与空间	观察　对比 分类　测量 假设　预测 推理　检验 联想　想象 质疑　辩解 记录　描绘 分析　报告 综合　归纳 选择　判断 预演　排练 组织　协商 决策　评价	感知与记忆 提出与定义问题 规划和开展调查 设计解决方案 论据论证 获取、评估和交流信息 原因与结果 变化与稳定性 系统和交互作用

　　这四个阶段可以有效地促进教师对项目活动进行持续性监控，促进幼儿全身心地投入项目活动。在以上活动设计的基础上，教师可以用文字、活动、视频、图片等多元形式整编案例。

三、STEAM 教育理念下的幼儿学习活动案例撰写流程

　　STEAM 教育理念下的幼儿学习活动案例撰写流程如下。

(一)掌握科学、技术、工程、艺术、数学在幼儿 STEAM 活动中的内在关系

STEAM 教育在 STEM 教育四门学科(科学、技术、工程、数学)的基础上加入了艺术元素,强调幼儿跨学科的综合实践学习,旨在培养幼儿综合运用跨学科知识解决实际问题的能力。幼儿的认知发展具有整体性特征,科学、技术、工程、艺术、数学每个学科都在 STEAM 课程中具有重要且独特的价值。科学的神秘感为激发幼儿的探究热情提供了先决条件,从科学现象或问题出发能使幼儿快速投入课程学习。技术是人类在利用和改造世界的过程中积累起来的经验、知识、操作方法和技巧。幼儿通过学习和使用技术来完成工程设计流程,在不断尝试、操作的过程中逐渐实现目标、完成作品。工程在 STEAM 教育理念中更像是幼儿对习得的数学与科学知识的运用,借助知识的作用,通过项目的方式产生物化成果,并在此过程中积累经验。艺术在幼儿 STEAM 课程中以广义形式存在,包括语言、历史、音乐、美术等多学科。艺术的形象性、生动性不仅能够增强学习的趣味性,还能提高幼儿的审美意识,发展幼儿的想象力和创造力。数学中的数、形概念为幼儿把握数量、位置和空间变化的关系提供了重要支撑。

(二)抓住幼儿 STEAM 活动的核心:幼儿思维与学习的年龄特点

我国定义的学前儿童的年龄为 3~6 周岁,分为三个年龄段,即小班 3~4 岁,中班 4~5 岁,大班 5~6 岁,均处于皮亚杰认知发展阶段的前运算阶段。学前儿童以形象思维为主,逻辑思维开始萌芽,思维活动主要依靠直觉,通过对客观事物的直接体验发展认知能力,逐步实现知识与经验的积累。儿童心理学家、教育学家蒙台梭利认为,这一阶段的儿童是语言能力、空间能力、细微事物观察能力、人际关系能力等能力发展的敏感期,园所和家长如果能够意识到儿童的敏感期并施以正向干预,就能适时地从各方面促进儿童的成长。

幼儿园 STEAM 教育目标重在思维的启蒙和思维方式的培养,即培养幼儿探究问题的意识,发展幼儿的创新思维和创造性解决问题的能力,弱化幼儿对 STEAM 五个学科概念性知识的机械掌握,以游戏化的活动形式和生活化的问题情境促进幼儿对 STEAM 知识的理解。教师基于幼儿的表现来判断幼儿的 STEAM 素养。

另外,由于幼儿的抽象理解能力较低,因此 STEAM 教育可以蕴含在幼儿显性或隐性的实践活动中。对于小班和中班前期的幼儿,STEAM 教育采用基于问题的探究式学习方式，以科学和数学两个学科整合为主，借助技术工具，以分类比较、图表分析等形式引导幼儿理解并积累 STEAM 活动经验，重在培养幼儿的探究兴趣、科学态度。对于中班后期和大班的幼儿，随着他们知识经验的增长和认知能力的提高，STEAM 教育采用基于项目的问题解决方式，注重培养其探究兴趣，提高其工程设计、动手实践和问题解决的能力。[①]

四、幼儿 STEAM 活动案例的研究

(一)实证研究

鉴于 STEAM 活动内容的综合性、学习过程的非线性、学习成果的明确性、学习环境的流动性等特点，教师在整个研究过程中可尝试采用实证研究的方法。主要原因在于实证研究具有鲜明的直接经验特征，需要研究者亲自收集观察资料，为提出理论假设或检验理论假设而展开研究。

实证研究方法有狭义和广义之分。狭义的实证研究方法是指利用数量分析技术，分析和确定有关因素间的相互作用方式与数量关系的研究方法。狭义的实证研究方法研究的是复杂环境下事物间的相互联系方式，要求研究结论具有一定的广泛性。广义的实证研究方法以实践为研究起点，认为经验是科学的基础，泛指所有经验型研究方法，如调查研究法、实地研究法和统计分析法等。这种研究方法重视研究中的第一手资料，但并不刻意去研究普遍意义上的结论，注重具体问题具体分析。实证研究方法主要包括观察法、谈话法、测验法、个案法、实验法。

观察法：研究者直接观察他人的行为，并把观察结果按时间顺序系统地记录下来的方法。

谈话法：研究者通过与研究对象面对面地交谈，在口头沟通的过程中了解研究对象心理状态的方法。

测验法：研究者通过运用各种标准化的心理测量量表对研究对象进行测验，以评定和了解其心理特点的方法。

个案法：研究者对某一个体、群体或组织在较长时间里连续进行调查、了

---

① 张茉、王巍、袁磊：《幼儿园 STEAM 教育的活动设计研究》，载《现代远距离教育》，2018(4)。

解，收集全面的资料，从而研究其心理发展变化的全过程的方法。

实验法：研究者在严密控制的环境中，有目的地给研究对象一定的刺激，以引发其某种心理反应，并加以研究的方法。

在后面的章节中，教师采用了实证研究的诸多方法来验证观点，兼顾了研究过程中的科学性和实效性。例如，为测试在 STEAM 教育理念下开展幼儿戏剧活动有利于幼儿创造性思维的发展，研究者采用前测—教育干预—后测的方法，从幼儿园两个大班各选取 30 名幼儿为研究对象，将其分为实验组和非实验组，开展为期一年的实验研究。实验前后均实施"托兰斯创造性思维测验"，并附有具体做法的描述及相关实验结果。结果显示：STEAM 教育理念下的幼儿戏剧活动对幼儿的创造性思维发展有良好的促进作用；游戏式的角色扮演由于更符合幼儿的心理特点，因此对幼儿情绪的社会性发展有更大的促进作用等。

(二)行动研究

行动研究是教师或研究人员有计划、有步骤地对教学实践中产生的问题，边研究边行动，以解决实际问题为目的的一种科学研究方法。本书中针对 STEAM 活动开展的行动研究是指教师从本园的课程传承和特点出发，根据幼儿的学习发展现状，在实际工作需要中寻找相应的研究主题，在实际工作过程中进行研究，与研究者共同参与设计、组织、实施和完善相关的 STEAM 活动，使研究成果为实际工作者所理解、掌握和应用，从而达到解决问题、改变教师教育行为的目的的研究方法：它是一种集资料收集、合作探讨、自我反省、多方总结，最后解决问题于一体的方法。

行动研究一般有 4 个步骤，即计划—行动—观察—反思。

计划。旨在改进现状的行动蓝图，它始于解决问题的需要和设想，一般包括总体计划和每一个具体行动计划，尤其是第一步、第二步行动计划。研究者可以依据认识的不断深入和实际情况的变化来修改总体计划和具体行动计划。本案例研究开始之初，研究者制订了一个总体计划，包括问题发现、专题确立、团队组建、实验班和对照班的选择、研究内容筛选等，在问题发现和专题确立时，呈现了具体的方案：梳理幼儿园传统优势课程及课程存在的问题，寻找和分析问题存在的原因，搜索相关解决问题的文献，然后确定研究的专题。根据实际情况，研究者确立了"基于 STEAM 教育理念的幼儿生活化科学活动案例研究""融入 STEAM 教育理念的幼儿艺术活动案例研究""汇集 STEAM 教育理念的幼儿区域活动案例研究""融入 STEAM 教育理念的幼儿主题活动案例研究""整合 STEAM 教育理念的幼儿动画制作活动案例研究""渗透 STEAM 教育理念的幼儿戏剧活动案例研究"六个案例研究的专题。确立研究专题以后各园制订详细的计划与实施步骤。

行动。研究者有目的、负责任、按计划地进行实践，在行动环节也可以根据其他研究者、参与者的评价建议进行修正和调整。实验班教师带领幼儿设计 STEAM 活动的计划和流程，开展幼儿感兴趣的 STEAM 专题活动，如"好玩的小推车""火箭上天""有趣的自然迷宫""我喜欢的小舞台"等。这些专题活动都必须涉及对科学、技术、工程、数学、艺术经验的掌握。

观察。观察不是一个独立的环节，而是对行动全过程、结果、背景及行动者特点的观察。观察既可以是行动者本人借助于各种有效手段对本人行动的记录观察，也可以是对其他人的观察。教师和幼儿边实践、边观察，不断改进活动的流程，改进幼儿的学习方式，改进教师的指导策略。

反思。它是第一个螺旋圈的终结，又是过渡到另一个螺旋圈的中介。反思环节中，在对观察到、感受到的与制订计划、实施计划有关的各种现象加以归纳整理的基础上，对行动的全过程和结果做出评价，并为下阶段的计划提供修正意见。当每一个专题结束时，实验班教师和幼儿一起坐下来反思总结：在前一个专题中，遇到了怎样的困难，是如何解决的，获得了哪些经验，今后如果再遇到类似的问题如何解决。研究者们也参与反思过程，帮助他们梳理经验，进行对开展 STEAM 活动的一般步骤的归纳。

第二节　幼儿 STEAM 活动案例分析

目前，国内幼儿园 STEAM 教育没有统一的课程标准。考虑到幼儿园与小学的有效衔接，本书参考了教育部印发的《义务教育科学课程标准（2022 年版）》中的一年级标准和美国《新一代 K-12 科学教育标准》中的幼儿园标准。这两个标准中都有关于工程和技术的内容，可以对幼儿园 STEAM 教育中的工程和技术领域教育目标的制定提供指导。此外，幼儿的身体健康发展与社会性发展是基础性、关键性内容，幼儿在从认识、操作到熟练应用技术的过程中，其手指精细动作得到充分锻炼。小组合作完成任务有利于幼儿与同伴友好相处，促进其社会性发展。基于上述参考标准以及"以儿童多元发展为本"的教育理念，我们确定了以幼儿真实性评价为主的幼儿园 STEAM 教育评估依据。具体来说，STEAM 教育理念下的幼儿学习活动案例分析可以将探究兴趣、识别问题、实践应用、解决问题、表现与创造、合作交流作为分析和评价的维度，也能为教师设计有效的STEAM 活动提供依据。

一、幼儿 STEAM 活动案例分析的思考路径

(一)对 STEAM 的切实理解

科学解释存在、物体、事件以及这些物体和事件的原理和原则，也解释它们之间的关系。技术的目的是解决问题或者执行具体的功能。工程就是应用数学、科学和技术领域的概念来系统地解决复杂问题。虽然过程是系统的，但是它要求在应用科学原则的过程中，要有创造性，这样才能得出解决问题的方案。它是基于科学的一种研究和发展，其目的是生产出特定的产品来解决问题。艺术是用形象来反映现实，但比现实更具典型性的社会意识形态，具有美学价值或哲学价值，通常会借助语言文字、美术、音乐、形体等媒介塑造形象、反映现实、寄托情感。数学是用于研究数字、形状、结构、变化和这些概念之间关系的一种抽象性、代表性的体系。更简洁的定义是，数学是科学的通用语言，没有数学，科学家无法证明定理或者定义原理，工程师无法设计、发展技术，数学方程式、科学法则或者工程设计过程可能在日常生活中被忽略，但是人们总是能看到技术产品，因此，技术可以被描述为科学、工程和数学在日常生活中可视的一面。

如果把科学、技术、工程、数学和艺术想象为人体的不同部位，那么，科学是肌肉骨骼系统，技术是手脚，工程是大脑，艺术是心脏和血液，数学是官能神经系统。没有艺术血液的滋润和浇灌，科学、技术、工程、数学的生命系统均无法运行。因此，这些看似分离的学科之间事实上有很紧密的联系。[①]

---

① ［美］罗伯特·M. 卡普拉罗、［美］玛丽·玛格丽特·卡普拉罗、［美］詹姆斯·R. 摩根：《基于项目的 STEM 学习：一种整合科学、技术、工程和数学的学习方式》，101 页，王雪华、屈梅译，上海，上海科技教育出版社，2016。

(二)3～6 岁幼儿 STEAM 活动的主要不同

1. 基于问题的探究学习是小班和中班前期幼儿的主要活动

基于问题的探究主要培养幼儿的探究兴趣。教师鼓励幼儿的探究行为，分析探究过程，结合游戏创设轻松的学习氛围，使幼儿对科学产生强烈的学习欲望。

探究性学习是一种让幼儿自己去探索问题的方式。由于小班和中班前期幼儿以形象思维为主，他们往往依靠实际行动，并在行动中思考，因此，基于行动探究的学习成为这一年龄段主要的学习方式。同时，由于其经验的局限性，幼儿还不能够有目的、有意识地进行复杂任务的规划，因此，抓住幼儿的问题和兴趣，让幼儿沿着自己的问题和兴趣去进一步探究，从而形成自己的发现或获得问题的答案，是小班和中班前期幼儿实践活动开展的主要形式。

对于年龄较小的幼儿来说，教师引导探究性学习的主要途径是"提出问题—做出计划—收集材料—反复行动—呈现结果"，这一过程是教师引导幼儿通过动手，给自己的问题找到答案的过程。这是一种"模糊任务"学习法，即学习的结果不需要生产出具有现实生活应用意义的实物产品，只需幼儿得出自己的发现即可。

2. 基于项目的问题解决是中班后期和大班幼儿的主要活动

项目学习活动是一种以幼儿为中心的活动。这种学习活动推动幼儿在教师和其他成人的指导下主动探索真实世界，并提出问题，寻找和发现这些问题的答案，完成或拓展任务，进行真实评估(真实评估要求幼儿完成真实的任务)。这些问题将内容标准和高级思维与真实情境紧密联系在一起。这种活动需要满足以下条件：幼儿处于学习过程的中心位置；项目由框架问题驱动；项目含有相互联系的、能持续一段时间的任务和活动；项目与真实世界有联系；通过发布和演示作业与表演，幼儿展示学到的知识和技能；用技术促进幼儿的学习；多种思维技能整合于项目学习。

项目学习活动包含了以下要素。

①目标：项目中要完成的任务。

②角色：幼儿在项目中所扮演的角色。

③对象：在项目中，幼儿所扮演的角色、所服务的个体或群体。

④情景：项目实施的背景或环境等。

⑤产品：项目的成果。

⑥标准：评价项目成果的标准。

试以"小推车"活动加以说明。"小推车"活动中，当幼儿发现了"去超市买东西时，如果东西买多了就拿不走，很不方便"（项目实施的背景）这样一个问题时，（问题驱动）他们联系自己日常去超市购物的经验，产生了"如果做一辆小推车，一次就可以运走很多东西"的想法。（完成一个真实的任务目标）要做好一辆小推车，必须先干什么，再干什么呢？（问题驱动）幼儿认为："先要去设计做一个什么样的小推车，然后要去寻找适宜的材料来做小推车，还要对材料进行裁剪，接下来就需要动手操作。"于是如何做一辆小推车的总体计划就完成了。（做总体规划和设计）幼儿又对每一个具体步骤的行动计划进行了设想。例如，对于"如何收集材料"（问题驱动）这个问题，幼儿做了好几种收集计划。他们有的说可以到幼儿园的资源库里去寻找；有的说可以回家去找爸爸妈妈要；有的说可以问问是否有小朋友家里面在装修，然后找一些装修剩余的边角料……

通过商议，幼儿找来了大小适宜的纸箱，认为纸箱既轻便又牢固。（对材料性能的评价）他们把纸箱上面的盖子剪掉，这可以作为车厢。有幼儿量了量，发现这个车厢偏小，装不了多少东西。（问题驱动）于是另一个幼儿说："我们可以做一个双层小推车，这样是不是就可以装很多东西了？"（思维技能：推测、猜想）大家同意，两个车厢准备好了。可是如何把它们连接在一起呢？（问题驱动）有的幼儿说："用长铁棒连接，因为铁棒是比较牢固的。"大家找来了铁棒，可是"铁棒又如何与车厢相连接呢？"（问题驱动）幼儿又想了很多种办法，有的拿来胶带，有的提议用糨糊，最后发现还是用铅丝在车厢上钻孔，然后和铁棒捆在一起最牢靠。他们还发现，要想让车子很稳固，必须至少用四根铁棒固定住这两层车厢。车厢固定好以后，"如何才能使这个车子动起来呢？""需要找来轮子。""拿什么样的材料做轮子才好呢？"（问题驱动）幼儿想了很多种办法，有的说："把泡沫剪成圆形。"有的说："把 PVC 管锯断做成四个轮子。"他们尝试了各种方法还是不行，最后只能请来食堂里的师傅帮忙。大家找了一些废旧的车轮装上，（技术支持）小推车完工了。（真实世界的产品）幼儿用它去"超市"装了不少东西，轻便！好推！装的东西多！（评估）有幼儿发现，小推车似乎有点不好看，于是他们又建议在车厢上画一些画，涂上好看的颜色……幼儿又热火朝天地干了起来。

基于项目的问题发现或问题解决往往没有标准化方案。幼儿在活动过程中逐渐表现出主动学习的意愿。教师从培养 STEAM 素养的视角鼓励幼儿大胆质疑，坚持实事求是的科学态度，提高科学技能水平，这有助于幼儿抽象逻辑思维的发展，为后续的学习打下基础。

二、幼儿 STEAM 活动案例分析的撰写方法

（一）STEAM 活动主题的生成策略

主题即活动的名称。主题必须明确、简练。读者一见到主题，就能预知活动的主要内容，如"大班幼儿 STEAM 活动——有趣的迷宫"，读者一看就知道幼儿要自行设计、制作有一定难度的、自己能玩且喜欢玩的迷宫。迷宫要有趣（具有科学趣味性）、稳固（具有技术性）、能玩（符合真人数学比例）、好玩（符合幼儿的审美）、完好（工程性能功能完好）。

STEAM 活动的主题可以从幼儿园的一日活动中产生。

1. 在自主活动中发现

幼儿在区域活动（如科学角、建构角、种植角等）和一日生活中遇到的问题都为 STEAM 活动主题的开发提供了丰富的生活化资源。教师要具备 STEAM 意识，敏锐发现并开发出具有研究价值的活动主题。例如，幼儿在建构区开展搭建类活动时出现建筑不稳固的问题，"如何用材料搭建稳固的建筑"就可以成为一次有意义的活动探究。教师可以将活动情境与幼儿经验相结合，基于"稳固"的核心概念，以替换活动材料和情境迁移的方式，引导幼儿探究如何用吸管、雪糕棍等材料为小动物搭建一个"家"，掌握了技术要点后，再寻找合适的材料，如把泥土、砖块、稻草、树枝、树叶等自然材料运用到实际的工程实施过程中。幼儿在此类活动中不仅需要了解各种材料的特性和功能，通过设计工程和使用技术来落实设计方案，还需要通过了解小动物的身体特征和生活习性来确定"家"的大小，进一步将科学和数学知识有机地融入问题情境，同时幼儿对工程作品进行装饰设计，能够在交流分享中丰富语言词汇，锻炼表达能力，提升自信心和自我效

能感。①

2. 在集体教学中生成

集体活动中，幼儿随机发现和生成的有价值的问题或"失误"可被教师捕捉到并开发成 STEAM 活动主题。尽管打乱了原定的教学计划，但有利于幼儿深入探究问题，发展高阶思维能力。例如，幼儿发现家里有净水器，但是班里没有，于是萌发了对净水这件事情的好奇心。不久，在学习不同物体沉与浮的过程中，幼儿提出如何分离水中混在一起的物质。教师延续这个问题，开发 STEAM 项目"制作简易净水器"，不仅满足了幼儿的探究欲望，而且使幼儿了解了水资源的社会性问题，有利于培养幼儿的环保意识和社会责任感。

(二)活动材料的选择与投放

STEAM 活动强调幼儿对具体问题的体验式探究和亲自实践。活动材料和资源是 STEAM 活动任务顺利完成的基本要素，教师对活动材料的选择和投放要遵循以下原则。

1. 材料选择原则

第一，活动材料的选择要促进幼儿多元智能发展。具体形象的实物材料有利于幼儿对抽象概念的理解，是幼儿主动将实践活动和抽象概念进行意义建构的重要桥梁。材料工具和学习支架等学习资源能够发展幼儿的语言能力，丰富幼儿的词汇量。在使用技术工具类材料前，教师要为幼儿提供安全性示范，引导幼儿在观察中领悟操作要领，保证能安全地独立使用工具。第二，活动材料来源于实际生活，有利于将活动延伸到园外，促进幼儿迁移知识。幼儿 STEAM 活动中，高、精、尖技术并不是必需品，但是幼儿要具备利用现代技术优化学习生活的意识。第三，活动材料的结构化程度要与教育目标相适应。材料层次过于丰富，会干扰幼儿的选择，不利于幼儿深度思考。适量的试误性操作可以增强任务的挑战性，激发幼儿对科学探究的兴趣；但积压太多的失败感，会导致幼儿产生畏难情绪，阻碍其进一步探索与发展。

2. 材料投放原则

幼儿容易被色彩丰富、形状奇特的活动材料吸引。在观察体验和动手操作

---

① 张茉、王巍、袁磊：《幼儿园 STEAM 教育的活动设计研究》，载《现代远距离教育》，2018(4)。

前，教师选择恰当的投放时间，采取分层次投放的方式，有助于降低材料对幼儿不可控行为的刺激，从而维护教学秩序，使 STEAM 活动顺利进行。

(三)制定适合幼儿发展的 STEAM 教育活动设计框架

在 STEAM 教育中，幼儿针对真实问题或现象进行探究、思考，运用知识、经验发现新的知识并建构新的意义，解决当前面临的问题。幼儿主动探究、归纳的学习方式有别于传统的演绎式教学中的学习方式。但是，一些教师对活动设计的投入稍显本末倒置，他们用更多的时间去寻找活动材料而不是确定幼儿需要理解的核心问题，即简单地将 STEAM 课程理解为手工制作课、科技体验课，没有认识到 STEAM 教育是一种教学思想和策略。尤其是幼儿的好奇心较强，自控力不足，丰富多彩的材料不仅干扰了幼儿对关键问题的深入思考，而且直接影响了学习效果。所以，教师在设计体验活动前，要抓住核心问题并挖掘其学科核心概念和跨学科概念，将 STEAM 知识表征在一个有机的问题系统中。另外，STEAM 教育强调明确的结果和模糊的过程。教师在幼儿开展探究活动前，需要确定幼儿的哪些表现能够证明其理解了学习内容，从而使教学目标和教学评价协调一致。教师在确定理解目标和评估证据的基础上，根据幼儿的认知特征安排恰当的学习体验活动，通过观察和捕捉幼儿有价值的反馈信息进行再次加工，以优化本次 STEAM 活动主题或再次衍生相关活动主题，至此一个完整的 STEAM 活动设计结束。图 1-1 是完整的 STEAM 活动设计模型。

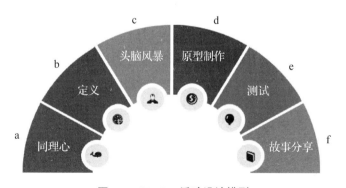

图 1-1 STEAM 活动设计模型

图 1-1 包含 6 个步骤，引导幼儿以需求为中心，通过合作来发现问题、解决问题，从而全面发展与提升综合能力。

同理心：发现问题，并收集对象的真实需求

定义：分析收集到的各种需求，提炼要解决的问题

头脑风暴：脑洞大开，打破常规，积极思考，创意点子越多越好

原型制作：把想法付诸实施

测试：优化解决方案

故事分享：社会交往、情商培养

具体来说，做任何一个 STEAM 项目，无论大小，无论主题是什么，教师都可以设计以下调查表帮助幼儿厘清思路。

首先，在幼儿主动发现问题的同时教师要及时帮助幼儿了解这个项目的体验对象，如他们是谁，他们有什么样的需求，如何能使他们的生活更美好、心情更舒畅。这个过程通常需要通过严肃认真的实地观察与调研来得出结论。

幼儿版：

你在为_____（谁）设计？

你想要达到_____目的？（效果）

接着根据调研结果显示的幼儿的需求和对他们的深入了解，确定一个明确的观点，并且清晰地表达出需要解决的问题。

幼儿版：

我要通过一个_____的设计来解决_____问题。

进行头脑风暴，提出对此问题的各种解决方式，并且选择与开发其中的最佳方案。

鼓励幼儿画图。不求精致写实，只求能够清晰表达意图。设计一个或数个简易模型来检测解决问题的效果。

幼儿版：

我的模型是_____；（具体描述）

它必须_____；（功能作用）

它应该_____；（功能作用）

如果它能做到_____就最好了。

检测效果是否符合设想标准，不断重复短周期的设计思维过程来改进设计结果。

> 幼儿版：
>
> 简易模型是否如预期一样工作？＿＿＿＿＿＿＿＿
>
> 这个设计方案是否达到了预期目标？＿＿＿＿＿＿＿
>
> 有哪些地方需要改进？＿＿＿＿＿＿＿
>
> 这个改进需要从＿＿＿＿＿＿＿＿＿（哪一步）开始。

在每一个操作的关键步骤中，教师都可以很自然地穿插各种理性或感性的体验教育，结合各种学科知识，做到融会贯通。

研究者认为，幼儿在幼儿园阶段还不具备抽象概念层面的理解能力，对STEAM学习的理解可以蕴含在显性或隐性的幼儿实践活动中。幼儿园STEAM教育目标重在思维启蒙和思维方式的培养。学前儿童STEAM教育活动让幼儿从同理心开始，发现问题进而解决问题；从生活周遭开始，跳出固化思维模式，培养创新能力，拓宽视野，增强创造力，实现左右脑平衡发展，促进创造性思维与逻辑思维能力的交融，进而大大提高对现实世界中复杂问题的认知和解决能力。通过主动发现并解决现实中的问题，幼儿收获的不仅仅是自信心，更是满满的幸福感。

第二章　基于 STEAM 教育理念的幼儿生活化科学活动案例研究

第一节　基于 STEAM 教育理念的幼儿生活化科学活动的理论概述

一、基于 STEAM 教育理念的幼儿生活化科学活动的概念及内涵

(一)基于 STEAM 教育理念的幼儿生活化科学活动的概念

1. 生活化科学活动

生活化科学活动是指科学活动来源于幼儿的生活。教师在日常生活情境中捕捉与幼儿生活经验相关、符合幼儿认知发展水平的科学活动内容，鼓励幼儿在主动发现、主动分析、主动探究的过程中掌握科学知识，并主动将科学知识运用于生活，解决生活中的问题，充分感受和体验科学活动的乐趣，培养初步的科学素养及学习能力。

2. 幼儿生活化科学活动

幼儿生活化科学活动是指教师基于幼儿在一日生活中的观察与发现，结合幼儿的兴趣与发展水平，生成与设计的科学活动。幼儿在教师的引导下，通过亲历的活动，对周围物质世界进行感知、观察、操作、对比等，发现问题，寻求答案，获取广泛的科学经验和探究事物的方法，培养对科学的兴趣。

3. 基于 STEAM 教育理念的幼儿生活化科学活动

STEAM 教育理念下的幼儿生活化科学活动是指在幼儿生活化科学活动中，运用 STEAM 教育理念开展的 STEAM 教育活动。幼儿生活化科学活动，一是基

于 STEAM 教育密切联系生活；二是基于园所优势，拥有多年开展生活化科学活动的经验。北京市第一幼儿园吉祥分园开展的生活化科学活动注重让幼儿在生活中发现科学现象，运用科学经验解决生活中的问题。STEAM 教育理念强调学科与领域间有效融合，在真实情境中促进幼儿提升解决实际问题的能力和创造力。鉴于 STEAM 教育理念的整合性，我们开展的课题选取贴近幼儿生活的问题，不仅能够支持幼儿动手能力的发展，而且结合逻辑、思维、推理等多种能力，使科学活动由发现、思考、讨论到设计、制作、运用，由关注科学知识到关注人类基于理性认识改造世界的过程与方法，从而提高幼儿的科学探究能力，培养幼儿初步的科学素养。

在开展生活化科学主题教育活动时，教师要善于捕捉幼儿的兴趣点，设计相应的蕴含探究、设计、制作等元素的活动内容。STEAM 教育理念强调学科与领域间的融合，这源于实际问题越来越复杂，需要综合运用多学科知识来解决。科学技术的本质是使自然物人工化，科学技术的核心是应用与创新。生活化科学活动注重让幼儿在生活中发现科学现象，运用科学经验解决生活中的问题。因此，我们注重让幼儿参与到探索和发现科学知识的过程中，参与到学习运用科学的方法和技能把科学知识转化为产品(玩具、小制作等)的过程中，培养幼儿科学的思维方式。通过行动研究，我们发现 STEAM 教育理念能够有效运用于幼儿生活化科学活动的教育实践。

(二)基于 STEAM 教育理念的幼儿生活化科学活动的内涵

STEAM 教育是综合的教育。幼儿教师将熟悉的艺术领域的教育融入幼儿学习，创设以相关科学知识为基础的幼儿园课程，能够更好地帮助幼儿理解 STEAM 教育涉及的概念，以创造性的方式表达想法。[①] 具体而言，在 STEAM 教育中，科学是认识世界、解释自然界的客观规律的学科，即"是什么"与"为什么"；工程与技术被人们用来改造世界，满足社会需求，即"做什么"和"怎么做"；艺术是人们以美好的形式丰富世界，满足审美需求，即"如何做得更好"；数学是上述四个学科的基石。STEAM 教育通过项目或主题活动等形式将独立、分散的

---

① Sharapan H. "From STEM to STEAM：How early childhood educators can apply Fred Rogers' Approach," Young Children, 2012, 67(1), p. 36.

学科结合起来，可以促进学生全面发展，引导学生适应不断发展的社会。[①]

STEAM 教育是探究式的。钟秉林提出，学生采用探究式的学习方式，在解决实际问题的过程中学习知识，掌握探究能力，养成科学素养。[②]

STEAM 教育注重过程，评价结果多元。钟秉林指出，STEAM 教育注重学习过程而非结果，允许失败。学生在探索的过程中不断积累、总结与超越。教师应当转变教育评价方式。STEAM 教育需要融入创新能力、思考方法、沟通合作、时间管理等跨学科思维的评估指标。[③]

傅骞等人认为，STEAM 教育是一种教学策略，通过借助基于设计的学习、基于项目的学习和探究性学习等学习方式，培养学习者解决实际问题的能力。[④] 孙江山等人提出，STEAM 教育是以项目学习、问题学习为主的学习方式，在 STEM 教育基础上进行了延伸和拓展，是一种新的教育模式，是技术与工程教育和艺术人文教育的融合，旨在推动技术驱动的教学创新。[⑤] 余胜泉等认为，STEAM 教育是一种多学科整合的教学方式，注重过程和实践，以真实问题为向导，强调知识与能力并重，倡导"做中学"，强调创新思维和能力的培养，注重知识的跨学科迁移及其与学习者之间的关联。[⑥]

二、STEAM 教育理念在幼儿生活化科学活动中的意义

维果茨基认为，幼儿能够组织概念、解决问题，在操作真实、有意义的材料的过程中思考问题。与同伴和材料的互动，尤其是游戏过程中的互动，能够帮助幼儿丰富各个领域的知识。在幼儿园实施跨学科的教育，将使幼儿获得更多的益

---

① 赵慧臣、周昱希、李彦奇等：《跨学科视野下"工匠型"创新人才的培养策略——基于美国 STEAM 教育活动设计的启示》，载《远程教育杂志》，2017(1)。

② 钟秉林：《STEAM 教育如何本土化》，载《人民政协报》，2017-04-05。

③ 钟秉林：《STEAM 教育如何本土化》，载《人民政协报》，2017-04-05。

④ 傅骞、刘鹏飞：《从验证到创造——中小学 STEM 教育应用模式研究》，载《中国电化教育》，2016(4)。

⑤ 孙江山、吴永和、任友群：《3D 打印教育创新：创客空间、创新实验室和 STEAM》，载《现代远程教育研究》，2015(4)。

⑥ 余胜泉、胡翔：《STEM 教育理念与跨学科整合模式》，载《开放教育研究》，2015(4)。

处。教师在设计活动时，应当整合幼儿各个领域的经验。[①] 幼儿在参与 STEAM 教育活动时，其主动、好奇、坚持、专注、创造等学习品质有所发展，这些品质与幼儿学习和建构知识直接相关。莎莉·穆莫（Moomaw S.）指出，幼儿在参与适宜的 STEM 教育活动的过程中，能够运用各种感官探索材料，通过对材料的实验和调查，发展重要的数学概念。此外，幼儿的科学学习不是从小学开始的，在更早的时候幼儿便会通过各种感官来探索世界，探究他们的行为可能产生的结果。尤其是幼儿在积木区的探索和建构，甚至可以使得积木区成为 STEM 教育的"实验田"。[②] 詹尼弗·王（Jennifer Wang）等人指出，当教师注重工程设计过程时，幼儿参与活动的时间增加，他们的工程行为出现的频率以及他们完成活动的可能性增加。[③]

北京市第一幼儿园吉祥分园总结了四条在幼儿生活化科学活动的开展过程中融合 STEAM 教育理念的实践路径。根据四条路径的实施过程和目标侧重点的不同，这四条路径对应的应用方式分别为制造型 STEAM 教育应用、验证型 STEAM 教育应用、探究型 STEAM 教育应用、创造型 STEAM 教育应用。

(一)STEAM 教育理念能够有效运用于幼儿生活化科学活动

通过理论学习，北京市第一幼儿园吉祥分园明确了 STEAM 教育的内涵和特征，结合日常实践，认为在幼儿园开展 STEAM 教育具有重大的意义与价值，应该进行尝试。已有的研究对象多为中小学，鲜有幼儿园，因此幼儿教师必须结合自身的研究积累和园所特点进行开发。北京市第一幼儿园吉祥分园经过不断尝试、改进、梳理，最终研究出了在幼儿生活化教育活动中开展 STEAM 教育的路径。例如，探究型 STEAM 教育应用的目标是让幼儿通过对 STEAM 知识的综合运用去完成自主实验，发现规律，验证猜想，并且探讨自己的想法。其实施模式为：发现问题—猜想假设—探究设计—探究实施—分享反思。创造型 STEAM 教

---

①　Vygotsky L S. Thought and Language（Cambridge，MA，Massachusetts Institute of Technology）. Vygotsky Thought and Language，1986，pp. 331-332.

②　Moomaw S. "STEM begins in the early years," School Science and Mathematics，2012，112(2)，pp. 57-58.

③　Wang J，Werne-Avidon M，Newton L，et al. "Ingenuity in action：Connecting tinkering to engineering design processes," Journal of Pre-College Engineering Education Research（J-PEER），2013，3(1)，p. 2.

育应用的目标是让幼儿通过对 STEAM 知识的综合运用去完成一个创新物品的设计和制造，其核心是创新性的实现。其实施模式为：情境引入—创新引导—个体/合作设计—探索制作—实际应用—方案改进—分享展示。

(二)STEAM 教育理念在幼儿园的实施路径是以幼儿为主体的

STEAM 教育是多领域、多学科的综合，但不是为了综合而综合，而是为了提升幼儿解决生活中实际问题的能力及设计与创造的能力。因此在探索实施路径时，教师要常常反思：每一个融合了 STEAM 教育理念的活动是否很好地契合了幼儿的兴趣点，是否真正基于幼儿的发展经验；设定的目标是否适合幼儿的年龄特点，能否真正解决幼儿的疑惑等。总而言之，STEAM 教育与当前幼儿园的实践现状和教育理念应当是有机融合的，不是为了探索而探索的形式主义。因此，教师在幼儿园开展 STEAM 教育，应当时刻把握以幼儿为主体的基本原则。

(三)基于 STEAM 教育理念的科学活动能够促进幼儿的独创性发展

幼儿对自己发现的问题具有持久的探究兴趣。教师应当依据幼儿的兴趣生成活动内容，基于幼儿的经验和年龄特点确定活动目标，并提供适宜的支架和指导。在活动过程中，幼儿积极主动，大胆猜想，不断探究，动手能力、逻辑思维能力得到了发展。首先，幼儿在活动中能够综合运用数学领域的相关知识，如数、量、形、测量等方面的知识；其次，幼儿根据现象进行猜想，根据猜想设计实验，通过观察实验和探究过程中的现象，分析和反思探究过程；最后，幼儿运用艺术领域的相关经验，如调动艺术感知能力欣赏事物，运用艺术创作经验辅助工程设计等。总而言之，融合 STEAM 教育理念的科学活动提升了幼儿的探究能力，丰富了幼儿的探究经验。

三、基于 STEAM 教育理念的幼儿生活化科学活动的指导策略

北京市第一幼儿园吉祥分园 STEAM 课题组的教师针对班内主题活动的开展情况总结了以下策略。

(一)活动内容的选择应源于幼儿的兴趣，并具有发展价值

活动内容的选择以幼儿的兴趣为出发点，以一个需要解决的问题或者一个具体的需求为来源。教师通过引导幼儿探索、收集信息，筛选出与幼儿的生活经验相关的、符合他们的特点的且具备发展价值的内容，顺势开展 STEAM 教育活

动，从而使幼儿获得相关经验。例如，幼儿对"天气"这一概念既熟悉又陌生，熟悉的是每天都能够直观感受到冷热，班级内也会组织相关的天气播报活动。但幼儿对天气的形成原因及其衍生出的系列知识很陌生。问题来源于某次户外活动，那天刮着风，幼儿对运动的热情依旧，但对风往哪里吹却出现了争执。此时，教师抓住了幼儿的兴趣点，针对"风的方向"及时进行提问和引导，最终确定了"风向仪"的设计和制作活动。在后续活动中，幼儿在查阅相关资料的过程中获取了有关风的知识，能够获得基本的测量概念，提升逻辑思维能力。筛选的内容往往隐藏在每日生活中，可能存在于幼儿某一次关注的事物中，抑或是幼儿的争执中。

教师适时、合理地引导，不仅能够体现科学活动内容贴近生活、来源于幼儿的兴趣的特点，而且能够有效地激发幼儿的思考兴趣，从而提高幼儿解决问题的能力。

(二)创设宽松的氛围，为幼儿提供想象空间

想象是对头脑中已有的表象进行加工改造，将其重新组合成新形象的过程。首先，头脑中要有一定数量的、具有稳定性的表象，即需要加工的材料；其次，要有运用内部的智力动作对已有表象进行加工改造的能力。在 STEAM 教育活动中，教师要帮助幼儿积累"加工材料"，引导幼儿从多角度讨论问题，鼓励幼儿提出与众不同而又不失合理性的想法，允许幼儿有不同的答案。这在创造型STEAM 教育应用中是必不可少的。例如，在"探索磁悬浮列车"活动中，教师应在活动过程中持续引导幼儿查阅相关资料，丰富对磁悬浮知识的了解；在进行创新引导时为幼儿创设轻松的讨论氛围，让幼儿充分表达自己的想法。教师应对幼儿合理的想法给予尊重，运用一些假设方式，并结合实际，逐步引导幼儿将想法迁移到可行性更高的制作中来。例如，你选择的是一种好方法吗？还有一些工具，我们可不可以利用？我们还可以有什么办法？我们收集需要的材料后，应该怎么做？

(三)有效引导要"留白"，给予幼儿思考空间

对于幼儿来说，"留白"就是给他们时间上的等待。这个等待不是浪费时间的空等，而是在适宜、合理的引导下激发幼儿思考，给予幼儿反复尝试的机会，让幼儿在思考、尝试中发现问题、积极探索。例如，在"磁悬浮世界"活动中，幼儿

对磁悬浮现象产生了兴趣。在讨论过程中，教师提出问题："你觉得它是怎样实现的？需要什么材料？"随后，教师观察幼儿的讨论过程，给予幼儿自主猜想、选材尝试的机会。幼儿在接受问题后，会有回忆、联想、提取经验的过程。教师耐心等待，给予幼儿充分的思考时间。结合使用材料的经验和对磁悬浮列车的初步认识，幼儿在活动中发现了磁铁同性相斥的现象，继而增强了探索兴趣，萌发了设计愿望。

当然，教师"留白"不是一言不发、置之不理，而是当幼儿的思路偏离时或尝试失败时，及时给予引导，为幼儿指引方向，保护幼儿的探索热情，鼓励幼儿大胆尝试、深入探究。幼儿对周围的世界充满好奇，求知欲强，渴望探索世界并影响周围世界。但是，如果没有成人的支持，他们很难保持好奇心或者缺乏持续探索的动力。因此，幼儿需要成人的帮助和引导，发展他们的 STEAM"天性"，以获得充分的 STEAM 经验。他们喜欢提问，然而，当未能很快发现答案时，他们可能会轻易放弃探究那些问题。此时，教师如果帮助幼儿确定目标，并在失败时及时鼓励他们坚持思考，那么会促进幼儿对活动产生持续探索的愿望。

(四)鼓励幼儿积极提问，养成提问的习惯

教师在日常教学活动中要给予幼儿提建议的权利，鼓励幼儿大胆提问；也要从活动本身入手，把握活动的难易程度，让幼儿愿意探索问题、解决问题。幼儿在讨论过程中会提出很多问题。有的问题适合探究，有的问题不适合探究。教师不仅要鼓励幼儿积极参与讨论，还要引导幼儿将精力集中在适合探究的问题上。当幼儿遇到瓶颈时，教师可以运用一些假设方式，帮助幼儿拓宽解决问题的思路。当幼儿在操作中不知所措时，教师可以运用提问的方式引导幼儿寻找解决办法，推进解决过程。例如，"怎样证明你的设想是正确的呢？""这样做可能会产生什么问题？""我们怎么分工？先做什么？""我们怎样使用这些材料和工具？"当幼儿得到结果时，教师可以用提问、同伴分享的方式鼓励幼儿导出实验结果。例如，"我们发现了什么？这说明什么？""这个发现和我们原来的猜想哪里一样？""这样的结果和之前的猜想是一样的吗？"教师还可以用有效的提问鼓励幼儿对探索过程和结果进行充分的表达。例如，"我们得到结果了吗？""还有什么不同的方法或想法吗？""你觉得使用哪种工具更能帮助我们完成这项任务？""怎样展示我们取得的成果？"教师不仅要用多种方法激发幼儿发散思维，还要随机引导幼儿提出问题，

探究解决问题的方法。例如，在大班"建造房子"的相关活动中，教师着重运用图片、故事等媒介激发幼儿发散思维。幼儿发现"砖都是错落搭建的""建筑物很结实"。在幼儿提出"为什么这面墙不会倒"时，教师引导幼儿细致观察砖墙形状及结构，鼓励幼儿积极参与讨论。教师通过观察幼儿的表现，了解幼儿对相关知识的掌握情况；通过和幼儿对话，引导幼儿将精力集中在适合探究的问题上。

(五)巧投低结构材料，拓展幼儿创意空间

低结构材料主要是生活中的常见材料，多样且多变，看似简单但玩法并不固定，能够给予幼儿充分的创造空间。其开放性也充分体现了幼儿的主导地位，使操作活动真正属于幼儿。教师可以投放一些具有体验性、趣味性、合作性的材料，让幼儿运用更多的自然元素和多种处理材料的方式做出更有创意的作品；可以在不同区域为幼儿提供科技化、数字化、工程化的游戏材料，如建构区除了提供进行基础搭建的木质积木外，还可以提供进行机械探究的齿轮积木，进行物理特性研究的磁力片积木以及一些新型材料；还可以提供包含数学元素的辅助材料，如尺子、水平器、垂直测量器等，便于幼儿在工程建构的过程中观察、测量和记录。

在进行"自行车"主题活动时，教师依据幼儿的生活经验投放了镜子、厕纸筒、气球、竹筷子、废旧的盒子等材料，希望在活动进行过程中，幼儿能够寻找所需的材料，观察、比较材料的实际用途，选择最适宜的实验材料。在进行"天气"主题活动时，教师依据幼儿的生活经验投放了饮料瓶、气球、纸牌等低结构材料，为幼儿预设了适合他们操作的天气小实验。这个实验的操作过程需要幼儿有一定的阅读理解能力，能读懂简单的图示，并能够依据图示分别去各个玩具筐里选取需要用到的实验材料。

(六)提供操作空间，引导幼儿合作

幼儿之间的能力水平存在差异，因此，教师在为幼儿提供操作材料、进行实验的过程中，要做到多方兼顾。幼儿在参加"老牛探索馆"活动时，对一项有关建筑搭建的活动特别感兴趣，能够坐下来专心摆弄很长时间。一次活动往往不能够满足幼儿的需要。教师就把生活中常见的材料，如轻体泥等投放在建筑区，让幼儿在动手操作过程中充分探究如何搭建才能更加坚固，如何变换搭建的形状，如何搭建出具体形象的建筑等。这一过程需要同伴之间协商交流、分工合作。

(七)提供适宜、明确的任务，促进幼儿分工合作

合作是贯穿一个人成长与发展的极其重要的行为。对于幼儿来说，在日常生活中(如游戏、学习等)与同伴商量解决方法、分工合作，从而确保活动顺利进行，以达到某一目标的行为被称为幼儿的合作行为。除去幼儿本身的性格、气质等影响因素外，活动本身的吸引力、材料、活动过程的设置也对幼儿的分工合作起着至关重要的作用。STEAM 教育活动本身就具有很强的合作性，尤其是讨论、设计、制作等环节，需要幼儿分工合作。因此，教师在之后的 STEAM 教育相关活动中，要更加注重活动的质量，对材料、活动过程的设置要多加思考，尤其要帮助幼儿明确任务。例如，在大班活动"建造房子"中，教师根据与幼儿商讨的结果提供相应材料及工具，在讨论中倾听幼儿的计划并及时引导，帮助幼儿明确各个步骤的任务，提供适宜的合作环境。在运送材料、搭建地基、连接墙体等各个步骤中，幼儿会自主协商分组，组内每个成员都有事情可做。

(此部分由北京市第一幼儿园吉祥分园邢燕虹、李金、罗蕊、仇蕊、王舒供稿)

第二节　基于 STEAM 教育理念的幼儿生活化科学活动案例呈现与分析

一、基于 STEAM 教育理念的不同类型的科学活动

基于 STEAM 教育理念的幼儿生活化科学活动有利于幼儿主动、好奇、坚持、专注、创造等学习品质的发展，这些品质与幼儿学习和建构知识直接相关。幼儿在参与适宜的 STEAM 教育活动的过程中，能够运用各种感官探索材料，发展重要的数学概念。这个过程还能够帮助幼儿提升专注力，增加词汇量，发展合作能力。实践中我们不断学习 STEAM 教育理念，尝试了四种类型的 STEAM 教育活动，分别是制造型、验证型、探究型、创造型。

(一)制造型

制造型 STEAM 教育应用(见图 2-1)是指让幼儿运用日常积累的经验和动手操作能力，参与实践制作，不断改进和完善作品，解决日常问题。科学制造的重点是让幼儿在自主探索的基础上，学会主动思考，锻炼动手操作能力。

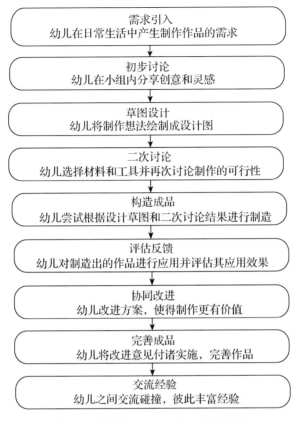

图 2-1　制造型 STEAM 教育应用图示

(二)验证型

验证型 STEAM 教育应用(见图 2-2)的目标是帮助幼儿完成对某一已知结果或猜想的验证。这些结果或猜想并不是此类应用的重点。幼儿发展的重点是体验验证的过程,即探索的过程。幼儿发现问题并尝试自己解决问题,通过观察思考、提出假设、猜想判断、动手动脑获得直接经验,证实或推翻实验前提出的假设。

(三)探究型

探究型 STEAM 教育应用(见图 2-3)是指幼儿综合运用 STEAM 知识完成实验,探究开放式的、未知的现象和问题。它充分利用幼儿对周围世界天然的好奇心,使幼儿主动探讨有关自然科学的概念。探究型 STEAM 教育应用为我们研究科学领域

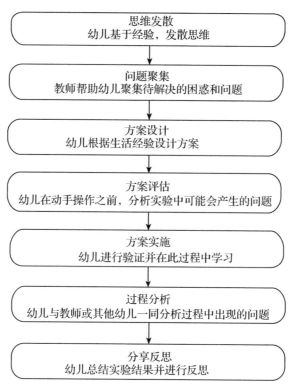

图 2-2　验证型 STEAM 教育应用图示

的教育手段提供了契机，让幼儿有机会直接体验和亲手实践。

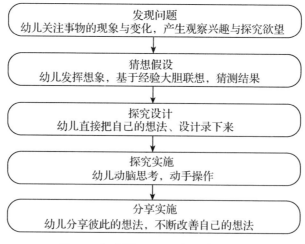

图 2-3　探究型 STEAM 教育应用图示

(四)创造型

创造型 STEAM 教育应用(见图 2-4)的目标是让幼儿综合运用 STEAM 知识,完成一个创新作品的设计和制作。其核心是创新性的实现。

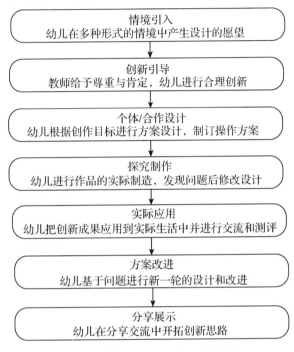

图 2-4　创造型 STEAM 教育应用图示

二、基于 STEAM 教育理念的四种类型的生活化科学活动案例

(一)制造型活动的案例实施过程

表 2-1　案例"草房子"关键经验

项目	科学核心经验	技术核心经验	工程核心经验	艺术核心经验	数学核心经验	整合核心经验
各种各样的房子——很久以前的房子	了解不同时期的房子比较现在和过去的房子有哪些不同	榫卯连接,交错搭建,支撑,拼接	与同伴充分交流,分享自己的想法			了解房子和人们的关系,提升交际能力、语言表达能力,讨论过去的房子有什么特点

续表

项目	科学核心经验	技术核心经验	工程核心经验	艺术核心经验	数学核心经验	整合核心经验
各种各样的房子——世界房子大收集	通过资料收集、参观等途径知道房子是各种各样的，知道环境、地域与房子的关系	获得多种收集资料的方法	认识房子的结构	通过欣赏各式建筑物，提高审美能力		
各种各样的房子——特殊的房子	了解不同材料造出的房子不同，每种材料都有它的特殊性，可以用来满足人们的不同需求		了解不同房子的搭建结构	欣赏不同外形和结构的房子的艺术魅力		了解建筑工人的工作，体会建筑工人工作的辛苦
我喜欢的房子——砖房子	知道砖房子不仅需要砖，还需要水泥；了解交错搭建更稳的原理	能够选择适宜的材料代替砖，能够掌握交错搭建的方法，利用经验和技能及时对所建构的物体进行更改与完善	知道用砖交错搭建的建筑物更加稳固，提升材料运用能力和建构能力	感知、欣赏传统建筑的搭建方式与线条、色彩的优美	在搭建中找到支撑平衡的中心点	
我喜欢的房子——草房子	认识不同种类的草	了解草的编织方法，按照一排一排的顺序平铺排列	了解草房子的基本搭建结构及草的不同使用方式，知道不同的材料与草共同使用可以起到防水、保暖等作用	增强动手操作能力、组合能力，感受、欣赏不同草房子的外观、线条、颜色	学会测量，在编织草的过程中感受不同排列规律	

项目	科学核心经验	技术核心经验	工程核心经验	艺术核心经验	数学核心经验	整合核心经验
我喜欢的房子——木房子	了解木头的特性	能够简单运用榫卯连接方式	了解榫卯的连接方式及原理，知道地基的搭建方式会影响木房子的牢固性	欣赏古代传统木质建筑美	照图模拟，学会观察平面图纸，并将图纸中的造型想象成立体结构造型	
未来的房子——小小设计师	感知需要用到的材料的特性和结构关系（材料的强度和弹性决定了它们在建筑中的作用）	连接，粘贴	根据经验设计未来的房子，并选择适宜的材料	培养想象力、创造力	感知测量，感知不同材料所呈现的几何形状	

制造型STEAM教育应用基本步骤如下。

1. 需求引入

在日常生活中，教师能够发现幼儿的兴趣点。为了更好地满足幼儿的需要及探究欲望，教师会提供丰富的材料支持幼儿尝试探索，引导幼儿通过研究和收集信息来发现简单的科学事实。

在"房屋"主题活动中，幼儿通过收集材料、与同伴分享，了解了各式各样的房屋。大家在讨论自己喜欢的房子时，将关注点集中在草房子上，尤其是对草房子房顶上的草最感兴趣。问题接踵而来："草房子用的是什么草？""我们见到的所有草都可以做房顶吗？""房顶上的草是粘上去的吗？""为什么用干草？"

为了满足幼儿的需要，教师组织幼儿寻找各种各样的草，探究什么样的草可以做房顶。幼儿找到了树叶、干草等。找来草之后，大家通过对比、操作，发现草房子屋顶上的草有保温、防水的作用。

幼儿提议搭建一座自己喜欢的草房子。他们先讨论了想搭建什么样的草房子。教师根据大家的需求，提出新的问题："草这么软，是怎么立起来搭建的？""你们设计的房子有什么特点？"

2. 初步讨论

有了初步的建草房子的想法，幼儿自由结成小组，开始具体讨论建造房子的方法。大家会选出接近解决方案的想法，并给予重点关注。

幼儿再次研究收集的资料，自发讨论、猜测，观察图片，最终发现草房子的秘密：原来它们都不是完全用草来搭建的，里面需要"骨架"，就像我们的身体一样，需要用硬的东西支撑住软软的草。幼儿纷纷表达自己的想法："我用管子当支架。""我们用砖块。""可以用木头。"搭建草房子的草有很多种，还可以用芦苇、稻草、树叶等。

3. 草图设计

幼儿将他们关于草房子的想法绘制成设计图，并指出所需的工具和材料。鉴于初步讨论时对草房子"骨架"的了解，很多幼儿选择了用砖块、土、树枝等常见的结实的材料做墙面，也提出了需要用胶水、绳子等材料来连接、固定的需求。

4. 二次讨论

幼儿将初步的想法展现在纸面上以后，会从创作设计过渡到思考实践。此时教师引导幼儿再次讨论建造时可能会出现的问题：支撑方面的科学原理、工具的使用方法、材料的选择等。

结合设计图，幼儿分组进行取材、搭建方面的讨论。有的幼儿提出："砖块太大了，而且还要用到水泥，我觉得不能实现。""对，我们的草房子要做这么多，也不能太大了。"还有的否定了用土做墙面的可能性。既方便收集又有较强的操作性的材料，哪种最合适呢？"纸盒子可以，能保证搭建时的平衡、稳定。""或者用木头……嗯，冰棍棒就可以。""可以用四根木棍来支撑房子。"

5. 构造成品

幼儿根据设计图，利用各种类型的草尝试搭建，通过搭建发现可能忽略的地方。其他人也可以提出改进方法。幼儿根据设计图选择恰当的工具、合适的材料，一起开始尝试搭建，在增进同伴之间感情的同时锻炼了动手操作能力和逻辑思维能力。在搭建中，幼儿发现 4 根木棍不好固定，不稳；如果把 8 根或 12 根木棍固定在一起，就会更稳当。

幼儿通过动手操作解决问题，培养了凡事都要动手试一试的思维方式，在动手操作中体验到了实践的意义，感受到了科学的奇妙。

6. 评估反馈

教师将幼儿搭建的作品投入使用，并观察作品是否能达到设计要求。幼儿会讨论哪些设计是合理的，哪些设计是不科学的，并提出意见。在幼儿和爸爸妈妈的合作下，草房子很快就做好了。他们迫不及待地拿到幼儿园跟小伙伴们一起分享自己在制作时的感受、制作过程中遇到的困难、好的方法等。

不仅如此，幼儿发现干燥的草比新鲜的草更容易捆绑固定，不同的铺放方法也会使草房子的结实程度不同。

7. 协同改进

幼儿听取了同伴分享的好方法之后，开始查找自己的作品中存在的问题，并一起针对原有设计的问题商量合理的改进方案。

在讨论中，幼儿完善了自己的设计方案。比如，有的幼儿对自己选择用树叶做草房顶表示不太满意，因为树叶在采集时还是新鲜的，过几天就成干巴巴的了。"干了之后就不适合制作房子了，而且也不好看。"游游说。还有的幼儿决定把自己的草房子再好好修缮一下。

8. 完善成品

幼儿将改进意见及同伴提出的好方法付诸实施，完善作品。发现问题之后，幼儿运用同伴的好办法，根据改进后的设计图完善自己的草房子。

9. 交流经验

幼儿在搭建过程中掌握了搭建技能、各种工具的使用方法，养成了独立思考的习惯，锻炼了动手能力和逻辑思维能力。在制作草房子的过程中，幼儿勇于表达自己的观点，并将别人的经验内化成自己的经验，在动手中体会到了学习的乐趣，激发了探索的热情和研究的欲望。幼儿改进作品之后，需要总结所掌握的技能，如设计思路、问题解决方法等。不同幼儿在思想碰撞的同时，学习到了相关知识，分享了制作的乐趣，增加了参与制造的热情。

在这个案例中，幼儿对自己发现的问题具有持久的探究兴趣。在活动过程中，幼儿大胆猜想、不断探究，其科学探究素养在实践中得到了发展。此外，幼儿在活动中需要综合运用多个学科的知识解决问题。例如，在主题活动"房屋"中，需要懂得检索、收集相关资料的方法，了解如何设计搭建图，感知不同材料的特性并选择运用合适的材料，想象并设计不同纹样、线条、颜色的材料，在搭建过程中运用测量、比较以及物体稳定性的平衡知识。与此同时，教师与时俱进的教育理念，预设、生成综合主题活动的能力，活动过程中提供适宜支架和随机指导的能力等，都在 STEAM 教育理念指导下的活动实践中获得了相应发展。

（此案例由袁晓渝、张辰提供）

（二）验证型活动的案例实施过程

表 2-2　案例"水净化设计"关键经验

项目	科学核心经验	技术核心经验	工程核心经验	艺术核心经验	数学核心经验	整合核心经验
污水哪儿去了	了解污水处理厂的结构	通过多媒体、图书等查阅资料	知道用各种材料替代建筑所需，用积木搭建污水处理厂		感知事物的顺序性	
我们的污水处理厂	知道污水处理厂各个步骤的功能		调整积木及辅材，组合搭建污水处理厂的各个结构	能够将自己的想法用图画表现出来		
制作净水器	知道污水净化原理，感知过滤材料的特征	尝试按照过滤系统不同材料的组合顺序和过滤步骤组合材料，达到过滤的最佳效果	知道各个步骤的材料与功能的联系			

验证型 STEAM 活动的目标是幼儿完成对已知结果的验证，如定律或现象，但掌握这些定律或现象并不是此类活动的重点。重点是体验验证的过程，实质上就是幼儿探索的过程，发现问题并尝试自己解决问题的过程。在这个过程中，幼儿观察、思考，提出假设、猜想、判断，通过动手动脑获得直接经验，证实或推翻实验前提出的假设。受年龄所限，静态地、被动地吸收知识，会让幼儿失去兴趣。结合幼儿的年龄特点，基于验证型的学习模式，本研究总结的验证型 STEAM 教育应用基本步骤如下。

1. 思维发散

幼儿的思维呈现出多维发散的特点。教师可调动幼儿的经验，引导幼儿进行经验迁移。在活动之初，教师可以依据活动的主题内容，鼓励幼儿通过发散思维考虑问题、解决问题。例如，通过"一题多问""一物多用"等方式，培养幼儿的发散思维，提高其发现问题、解决问题的能力。

自来水是不能直接饮用的，需要净化之后才能喝。水的净化过程是怎样的呢？在探究水的主题活动的环保环节，幼儿对污水处理厂产生了浓厚的兴趣。怎样才能让幼儿活学活用，把所学知识应用到一日生活中，既帮助幼儿巩固生活中的科学知识，又培养幼儿的创造力呢？教师引导幼儿以自身的兴趣点为主线，通过在建筑区搭建污水处理厂，对污水处理厂的位置结构进行猜想和探究。

教师先给幼儿播放污水处理厂的视频，让幼儿了解污水处理厂的 5 个重要组成部分：格栅机—沉淀池—沙滤池—快渗池—绿植。在了解污水处理厂的结构之后，幼儿在没有教师组织的情况下，自发地在建筑区进行污水处理厂的搭建。

第一次搭建，布局不合理，没有完整呈现出污水处理厂的 5 个重要组成部分，并且各个部分之间没有管道连接。

第二次搭建，幼儿基本掌握了搭建污水处理厂的技巧，不仅用适宜的材料来展现每一步的功能，还搭建出了污水处理厂的 5 个重要组成部分，并利用积木搭建出了污水管的走向，但是一段再循环管道没有用积木展现出来。在反思环节，教师问：“为什么没有搭建出再循环管道?”幼儿总结：“用积木搭建管道太乱了，脚一碰到，就看不出来那个管子搭没搭了。”教师再次提问：“怎么办？能用别的什么材料代替积木?”幼儿说：“用洗衣机的排水管。”

第三次搭建，幼儿合理布局并展现出了污水处理厂的 5 个重要组成部分，各部分之间都用洗衣机的排水管连接。

2. 问题聚焦

幼儿通过在建筑区搭建，获得了搭建污水处理厂的经验，对过滤水产生了极大的兴趣，想制作一个能过滤污水的净水器。问题是怎样才能搭建一个实用的净水器呢？幼儿进行了讨论：“咱们班建筑区的污水处理厂太大了。”“把它缩小以后就行了吧?”“那咱们就把污水处理厂的各个步骤微缩一下。”“缩小了就可以过滤污水啦。”幼儿将问题聚焦于如何建造一个实用的滤水器。结论是将污水处理厂的 5 个重要组成部分进行微缩，设计成与现实生活中的滤水器同等大小的。

3. 方案设计

确定设计方案，首先要清楚设计的目的和所要达到的效果。幼儿根据生活中的经验进行设计。

教师先给幼儿提供了一瓶装有沙子和小石子的污水，然后让幼儿动脑筋想一想怎样才能让这样的污水变得干净。第一步，怎样把沙石过滤出来？想一想污水处理厂第一步是什么，有什么作用。幼儿说出过滤大沙石的是格栅机，作用是去除固体垃圾。有的幼儿猜测过滤大沙粒可以用镊子拣出来；有的幼儿猜测可以放滤网，这样就不必用手拣了；还有的幼儿猜测可以用细细的纱布来过滤，这样比大沙粒更细小的细沙就可以被过滤掉了。幼儿按照污水处理厂的滤水程序进行选择并一步步开展实验。

4. 方案评估

在动手操作之前，幼儿分析实验中可能会产生的问题，并找到解决的方法。通过收集材料、分析资料，客观判断方案的成效。

净化水的材料取源于生活中常见的物品，如纱布、棉花、石头等，成本低，安全性高，适合幼儿操作，也能达到一定的净化水的效果。教师与幼儿经过讨论，认为此方案可行，可以实施。

5. 方案实施

幼儿动手完成他们感兴趣的并且和他们生活相关的项目，从动手过程中学习多种学科知识。教师从目标要求、内容、方式方法及步骤等方面制订全面、具体、明确的实施计划。

教师首先提供混合沙石的水。如何将污水处理干净，幼儿开动脑筋，想到了污水处理厂的第一部分——格栅机。它的作用是去除固体垃圾，可以将较大的沙石过滤出来。对于大沙粒，幼儿想到用镊子夹，用手拣。有没有不用手处理沙粒的方法呢？有的幼儿提出了一种工具——过滤网。把水倒入过滤网，大沙粒能留到滤网上。幼儿有过滤百香果籽的经验，懂得经验迁移，知道利用纱布把更细的沙子过滤出来。幼儿用过滤网和纱网测试净水，实验结果还是很浑浊。幼儿随即想到污水处理厂的第二部分——沉淀池。让水进行沉淀，幼儿继续观察这瓶水，水清多了，但还不是完全清澈，和平时喝的水有一定区别，还需要进一步净化。

6. 过程分析

幼儿是主动的学习者，在净化器的设计中发挥了创造潜力。方案中的材料为生活中常见的物品，适合幼儿操作，成本低，可以达到净化水的效果。

7. 分享反思

幼儿总结实验结论，并进行反思。从过滤效果来看，炭包效果最好，柚子皮也有一定的效果，越细的东西就越需要更密的网过滤。先要过滤大的杂质，再过滤小的杂质。幼儿将杂质进行排列组合后，一层一层地净化。虽然离预期的净水有一定差距，但在操作过程中幼儿进行了充分思考。教师也将进一步研究怎样才能改善净水效果，如可组织幼儿参观污水处理厂，指导幼儿尝试用更多的方法净化污水（用明矾等），比较前后两次过滤的水哪个更干净，从而知道哪种材料让污水变干净更有效。教师指导的重点是引导幼儿仔细观察、比较。针对活动准备的材料，教师要先进行实验。

在生活中教师要关注幼儿的兴趣，尊重幼儿的需求，将他们感兴趣的问题转化为学习研究的问题。本次 STEAM 活动是在幼儿需求中生成的，是引发幼儿自主学习与主动探索的活动。伴随对水净化的了解，幼儿经历了确定研究问题、提出假设与猜想、积极寻求答案这一过程。在此过程中，他们学会了观察、比较、记录与分工合作，培养了提出问题与解决问题的能力。这将会是他们以后生活和学习中宝贵的经验。

（此案例由黄晓梅、于洪洲、王欣、张娇蕾提供）

（三）探究型活动的案例实施过程

表 2-3　案例"漫游电世界"关键经验

项目	科学核心经验	技术核心经验	工程核心经验	艺术核心经验	数学核心经验	整合核心经验
电是什么	了解电是一种自然现象	对电的应用有简单的了解				
了解常见的发电方式	了解常见的发电方式，认识不同发电方式的特征	了解电进入家庭所需的环节				
了解电的输送过程			了解电的输送过程	会画简单的输送过程图		
搭建电的输送过程（建筑区）	在搭建过程中更清晰地理解电的输送过程	能够借助多种辅助材料搭建不同的发电站	设计图纸	结合生活环境搭建	会看图纸，按照电的输送过程进行搭建	

续表

项目	科学核心经验	技术核心经验	工程核心经验	艺术核心经验	数学核心经验	整合核心经验
怎么安装电池	了解电池的结构、性能	根据需要选择合适的电池，并且会按照正负极正确安装			认识"＋""—"分别代表正极和负极	
为什么会有静电	了解静电的简单知识，对摩擦起电感兴趣，在实验中发现摩擦起电的现象	了解产生静电的方法，培养观察力、操作力，正确记录自己的发现	尝试用自己的方法产生静电			
怎么让灯泡亮起来（灯泡闪亮、绘本欣赏）	通过对科学绘本的学习，了解让灯泡闪亮的多种方法	灯泡可以通过电路连接的方法发光			学会看电路	
怎么让灯泡亮起来	知道用导体连接电池使之发亮，感知金属可以导电	及时记录	知道串联、并联		了解瓦数的大小与灯泡亮度的关系	认识灯泡的构造
会"咬人"的电	了解安全用电的知识			设计安全标识		
认识新能源	了解新能源为生活带来的便利	设计环保汽车		用线条、图画的形式表现		

结合学龄前儿童的年龄特点，从基于探究的学习模式出发，探究型 STEAM 教育应用基本步骤如下。

1. 发现问题

生活中会有诸多现象发生。幼儿有一双善于发现的眼睛。在日常生活和游戏中，幼儿会关注到各种现象。这些神奇的现象吸引了幼儿的注意力，激发了幼儿的观察兴趣与探究欲望。

大班幼儿的特点是求知欲强，好奇好问，对周围的一切非常感兴趣。在上学期的主题活动中，教师和幼儿一起研究了磁。在与"磁宝宝"做游戏时，幼儿发现磁和电有着一定的关系。因此，幼儿对电的游戏产生了巨大的兴趣，想要开始对"电"的探索与发现。为了进一步培养幼儿对科学的兴趣，增强幼儿的探索欲望，这学期教师将主题继续延续，生成了"漫游电世界"这一科学主题，从幼儿的经验出发，引导幼儿开启电的探索之旅。考虑到电的危险性，本主题活动只涉及电池。在活动中，教师要时刻强调电池使用安全。

电与我们的生活密不可分，息息相关。本学期幼儿对班里投放的电路玩具很感兴趣。随之，他们对"电"这个既常见又陌生的东西产生了浓厚的兴趣，想要亲自去了解它。电是一个比较抽象的概念。幼儿想要了解什么是电，就要从自己认识、接触的电器开始。通过对电器的观察，幼儿对电提出了自己的问题："什么地方会用到电？""电能干什么？"教师也向幼儿提问："你都知道哪些电器？""它们都有什么本领？""哪些电器是家里有的，哪些电器是幼儿园有的？""你最喜欢的电器是什么？为什么？"教师提出的这些问题引发了幼儿对电的思考与探究欲望。

2. 猜想假设

猜想是幼儿发挥想象力的表现形式之一，是幼儿进行创造的基础。教师应善于利用这一环节，结合幼儿的年龄特点，支持和鼓励幼儿大胆联想、猜测结果。

一名幼儿问："老师，电是怎么来到幼儿园和我家的呀？"根据幼儿的这个问题，师幼开展了"电是怎么来的"这一活动。教师运用集体绘本阅读、绘制电的输送过程图等方式，让幼儿了解发电站的种类及电是怎么来到幼儿园的。

为了让幼儿更为直观地了解发电站的种类，教师拿出《扑哧哧，电是怎么来的？》这本书。幼儿好奇地问："'扑哧哧'是什么呀？""我觉得是发电的声音。"幼儿展开了他们的猜想。带着疑问，教师和幼儿一同阅读这本书。一名小男孩指着绘本上的画面说："这是水力发电站吧，它有水。"教师说："对，这是水力发电站，利用水坝可以进行水力发电。"绘本中直观的画面和鲜艳的色彩更能吸引幼儿的关注。阅读绘本的方式提高了幼儿学习的兴趣。

3. 探究设计

科学探究能力是幼儿在发展过程中需要培养的重要能力之一。科学探究包含的内容很多，设计是其中重要的内容。探究设计大致上分为口头设计和书面设计：口头设计是幼儿直接把自己的想法和计划用口头语言表达出来，书面设计是利用记录表、设计图等把想法和计划用笔记录下来或者描绘出来。不管是口头设计还是书面设计，都是建立在幼儿对未知现象的猜想和假设、对感兴趣的事物持续探究的基础上的。

幼儿已经了解了电的输送过程，知道了电是怎么从发电站或发电厂来到我们身边的，并且一起绘制了电的输送过程图。在开展区域活动时，幼儿把电的输送过程图拿到了建筑区，计划将电的输送过程用积木搭建出来。经过讨论，幼儿最后选择了火力发电站。如何搭建输送线路与使用什么材料搭建是本次探究的重点。幼儿以小组为单位展开讨论，并由记录员记录设计内容，最终以举手投票的方式决定设计方案。随后幼儿便开始了"电的输送过程"的搭建活动。他们分工合作，有的搭建火力发电站，有的搭建变电站，有的搭建输电铁塔，还有的搭建楼房，忙得不亦乐乎。

4. 探究实施

探究实施是探究设计的延续和发展，也是培养幼儿的探究能力、把探究设计外化于具体行动的过程，更是幼儿动脑思考、动手操作的过程。这个过程可能是幼儿猜想后的设计和制作，也可能是幼儿对某一实验或材料的再创造。

学过《捣乱的静电》之后，在一次区域活动中，两名幼儿来到了科学区，发现了新投放的材料：气球和尺子等物品。一名幼儿说："我们可以一起做静电的实验，看看能不能做出和《捣乱的静电》那本书里一样的静电。"另一名幼儿说："好呀，好呀，我也想做。"他们两人把气球吹大，让教师帮忙将气球系住口。一名幼儿学着绘本中的样子拿着气球贴在另一名幼儿的头上，并使劲摩擦了几下。"哇，你的头发飞起来啦！"另一名幼儿也拿着气球往对方头上摩擦了几下。这时，在一旁浇花的幼儿拿着小喷壶走了过来，对着他们的头发稍稍喷了几下水，头发又恢复了"平静"。幼儿说："我把静电消灭啦，原来让空气变湿润，可以减少静电呢。"幼儿在做静电实验的过程中，偶然发现了之前没有发现的新内容。

通过对电的学习、了解，幼儿开始尝试制作玩具。在家中，幼儿与家长一起制作了很多有趣的机器人玩具，利用电池、导线、灯泡组合制作出了会放光发亮的机器人；在家长的帮助下，通过加入小马达带动机器人手臂转动，制作出了拳击机器人。幼儿将机器人带到班里分享，全班幼儿都表现出了对机器人玩具的喜爱。

5. 分享反思

分享是幼儿展示探究成果的过程，也是同伴之间相互获取经验、提升探究能力的重要途径，让幼儿体验到了成功的喜悦，为幼儿提供了交流、表达的平台。尤其是幼儿在对自然现象和物体材料的操作过程中会产生很多想法。因时间和空间的局限，幼儿的想法有的可能无法实施，但他们可以分享自己的想法，在以后的探究活动中尝试。反思是幼儿不断改进想法、提高能力的过程。幼儿的思维模式以形象思维为主，这就决定了他们在探究设计中难以想象到可能会出现的问题和困难，因此需要通过探究实施过程来不断调整自己的操作策略。

在一系列与电有关的教学内容完成之后，师幼可以开展节约用电的专题活动。教师可以让幼儿分享对节约用电的重要性的认识，把自己带来的好方法以小组的形式进行分享。通过分享节约用电的方式方法，幼儿对电的认知会更加深刻。

（此案例由李媛、王希提供）

(四)创造型活动的案例实施过程

表 2-4　案例"磁悬浮小发明"关键经验

项目	科学核心经验	技术核心经验	工程核心经验	艺术核心经验	数学核心经验	整合核心经验
我发现的磁悬浮	引发研究欲望		初步了解磁悬浮的原理			观察、发现
我的磁悬浮实验	了解磁悬浮的科学原理及实现条件	收集相关材料，了解实现磁悬浮的条件	确定操作的材料，自选磁铁进行操作			体会动手操作的乐趣
我的磁悬浮小发明	尝试创造磁悬浮现象	探索磁铁位置及固定的方法	创造磁悬浮现象，设计并完成磁悬浮小发明	体验用简单线条绘制设计图，美化作品	感知磁铁空间方位	培养创造力，感受探索科学、动手操作的乐趣
分享交流小发明	发现问题，调整策略	调整方案，进行改进		体验美化作品的乐趣		增强探索思考的能力

创造型活动的目标是让幼儿通过综合运用 STEAM 知识，完成创新物品的设计和制造。其核心是创新性。当然，在实际应用中，创新是有局限的，因为对于幼儿来说，太多太复杂的选择会令他们无从下手，甚至失去兴趣。结合幼儿的年龄特点，创造型 STEAM 教育应用基本步骤如下。

1. 情境引入

多种形式的情境引入可以激发幼儿设计的欲望。教师可以参观、实验、故事、动画、表演、游戏为情境，或从幼儿的疑问、好奇心、兴趣点出发，创设情境，激发幼儿主动设计的愿望。创造型 STEAM 教育应用的目标是完成创新物品的设计和制造。创新来自解决问题的愿望，所以教师需要引入极具吸引力的情境，激发幼儿参与活动的兴趣。

举例：参观科技馆中的"磁悬浮列车"。

在一次科技馆参观活动中，当走到交通工具模型展台时，幼儿讨论得热火朝天。美美小朋友看见磁悬浮列车的模型时，惊讶地招呼大家来看，一边叫一边惊叹："这辆车怎么飘起来了？""对啊，并且还没有轮子。""为什么它会走？真神奇！"面对奇妙的磁悬浮列车模型，幼儿开始猜测列车能悬浮在空中的原因。甜甜说："我觉得车里边都是气球吧。"有趣的猜想吸引了其他幼儿的注意。桐桐说："可能上面有根看不见的线拉着它。"识字较多的丁丁站出来了："上面写的字是'磁悬浮列车'。""什么是磁悬浮啊？"……陌生的磁悬浮列车引起了幼儿浓厚的兴趣，激发了幼儿再设计的欲望。为了满足幼儿的好奇心，教师和幼儿开启了探索磁悬浮现象之旅。

2. 创新引导

幼儿想象力丰富，思维活跃。多种多样的情境引入，加之教师的鼓励，会起到调动幼儿好奇心和积极性的作用。幼儿在轻松的探索氛围中会产生丰富的想象。教师应及时给予尊重与肯定，并引导幼儿逐步产生创新思维。有了明确的目标以后，教师需要从两方面对幼儿的创新进行引导：一方面是创新的方向，教师需要根据幼儿确定的创新物化目标，提供可行的创新方向和思路指导，具体的创造行为由幼儿完成；另一方面是创新的可行性，教师需要对幼儿的创新目标进行可行性分析。

参观完磁悬浮列车后，从看到磁悬浮列车的悬浮现象，到猜想、讨论列车悬浮在空中的原因，是幼儿从观察现象到讨论猜测、产生新话题、主动思考、寻求答案的过程。

教师："什么是磁悬浮现象？你听说过吗？"

丁丁："磁悬浮现象就是磁铁产生的一种现象。"

桐桐："我见过磁悬浮列车，磁悬浮列车就是列车悬在空中向前走。"

睿睿："就是磁铁悬在空中的原理。"

幼儿在相互讨论列车悬浮的原因、收集磁悬浮列车资料的过程中，不断对相关科学现象产生兴趣和好奇心，在新旧经验碰撞中发现了磁悬浮产生的条件是磁铁同极相斥。幼儿在好奇心的驱使下，产生应用磁悬浮原理创造新事物的欲望。幼儿不仅关注磁铁本身悬浮的现象，而且提出了想让很多东西悬浮在空中的想法。在教师的鼓励下，幼儿很快投入到了运用磁悬浮实现自己想法的设计过程。

3. 个体/合作设计

幼儿有了切实可行的创造目标以后，就可以按照自己的意愿，从作品的外形、结构、材料、使用工具、制作方法等方面进行设计，并制订操作方案。"设计—评估—再设计"是一个重复的过程，幼儿要在不断的修正和完善中完成一套合理可行的设计方案。

在设计图绘制过程中，教师应鼓励幼儿展开讨论，在此基础上听取他人的建议，不断完善自己的设计。例如，在"磁悬浮 Kitty"的制作过程中，三人小组共同设计作品，在讨论中不断调整，通过协商得出了可操作的步骤。

设计思路展示如下。

楠楠："我设计了磁悬浮手电，它走在我前面，帮助我照亮前面的路。"

点点："妈妈以后化妆不用手了，磁悬浮口红会飘过来帮妈妈化妆。"

上上："这是一艘磁悬浮飞船，飞船悬在空中，可以节省空间，小鱼们的家就安静了。"

瑶瑶："我用磁悬浮发明了牙刷底座，这样每天刷牙我就不用弯腰去拿牙刷了。"

4. 探索制作

有了详细的设计方案以后，幼儿开始了作品的制作。考虑到设计和制作之间的差异性，如果在制作过程中出现无法解决的问题，教师可适度给予指导，同时引导幼儿自主探索，并对设计方案进行修改。

在制作过程中，幼儿针对自己在操作中遇到的问题，如磁铁的位置和数量、磁铁的支撑固定、辅助材料的选择等，对原有设计进行了多次调整和改进。例如，幼儿在探索过程中发现控制磁铁挪动和翻转是出现磁悬浮现象的关键，并不是磁铁的数量越多、磁块越大，悬浮得就越高。教师应鼓励幼儿不畏困难，大胆尝试，在积极的学习探索中努力完成自己的作品。

5. 实际应用

创新作品制作完成以后，幼儿可以对它进行实践检验，与同伴进行交流。幼儿在实际应用中能够发现自己的作品存在的问题，随后制订改进方案。

通过多次探索，幼儿在操作中知道了磁悬浮现象的形成最少需要两块磁铁。悬浮在上面的磁铁需要比下面的磁铁小、轻，两块磁铁相斥才可以实现悬浮。磁铁的位置多种多样，关键在于如何控制和固定磁铁。

6. 方案改进

若是在实践过程中出现问题，或同伴提出更好的修正建议，幼儿可以开始新一轮的从设计到制作的改进过程。例如，固定磁铁的材料除了木棍以外，还可以根据需求选择更加适宜的材料，如纸、塑封膜等。幼儿自选材料，利用美工区、科学区、建筑区等区域的辅材，在思考中尝试，相互间不断鼓励、讨论，在积极的学习氛围中解决相关问题。

7. 分享展示

幼儿通过分享作品，体验成功的乐趣。分享让幼儿喜欢上创新，增加了同伴互动的契机，开拓了幼儿的创新思路。操作活动后，教师创设机会，使幼儿有充分的时间表达自己在科学探究活动中的发现，将磁悬浮发明成果在集体场合展示，从而获得成功的体验。

幼儿的想象力丰富，思维活跃。教师有针对性的引导会充分调动幼儿的好奇心和积极性。幼儿在宽松、自由的氛围中会产生很多听起来"奇奇怪怪"的想法。教师要能够俯下身来倾听，为幼儿的想法献计献策。有了明确的目标以后，教师需要对幼儿的创新进行引导。

有了明确的目标指引，幼儿就能够按照自己的想法开始具体的操作。最初，"磁悬浮 Kitty"是三个人尝试合作设计的模型，幼儿对产品的外形、结构、材料、工具、制作方法等方面进行了设计，并制订了操作方案。在探究讨论中，幼儿经过了"设计—评估—再设计"的重复过程，最终制订了一个较为切实可行的设计方案。详细的设计方案会指引幼儿一步一步向前走。设计和制作之间存在着一定的差异。幼儿在操作中遇到磁铁的位置、数量等问题时，对原有设计进行了多次调整和改进，发现了控制磁铁挪动和翻转是出现磁悬浮现象的关键。教师面对幼儿在操作中出现的问题，秉持及时帮助的原则，鼓励幼儿解决问题，在积极的学习情境中努力完成设计和制作。

　　分享是帮助同伴习得相关经验的方法之一，也是让幼儿体验成功乐趣的方法之一。通过分享，幼儿有了充分的交流时间，便于表达自己在科学探究活动中的发现，打开了创新思路，获得了成功的体验。

（此案例由郑悦、张辰提供）

（本章内容由北京市第一幼儿园吉祥分园邢燕虹、迟芳、张菁、

马歌、左慧慧等供稿）

第三章　融合 STEAM 教育理念的幼儿艺术活动案例研究

第一节　融合 STEAM 教育理念的幼儿艺术活动的理论概述

一、融合 STEAM 教育理念的幼儿艺术活动的概念及特征

(一)融合 STEAM 教育理念的幼儿艺术活动的概念

1. 幼儿艺术活动

幼儿艺术活动是指幼儿在教师的支持与引导下，通过观察、模仿、联想、想象、创作等，以声音、动作、形象等表达自己对世界的认识及情感态度的过程。幼儿艺术活动主要包括音乐、舞蹈、美术、戏剧等方面的内容。在这一过程中，幼儿感受美、表现美和创造美，艺术思维开始萌芽，最终审美能力、情感表达能力、个性都得到发展。幼儿艺术活动涉及的内容可以包括生活中的美好事物，还可以包括音乐、舞蹈、美术、戏剧、文学及其他各种艺术表现形式。

2. 融合 STEAM 教育理念的幼儿艺术活动

融合 STEAM 教育理念开展的艺术活动帮助幼儿学习及调动科学、技术、工程、艺术、数学方面的经验，以落实各种艺术创想及设计，并以艺术作品的方式来展示其思维及操作过程，最终达到提高幼儿的艺术表现能力及动手操作能力和促进幼儿社会性交往能力等综合能力全面发展的良好效果。

(二)融合 STEAM 教育理念的幼儿艺术活动的特征

融合 STEAM 教育理念开展的幼儿园艺术活动在教学活动设计及实施过程中体现出以下四个特征。

1. 综合性

STEAM 教育不是将重点放在某个学科上，而是放在引导学生采用学科融合的学习方式和跨学科思维解决现实问题上。融合 STEAM 教育理念的艺术活动体现出了一定的综合性。它将分科的界限打破，重视艺术技能技巧，发扬人文精神，关注幼儿整体艺术文化素养的提升。在艺术实践活动中，STEAM 教育不仅侧重音乐、舞蹈、美术、戏剧等不同艺术门类之间的相互融合，而且关注艺术和情感、科学和文化的联系，渗透综合、全面、和谐发展的教育理念。融合 STEAM 教育理念的艺术活动，能帮助幼儿获取综合性艺术知识，提升艺术表现与审美能力，加深对艺术的理解。这个过程培养了幼儿用艺术的眼光去欣赏、用科学的视野去观察，用艺术的想象去创造、用科学的思维去设计，用艺术的技能去表现、用科学的技术去完善的能力。

2. 过程性

通常艺术活动都需要通过艺术作品来呈现幼儿的学习效果，艺术作品水平的高低可以反映出幼儿对艺术技能的掌握情况。随着教育理念的不断更新，我们对幼儿发展的评价越来越全面和客观，考虑得也越来越长远。因此，在现在的各项活动中，我们不仅仅关注结果，更关注过程。特别是对于 STEAM 教育活动而言，它的理念是引导幼儿在解决问题的过程中培养综合素养。解决问题并不总是一蹴而就的，很多时候问题的解决需要一个较长的过程。在解决问题的过程中，幼儿通过学习、思考、尝试、交流、反思积累丰富的经验，提高能力。这些经验与能力的获得对于幼儿的终身发展都有重要的意义和价值。因此，在融入 STEAM 教育理念的艺术活动中，我们并不单纯以幼儿最终的作品来评判他们的发展情况，而是关注其在整个艺术活动过程中的表现，对比观察他们在每一次活动中的表现是否比上一次有所进步。

3. 探究性

STEAM 教育注重解决问题。在解决问题的过程中，探究性思维起着重要的作用。融合 STEAM 教育理念的艺术活动更关注幼儿的探究过程。幼儿带着问题去学习，不仅关注最终的结果，而且关注实践过程中的各种现象和发现，并由此产生新的关注点或创作的灵感。充满探究性的教育实践活动不仅能激发幼儿的学习兴趣，使他们的艺术学习和创作变得更加积极主动，而且能更好地发挥幼儿的主体性，使其成为艺术活动的主人。

4. 创造性

创造力是艺术活动的精髓。艺术与创造力是相互依存、不可分割的。在艺术活动中，我们不仅重视幼儿表现能力的发展，而且重视其创造能力的发展。培养幼儿的想象力与创造力是我们开展艺术活动的主要目标之一。STEAM教育十分重视对幼儿创造力，特别是创新精神和意识的培养，强调在过程中鼓励幼儿想各种办法解决问题。幼儿在一次次活动中逐步形成求新、求变的创造性意识。融合STEAM教育理念开展的艺术活动更加突出对创造力的关注，并在整个教育实践的过程中为展现幼儿的创造力提供了更广的空间与平台。在这个过程中，教师鼓励幼儿大胆表现与创新，使幼儿在体验美的同时感受创造的快乐。

二、融合STEAM教育理念开展艺术活动的意义

幼儿的发展是不可割裂、全面综合的。《幼儿园教育指导纲要（试行）》提出"各领域的内容要有机联系，相互渗透"的理念。当前的幼儿园教育也越来越重视各领域的相互渗透与融合。我们在探索艺术领域特色课程时，从幼儿发展的全面性出发，致力于幼儿艺术素养与人文素养的双提升，提出了综合艺术教育的理念。STEAM教育理念强调和呼吁一种跨学科的教育实践，与我国的政策文件所倡导的教育方向是一致的。目前，国内外已有关于STEAM的研究阐明了各领域之间有着密切的联系。例如，艺术与科学活动存在着不可分割的概念关系，科学发展过程中会有艺术气息，艺术发展过程中也会融入科学要素，艺术与科学的融合已经成为一种趋势。艺术与数学也是多方相通的，二者的相互融合可引导幼儿发现并挖掘艺术中的数学知识和数学经验，实现理念的沟通和思维的创新，让幼儿深刻感受和体验数学在艺术中的魅力及艺术中的数学智慧。[①] 除了科学与数学外，技术和工程也是如此。尽管已有研究从理念上明晰了领域融合的重要性，但融合并非简单地叠加与拼凑。如何真正有机融合科学、技术、工程、艺术、数学这些领域，将其落实于真实的教育实践中？已有研究并未解决相关问题。因此以艺术教育为抓手，借鉴STEAM教育理念，进一步设计与组织艺术活动，探究艺术领域与其他领域的融合方式，是十分必要的。我们通过选择适宜的项目载体，

---

① 熊妍茜、张辉蓉：《数学与艺术融合在小学数学教育中的途径探析——基于〈艺术与数学〉的研究》，载《数学教育学报》，2015（4）。

期望达到促进幼儿艺术素养、人文素养、多领域能力多元发展的效果，为丰富艺术教育与多领域融合的实践研究做出补充。

第二节 融合 STEAM 教育理念的幼儿艺术活动案例呈现与分析

一、案例描述

中班活动："有趣的民间玩具——好玩的风车"案例

幼儿园的基本活动是游戏，常常离不开玩具。风车是幼儿生活中比较常见的玩具。基于让幼儿在游戏中快乐发展、在快乐中有更多收获的目标，教师对班级幼儿现有发展水平及兴趣进行了调查和评估，尝试运用 STEAM 教育理念，开展"有趣的民间玩具——好玩的风车"主题活动。

基于 STEAM 教育理念开展的"有趣的民间玩具——好玩的风车"主题活动分为四个阶段：第一阶段为收集欣赏各类风车，第二阶段为了解风车各部分结构，第三阶段为尝试制作风车，第四阶段为探索如何提高风车的艺术性。在整个实施过程中，前一阶段发现的问题就是后一阶段实践研究的内容，活动的各个阶段环环相扣，幼儿的能力也随着活动的开展而逐渐提高。

第一阶段：收集欣赏各类风车(见表 3-1)

表 3-1 收集欣赏各类风车阶段

探究性问题	探究内容	探究方式	所跨领域和相关经验	延伸出的话题
风车的样式都一样吗	风车的外形构造、色彩、纹样	亲子收集风车，布置风车展，欣赏，交流	艺术：欣赏，对色彩和造型的感知	怎样让风车转起来
怎样让风车转起来	风车的样式有什么办法让风车转起来 风车为什么会转	幼儿在操场上或独立、或两人合作探索让风车转起来的方法 幼儿发现通过走动、挥手、跑动、吹气、扇风等方式能够让风车转起来	科学：风的产生，运动速度和风车转速的相关性	风车在静止和转动的时候有什么区别

续表

探究性问题	探究内容	探究方式	所跨领域和相关经验	延伸出的话题
风车在静止和转动的时候有什么区别	风车在静止时和转动起来后扇叶的变化 风车转得慢的时候和转得快的时候的区别	幼儿观察静止的风车,用语言描述或绘画的方式表现观察到的内容 两个人一组,一人让风车转动起来;另一人观察转动的风车,并用语言描述观察到的内容 教师利用吹风机控制风车转动的速度,支持幼儿观察、感知风车转动速度与风车图案变化之间的关系 幼儿用语言描述观察到的内容	科学:观察、思考 艺术:欣赏、体验 社会:尝试合作探究,分享彼此的经验	为什么有的颜色、图案在风车快速转动的时候会消失 什么样的图案在风车快速转动的时候还能看得比较清晰

在活动开展的第一阶段,教师通过家园活动的方式,结合幼儿的兴趣和认知,带领幼儿走进"风车世界"。通过收集、布展、欣赏和操作各种风车,幼儿不仅看到了形形色色的风车,而且在自由探索风车的过程中,通过观察、操作,展开了对风车的探索,获得了许多科学方面的感性经验,引发了进一步探究风车的兴趣。

在玩风车的过程中,幼儿有了许多新发现,产生了许多新问题。例如,幼儿观察到:风车的造型有很多种,有的扇叶是水滴形的,有的是花瓣形的,有的是扁扁的一个薄片。风车的材质也有不同:老北京风车的扇叶是用纸做的,现代风车的扇叶是用布做的,还有的是用很薄的塑料板做的。有些风车的扇叶是单层的,有些是双层的。幼儿最感兴趣的发现为:有些风车的扇叶原本每一片颜色都不同,但风车转起来后,扇叶的这些颜色都混到一起变成统一的颜色了。幼儿还发现:风车上的图案在风车静止时看得很清楚,一转起来就看不清了;如果转得很快,就只能看到一片白色,图案全都消失了。这些问题中有些是和艺术领域直接相关的,如色彩的变化、外形的设计等。在这一阶段,幼儿通过主动操作,感知了风的产生,体会到了运动速度和风车转速之间的相关性。这些发现虽然看似和艺术活动没有什么直接的联系,但却是影响风车转动后产生的艺术效果的重要因素。由此可以看出,在风车的设计过程中,艺术要素的呈现实际上和科学发现是密不可分的。幼儿积累了运动会对图案和色彩变化产生影响的经验后,就会在后期自己设计、制作风车时考虑到这些因素,从而制作出更好的艺术作品。

第二阶段：了解风车各部分结构(见表 3-2)

表 3-2　了解风车各部分结构阶段

探究性问题	探究内容	探究方式	所跨领域和相关经验	延伸出的话题
怎样做风车	风车的构造及零件	通过拆卸风车，了解风车各部分的构造 在拆卸过程中，幼儿会将风车各部分的零件在记录单上进行绘画记录	科学：了解风车的构造	所有的风车都有这些零件吗
所有的风车都有这些零件吗	拆卸完风车后的发现：有哪些零件是所有风车都有的，风车的扇叶是否都是一样的，扇叶什么地方是一样或相似的，什么地方是不同的，还有哪些地方是不一样的	观察、拆卸、组装传统风车，感知、发现传统风车风轮、扇叶的数量和样式 通过与同伴对比记录单发现风车的必备零件：扇叶、转轴、手柄 填写总的统计记录表，通过比较发现风车各部位构造的相同与不同 探索传统风车上的泥鼓装置，了解其构造	社会：学习同伴经验，主动分享 科学：观察、感知、点数、对应，探索敲击、速度与声音的关系 工程：拆卸、组装 艺术：色彩的感知与联想、声音的感知与联想	风车设计成不同的样式只是为了美观吗 老北京风车为什么要设计成现在这个样子
风车设计成不同的样式只是为了美观吗？老北京风车为什么要设计成现在这个样子	传统风车叫什么名字 传统风车都有什么颜色 传统风车风轮、扇叶的数量、样式有什么秘密 传统风车是用什么材料制作的 传统风车为什么会发出声音	通过经验分享，了解风车又名"吉祥轮" 观察风车扇叶的颜色，展开联想，了解传统风车色彩的寓意 观察、拆卸、组装传统风车，感知、发现传统风车风轮、扇叶的数量和样式 观察、触摸传统风车，分享亲子资料，了解传统风车的制作材料(秫秸秆、竹签、秫秸篾片、纸、泥鼓) 操作风车，探索和感知风车的发声装置(拨片、泥鼓)	社会：学习同伴经验，主动分享 科学：观察、感知、点数、对应，探索敲击、速度与声音的关系 工程：拆卸、组装 艺术：色彩的感知与联想、声音的感知与联想	我可以用什么材料制作风车 我想设计一个什么样的风车 我想用什么颜色或图案装饰风车

在活动开展的第二阶段，教师引导幼儿通过观察、拆卸、组装不同的风车，使幼儿获得对风车构造的进一步认知。幼儿在拆装风车的过程中，可以更加清楚地看到风车各个零件的构造。拆和装的过程涉及组装顺序问题，这为幼儿后期制作风车奠定了经验基础。这些内容看似和艺术活动没什么关系，但正是因为有了拆卸过程，幼儿才能了解风车的构造，对风车的设计原理和设计依据产生兴趣。通过资料收集与分享，幼儿了解到了传统的老北京风车的另一个名字为"吉祥

轮"，竹条围成的圈代表一年 365 天，12 根辐条代表 12 个月，12 根辐条上的 24 个头代表 24 个节气。风吹小轮旋转祈祷一年生活风调雨顺。传统风车的设计与制作蕴含了祖先对美好生活的向往，也让幼儿懂得了任何一个作品的设计都不是随意的，其中必定渗透着设计者的想法和理念，有其想表达的含义。这些内容恰恰是艺术设计的要点，即设计理念和灵感来源。从这个角度分析，我们就会发现这个阶段的活动对于艺术活动来说是必不可少的环节。

第三阶段：尝试制作风车(见表 3-3)

表 3-3　尝试制作风车阶段

探究性问题	探究内容	探究方式	所跨领域和相关经验	延伸出的话题
怎样制作风车制作风车需要准备哪些材料	制作一个美丽的风车，第一步要做什么可以去哪里寻找制作材料	自由结组，3~4 人为一个小组。小组讨论，在风车设计记录单上记录扇叶的设计样式、选择的材料、转轮的材料，以及完整风车的设计图通过各种渠道收集自己小组所需的制作材料	社会：交流、表达艺术：绘画、设计科学：记录、统计、讨论数学：对称、平均分	如何将设计变为成品
如何将设计变为成品	我们需要做哪些事情才能将设计图上的风车做出来	分组讨论，确定制作的顺序和分工根据讨论的结果，完成风车材料的收集、加工、组装、测试	社会：交流、分工与合作数学：空间关系、点数、平均分科学：观察、讨论、推理、试验技术：使用粘贴工具、拼插组装艺术：线条、图案、色彩等的搭配运用	扇叶怎样才能做得一样大转轴用什么材料做合适怎样打眼才能确保打在正中心的位置扇叶如何固定在转轴上
扇叶怎样才能做得一样大转轴用什么材料做合适怎样打眼才能确保打在正中心的位置扇叶如何固定在转轴上	尝试运用不同方法来解决所遇到的问题	小组合作，尝试运用制作模板得到一样大的扇叶，利用剪圆形并对折找中心点的方法在转轴正中间打孔	社会：交流、表达数学：点数科学：观察、分类、统计	扇叶怎样安装在轴上才能让风车转动起来

续表

探究性 问题	探究内容	探究方式	所跨领域 和相关经验	延伸出的 话题
扇叶怎样安装在轴上才能让风车转动起来	扇叶安装的位置和角度的问题	尝试将扇叶安装在转轴上，并找到最佳角度	社会：交流、合作 科学：了解角度与受力的关系，学会等分圆形 技术：学会使用各种工具 工程：合作安装风车扇叶，并使其转动起来	扇叶转动起来后，为什么有些图案和线条看起来会动了

活动开展的第三阶段是幼儿非常喜欢的动手实践阶段。教师通过开展分组设计制作和尝试模仿制作的活动，引导幼儿设计、制作风车。在本阶段的开始部分，教师引导幼儿回顾前两个阶段的活动经验，让幼儿明确制作前要先进行设计，并且在设计时要有目的和想法。为此教师设计了"我们的风车设计图纸"模板（见图 3-1），帮助幼儿记录其想法。

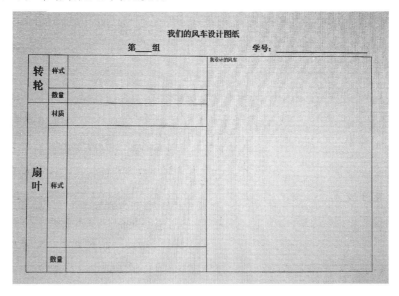

图 3-1　教师为幼儿提供的设计图纸模板

模板分为两大部分。一是左侧重点零件的设计板块，包括转轮和扇叶。其中在样式一栏，幼儿主要通过绘画来表现，还可以将选材料的样本或照片贴在这一栏，使同组的组员都知道自己小组在制作时选取的材料是什么。在数量一栏，幼儿可以通过书写数字或用同等数量的圆点等标记方式来表示。二是右侧"我设计的风车"一栏。设计模板的运用可以帮助幼儿明确设计目标和内容，使小组合作的目的性更加明确。在这个过程中，幼儿初步学会了绘制设计图，有了设计的概念。在绘画设计图的过程中，幼儿通过收集材料、对材料进行分类，学习和使用了分类、统计的方法，发展了数学能力。幼儿在模仿制作活动中获得的有益经验，能够很好地帮助他们在分组活动中进行设计与制作，促使经验产生有效的迁移。

在设计制作扇叶活动中，教师通过提问引导幼儿进行对比观察，鼓励幼儿自己发现问题、提出假设、调整设计、实践验证，将科学和艺术两个领域有机融合，促进了幼儿观察能力、艺术创造能力、科学研究能力的发展。

第四阶段：探索如何提高风车的艺术性(见表 3-4)

表 3-4　探索如何提高风车的艺术性阶段

探究性问题	探究内容	探究方式	所跨领域和相关经验	延伸出的话题
扇叶转动起来后为什么有些图案和线条看起来会动了	线条、图案变化和转速的关系	观察、比较	科学：线条位置、粗细及色彩的不同变化，会在视觉上产生奇异的效果	什么样的图案或线条转起来后给人会动的感觉
什么样的图案或线条转起来后给人会动的感觉	线条的分布规律或粗细变化规律 扇叶上用什么颜色、图案在旋转的时候更好看	欣赏一些动图效果图，观察其图案和线条的设计规律。尝试进行平面设计，根据自己的喜好进行色彩、线条、图案等的装饰 猜测静态装饰旋转起来的效果，并和大家分享	艺术：色彩、线条、图案的选择和运用，色彩搭配、点线面的设计和运用，创造力 科学：推测、验证、再实验	为什么没有达到预想的效果，问题出在哪里
为什么没有达到预想的效果，问题出在哪里	找到图案没有动起来的原因	观察、比较、调整	科学：等距、角度、色彩变化和视觉感受	还可以怎样做让风车变得更好看、更好玩

在活动开展的第四阶段，教师通过提出探究式问题，引导幼儿开展有创造性的艺术设计和制作活动。在这个过程中，教师分 3 个层次组织活动。第一个层次是对扇叶本身进行装饰。幼儿通过观察、讨论，总结出"扇叶上用什么颜色在旋转的时候会更好看""怎样构图会使扇叶上的图案在旋转时动起来"等经验，并对自己小组之前的设计提出改进建议。第二个层次是通过对点、线、面、色彩进行

观察、运用，感知静态图案和形成的旋转图案之间的关联。幼儿在教师的支持和引导下进行分区装饰、有规律装饰、正反装饰等不同层次和难度的设计活动。在这些活动中，幼儿对色彩、线条、图案的感知和运用能力得到了提升。在动笔绘画之前，幼儿逐渐有了"先设计、再动笔"的设计意识；在设计和分享过程中，幼儿收获了有关对称、规律、翻转等数学领域的相关知识。第三个层次是教师通过家园合作、亲子制作的形式，将声、光、电等科学内容融合到玩具风车中，扩展幼儿的知识经验，提升幼儿的艺术创造能力。借此机会，教师还开设了"亲子风车展"，展出的作品中有"多角度风车""变速风车""发光桶风车""小猫敲鼓风车"等各具特色的风车。在展示与分享的过程中，幼儿还从同伴的介绍中获得了更多的知识。

大班活动："神奇的草木染"案例

小长假回来后，幼儿在活动时间分享着彼此的假期见闻。全全跑到班外的储物柜里，拿出了一个白蓝相间的小布袋。熙熙摸了摸说："你这怎么和我妈妈的围巾那么像呀，都有白色大花。"全全说："这是我在云南买的，你知道这花是怎么来的吗？""画的呗。"刚喝完水的白白也参与进来。全全神气地说："不对，我在云南的时候，人们说这个是染上去的。而且，这种染布都有好几百年了。""染上去的？我也染过，不过是在纸上。""这个不是拿颜料染的，妈妈说这个是天然的。""天然的？那是用什么染的呢？"

没想到全全带来的一块花布引起了幼儿对染料的浓厚兴趣。在幼儿讨论和提出疑问的过程中，教师并没有急于介入，而是给幼儿时间和空间，让他们互相交流经验。对于大班幼儿而言，轻松的氛围和充分的交流可以使他们敞开心扉，有利于其社会交往能力的发展。幼儿需要从自身的生活经验出发，寻找天然的染料，思考扎染这样的民间工艺的染色秘密。STEAM 教育理念蕴含着丰富的教育价值和契机，不仅可以深入运用到关于现代信息技术、现代科技产品的探究中，还可以融合到我国古代优秀传统文化和民间工艺的探究中。幼儿欣赏扎染工艺的成品，被其美丽的颜色和图案吸引了，对染色的颜料产生了强烈的好奇心，这体现了艺术领域的感知与欣赏。幼儿基于自己的观察，进行思考、分析，这体现了科学领域的探究精神。教师在对该内容进行分析和对幼儿的兴趣及现有能力进行思考的基础上，结合 STEAM 教育理念，组织了"神奇的草木染"系列活动。该活动分以下四个阶段来开展。

第一阶段：天然染料哪里来(见表 3-5)

表 3-5　天然染料哪里来阶段

探究性问题	探究内容	探究方式	所跨领域和相关经验	延伸出的话题
天然染料从哪里来	从哪些植物中可以获得天然染料 这些染料可以染出什么颜色	结合生活经验进行讨论	艺术：对色彩的感知 科学：植物里含有天然色素	怎样获取带颜色的植物汁液

第一阶段是在幼儿对天然染料充满好奇、有强烈的探究愿望的情境下开启的。能染出蓝色的植物到底是什么呢？当全全说"我这个书包上的蓝色是拿板蓝根染出来的"时，幼儿既惊讶又兴奋。"板蓝根，不对，板蓝根是棕色的，不是蓝色的。""染坊的阿姨告诉我把板蓝根放在水里煮就变成蓝色的了。"这时教师及时引导："哇！原来这么漂亮的颜色是用植物的汁液染出来的。那生活中还有什么颜色可以用植物的汁液染出来？"在教师的启发下，幼儿纷纷表达了自己的想法："还有火龙果，上次我吃火龙果时掉到衣服上了，衣服就被染成紫色的了。""前几天我吃西瓜的时候掉在身上一块，西瓜汁把衣服染上颜色了。"幼儿纷纷说起自己的衣服被染色的经历。大家发现西瓜、樱桃、橙子等水果都可以染色。幼儿越说越兴奋，想马上去试一试。于是教师就请幼儿回家后，在家长的协助下收集带颜色的植物汁液。幼儿通过实验发现了植物的色素是丰富多彩的，如杧果可以榨出黄色的汁液，菠菜可以榨出绿色的汁液，红彩椒可以榨出橘红色的汁液，紫甘蓝可以榨出深紫色的汁液，车厘子可以榨出紫红色的汁液，橘子可以榨出浅黄色的汁液，红玫瑰的花瓣可以榨出红色的汁液等。在教师的帮助下，幼儿还制作了色彩收集调查表(见图 3-2)。

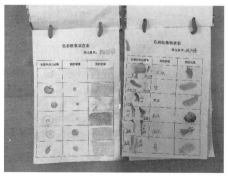

图 3-2　色彩收集调查表

在教师的启发下，幼儿从陌生的板蓝根联系到自己的衣物被水果染色的经历，这体现了幼儿对经验的迁移。从衣服被染色倒推出水果可以做染料，这是幼儿由果推因的逻辑思维的发展。通过实践，幼儿在各种蔬菜、水果中找到了丰富的色彩，在发现存在于身边的美的同时感受到了大自然的神奇。

第二阶段：多种方法取汁液（见表 3-6）

表 3-6　多种方法取汁液阶段

探究性问题	探究内容	探究方式	所跨领域和相关经验	延伸出的话题
怎样获取带颜色的植物汁液	怎样可以让植物出汁液	运用亲子实验探究的方式，在家中运用榨汁机对不同的果蔬进行榨汁实验，获取果汁或蔬菜汁，将其作为天然染料	科学：了解植物色素的获取方式 技术：操作和使用榨汁机 艺术：感受各种果蔬汁的色彩美 数学：通过目测感知体积大小变化	除了电动榨汁机，还有哪些工具或方法可以榨汁
除了电动榨汁机，还有哪些工具或方法可以榨汁	探索不同的榨汁方法	探究手动榨汁机及石臼的使用方法 观察食盐可以使叶类蔬菜出汁的现象	科学：了解手动研磨榨汁机和石臼的榨汁原理，发现加盐可以使植物出汁的现象 社会：尝试合作探究，分享彼此的经验	为什么加了盐的菠菜汁染出来的绿色比不加盐的菠菜汁染出来的绿色浅

幼儿在家中找了各种各样的他们认为可以获取天然染料的水果、蔬菜，在爸爸妈妈的帮助下，用榨汁机榨出了多彩的染料。在家寻找材料并制作染料的过程中，幼儿常用的工具是电动榨汁机。这个过程涉及幼儿多个领域的核心经验的发展。以橙子为例，幼儿动手操作的能力在剥皮的过程中得到了发展。为了有效运用榨汁机，幼儿需要将橙子切成大小、形状差不多的切块，这发展了幼儿对体积的认知能力和粗略测量（目测）能力。幼儿对榨汁机的探索，涉及技术和工程领域的目标，如在榨汁时，水果杯内的刀片飞快转动，将水果切块逐渐打碎，最终榨出汁来。有些使用胡萝卜榨汁的幼儿发现，胡萝卜块很硬，用手捏是没办法出汁的，而且在榨汁时需要添加一些水，榨汁机才能更好地工作。还有的幼儿发现，榨汁机榨出了汁液，还有一些碎料需要从另外的出口排出。榨汁的过程帮助幼儿通过亲自观察了解到了食物由固体转变为液体的过程。

在会使用电动榨汁机的基础上，幼儿提出了新的疑问：还没有发明榨汁机的时候，人们用什么榨汁。这个问题激发了幼儿进一步找寻答案的兴趣。根据回家收集的资料和日常捏水果时发现有些水果会出汁的现象，睿睿分享了自己的经验："昨天我在家里就没用榨汁机啊，妈妈跟我一起把西瓜切碎，然后用手绢包起来，一挤就挤出了许多汁。"教师为了满足幼儿尝试的愿望，给幼儿准备了纱布、塑料刀和案板，还提供了研钵和手动榨汁机。在班内做染料的过程中，由于教师提供的是手动榨汁机，需要人工拆卸和组装，几名平时动手能力较强的幼儿跃跃欲试，其他幼儿也在旁边出谋划策。榨汁机组装好了，幼儿爆发出欢呼声，脸上洋溢的笑容表明了幼儿的成就感。在这个过程中，幼儿合作学习的能力得到了提高，自我效能感得到了增强。幼儿拆分、拼接手动榨汁机的过程涉及了工程和技术，因为幼儿需要阅读说明书，按照操作说明图一步步进行组装。此外，幼儿搜索了许多工具，如研钵，通过压力改变原材料的形态，将其做成染料。通过对比不同工具做出的染料，幼儿发现，同等的原料用不同的方法做出的染料的数量是不同的。比如，大小相近的橙子，用手动榨汁机榨出的汁最多，手挤的汁次之，用研钵捣碎的最少。这属于数学领域对数量和体积的感知，同时也涉及测量的方法，如应该保证原料的数量基本相同，才有进一步比较的意义。为了使榨出的汁液中尽量没有碎渣，幼儿想到了用装饰班级墙的纱网对汁液进行过滤。这是幼儿在科学领域主动发现问题、分析问题、解决问题的过程。在做染料的过程中，幼儿发现，如果自己没有清理干净榨汁机，直接加入其他原料，那么汁液会变色。这个过程涉及科学领域对色彩和光的感知与探索。一些汁液的颜色与原料本身的颜色不一致，也引起了幼儿的好奇心和探究欲。

第三阶段：晕染和晾晒 (见表 3-7)

表 3-7　晕染和晾晒阶段

探究性问题	探究内容	探究方式	所跨领域和相关经验	延伸出的话题
布可以怎样染	可以用什么样的方式去染布	用不同的方式为布染色，探究不同的染色方法	艺术：颜色的搭配、布局 科学：颜色的混合与变化 技术：染色的方法与技巧 数学：统计	为什么会有混色问题和褪色问题
为什么会有混色问题和褪色问题	怎样晾晒可以不破坏颜色	根据观察到的现象提出猜想，通过实验，总结经验并调整方法	科学：布经过暴晒后会褪色	怎样染出小布袋上那样的纹样

在前期，幼儿通过操作各种工具，提取了丰富多彩的天然染料。接下来幼儿使用植物汁液染布。幼儿用自己制作的染料对手绢进行染色，根据自己的喜好进行装饰。有的将布团起来，然后分别沾染不同的颜色；有的捏住布的四个角，各蘸一种颜色。染色的过程中，幼儿有了一些新的疑问：为什么紫甘蓝汁染上去变成了蓝色？为什么有的颜色染上去不太明显？带着这些问题，幼儿和教师一起做了一张表格。表格包括是否容易染上色、颜色是否鲜亮、是否会变色。幼儿在染布过程中将自己对使用天然染料的感受用自己的标记记录下来。染布完成后，教师抛出问题：现在做出的手绢湿湿的，我们应该怎么晾干。幼儿经过讨论，一致决定用平时晾毛巾的方法将手绢晾干。

本次活动是幼儿对染布的进一步探索。染布的方法有很多种。在这里教师并没有提前告知幼儿任何染布的方法，不局限幼儿的思维，而是保持幼儿探究的兴趣，为幼儿自由发挥创设了空间。在这个过程中，幼儿发现了不同染料的一些特点，初步感知了变色的现象。在教师的指导下，幼儿对染料的特点进行了分类统计，在观察、对比中潜移默化地发展了数学能力，提升了概括总结水平。

第四阶段：美丽的图案(见表 3-8)

表 3-8　美丽的图案阶段

探究性问题	探究内容	探究方式	所跨领域和相关经验	延伸出的话题
白色线条是怎么染出来的	怎样才能得到白色的线条或图案	运用多种感官感知布上的图案和线条，进行讨论和资料收集	科学：虹吸和毛细现象	什么东西能够帮我们把布扎起来
什么东西能够帮我们把布扎起来	应该怎样捆扎用什么材料捆扎效果更好	自由探索 同伴合作 师幼合作	技术：捆绕绳子，将绳子打结	借助绳子能染出白色的线条，其他的图案是怎么染出来的
借助绳子能染出白色的线条，其他的图案是怎么染出来的	白色的方形图案、小的方形图案是怎么染出来的 环形的白色线条是怎么染出来的	讨论、猜测 自主尝试	技术：各种扎染用具的使用(夹子、冰棍棒等) 艺术：对图案位置的选择和设计 数学：工具数量和图案数量的比较	染好的布可以做什么
染好的布可以做什么	布的使用	尝试用扎染好的布制作各种饰品或物品	艺术：设计 技术：使用各种美术工具进行制作	

幼儿运用不同方法制作出了各种样式的花布。但他们发现自己怎样染也不会出现全全从云南带回来的小布包上那样的花纹。"怎样才能染出作品上面多样的白色线条呢?"这成为幼儿比较感兴趣的问题。在美工区自由绘画的时间里,他们讨论起了这个问题。安安说:"用白色笔画。"龙龙说:"在黑纸上用白色蜡笔画。"小小说:"可这条手绢是蓝色的呀。我觉得它不是画上去的。"在他们的讨论中,教师把手绢摘下来放在桌子上,幼儿用手摸了摸,还闻了闻,说:"摸上去不像是画的。""闻起来有肥皂的味道。"在区域分享环节,教师把问题抛给了全班幼儿,大家都表现出了浓厚的兴趣。全全介绍说:"这条手绢用的是扎染的方法。"幼儿七嘴八舌地问什么是扎染,怎么扎染。乔乔说:"我也想扎染。"其他幼儿都争着说自己也要做。于是,幼儿开始收集资料,寻找材料,研究如何扎染。

一开始,幼儿用小块的布料、纸张进行扎染尝试,发现空白的地方很难呈现出线条感。染得时间长了,就没有空白的地方了;染得时间短了,空白的地方又会有很多。通过资料收集,幼儿发现扎染需要进行扎制(找东西捆)。于是他们开始收集能够将布捆起来的东西。他们找来了纸绳、塑料绳、麻绳、手提袋的提绳、女孩子扎辫子用的皮筋。

在活动区,锐锐一只手将小块的布料随意地抓成一团,另一只手拿了一条纸绳,发现自己没有办法完成扎制,就叫壮壮来帮忙。壮壮系好以后,看起来有点松,锐锐说"试试吧",就把布团放进了染料盒里。拿出来的时候,纸绳松了,布料上什么线条也没出来。锐锐说:"应该弄紧一点儿。"这次他找到教师帮助他,纸绳捆得很紧。但是染完了以后,纸绳和布都被染色了,还是没有出现白色的线条。

小小选的是塑料绳,她在扎制之前还把布料叠了几下,然后请教师帮忙在中间捆了一道。染完以后,出现了大家想要的白色线条。这个结果引来了小朋友争相模仿。他们在叠布的时候,用到了不一样的方法,最后发现扎制出的白色线条也是不一样的。通过尝试,幼儿发现扎染的效果和自己叠布料的方法、捆扎的松紧和样式、沾染颜料的时间长短、颜色的选择等都相关。

结合班级的"欣赏十分钟"活动,幼儿了解了扎染图案中常见的环形、放射形、条形、塔形等样式。他们猜测怎样才能扎制出这些样式。"白色的小方块图案,扎制的工具应该有小方块才行。""白色的长方形,我猜是用了冰棍棒。""这个圆圆的白圈,会不会用的是圆形的玩具?""我觉得是球。"幼儿积极讨论,收集准备扎制的材料。他们找来了冰棍棒、各种小夹子、小木球、毛绒球、毛根等。

　　在"小染坊"中，幼儿开始了新一轮的扎染尝试。他们通过实验，发现用长尾夹会扎染出断开的白色线条；用木夹子、塑料夹会扎染出白色的小方块；在布里面包一个小球，再用绳子捆紧，会扎染出环形的白色线条……经过一段时间的实验，他们开始尝试组合运用这些工具，进一步探索扎染新图案。小小先在布的中间藏了一个球，然后用 10 个木夹子夹住布的几个边，最后得到了一个白色的环形线条，四周散布着 10 个白色的小方块；冬冬用冰棍棒夹住布的 4 个角，得到了斜向的白色长方形图案；乔乔用正反折的方法把布折起来，再用 4 个木夹子夹住，得到了许多白色小方块。乔乔高兴地对小小说："我的小方块比你的多，夹子用得比你的少。"

　　这一阶段，幼儿有继续尝试、探索染布的愿望和需求，教师为此特别开设了"染布工坊"。在活动过程中，幼儿对美的追求推动着他们探索科学的脚步。大班幼儿的行动方式是先想后做。他们在上色之前对染哪种图案有清晰的想法，为了达到目的不断尝试操作，在发现问题后寻求各种解决问题的方法，懂得寻找其他工具来帮助自己完成创作。在探索扎染方法的过程中，幼儿能够灵活转变探究思维，体现出合作、坚持、勇于探索的科学精神。幼儿还将制作的漂亮的手绢做成小手包、小帽子，送给妈妈和其他小朋友，从中获得了满满的成就感。整个活动促进了幼儿艺术设计能力的发展。幼儿在科学探究能力的支持下表现美、创造美，在交流分享中体验创新的快乐，获得美的感受。

　　纵观活动的四个阶段，"探究性问题"是一些开放性问题，引发幼儿积极思考与尝试，更好地调动了幼儿参与活动的积极性，引导幼儿有目的地参与活动、展开思考。"探究内容"是在活动开展过程中，教师根据幼儿感兴趣的问题，引领幼儿就重点内容进行有目的的观察和研究，帮助幼儿不断扩展、延续探究活动。"探究方式"是幼儿在学习实践的过程中运用的具体方法。"所跨领域和相关经验"是与活动有交叉、有融合的领域，突出 STEAM 理念"跨"的特点。"延伸出的话题"呈现的是幼儿在探索实践活动中发现的能够持续研究的问题以及新生成的问题，这些问题能够成为幼儿下一个阶段的探究性问题，使活动更具连续性和扩展性。

二、案例成效评价

（一）对传统艺术教育方式的突破

1. 从教师组织角度——设计思路由单一领域变为多领域整合

融入 STEAM 教育理念的艺术活动设计与单纯的艺术活动设计不同的是，它更加强调整合的概念。这里的"整合"不仅仅指艺术门类之间的整合，更突出多领域的整合。

整合思想是我们在研究过程中不断学习和实践的。STEAM 教育理念中的整合指的是各学科之间相互融合。跨学科的学习可以帮助幼儿培养高阶思维技能，也可以帮助幼儿在不同学科领域之间形成有意义的联系。然而要想做到合理、巧妙地整合，使选择的题材既满足幼儿的兴趣需要，又适合幼儿的实践探究，最重要的是所选择的内容要包含多领域的认知内容。要想满足这些条件，教师需要从幼儿学习的角度对所选内容进行认真分析和思考。例如，在开展"有趣的民间玩具——好玩的风车"活动前教师首先对该项目进行了深入分析。

在科学方面：该活动涉及科学知识、科学态度、探究能力和科学方法这几方面，这些内容都对幼儿探究能力的发展起到了促进作用。

在技术方面：会为幼儿提供使用多种工具进行制作的机会，帮助幼儿认识不同的工具，并了解其正确的使用方法，从而提高使用工具的技能。

在工程方面：让幼儿有初步的工程体验。首先明确制作目的，要让风车变得更漂亮，让大家更喜欢玩风车；其次知道完成一项制作任务要有计划，有图纸，然后按图纸进行制作和调整。

在艺术方面：现代风车与传统风车鲜艳的色彩及转动的视觉效果带给幼儿美好的感官体验，满足了幼儿感知与欣赏的需求。在满足不同个体审美需求的基础上，让风车变得更漂亮的探索活动为幼儿提供了表现与创造的空间。

在数学方面：蕴含数量、统计、测量、等分等相关知识。

除了 STEAM 教育理念中包含的这五个方面外，该系列活动还可以从以下几个方面促进幼儿发展。

在社会领域方面：可以为幼儿提供与同伴共同学习的机会，使幼儿学会分工、合作、协商、分享；还能够让幼儿感受到团队的力量，体会到个人与集体的关系。

在语言领域方面：整个活动为幼儿提供了许多表达机会。语言交流的过程不仅丰富了幼儿在科学、艺术等方面的词汇量，还帮助幼儿学会了在讨论过程中表达自己的观点，提高了幼儿的语言表达能力。

在学习品质培养方面：整个活动培养了幼儿专注、坚持、灵活解决问题等多种学习品质，使幼儿不仅爱学，而且会学。

再如，在"神奇的草木染"活动中，教师追随幼儿的兴趣和问题，引导幼儿开展了一系列活动，为幼儿感受传统文化、养成环保理念搭建了平台。从感兴趣到一步步深入探索，幼儿多方面的能力得到了发展。在科学方面，整个活动过程就是幼儿探索的过程。幼儿在探索过程中运用各种探究能力去解决问题，不断发展逻辑思维能力，从美的享受中养成良好的科学态度和科学情感。在技术方面，幼儿学会使用多种工具榨取汁液、上色，能够灵活操作工具并根据工具的特点有意识地选择工具。在工程方面，"染布工坊"为幼儿创作提供了空间。幼儿有明确的计划，会根据实际情况为达成目标做调整和改进。在艺术方面，染料的色彩和染布的创作与欣赏为幼儿感受美、创造美、表现美提供了机会，满足了幼儿对美的需求，激发了幼儿对艺术设计与创造的兴趣。在数学方面，幼儿在感受和操作中获取分类、统计、测量等数学经验，感受对称、平衡带来的美的体验。在其他方面，幼儿在与同伴合作、分享的过程中促进了人际交往能力的发展；通过介绍自己的作品、欣赏同伴的作品来表达自己的想法，促进了语言表达能力的发展。将 STEAM 教育理念融入幼儿园艺术活动，可以使幼儿基于自己的兴趣需要，不断发现问题、解决问题，最终获得全面发展。

结合 STEAM 教育理念开展的艺术活动，对教师有更高的要求。因为教师不仅要有扎实的艺术教育的功底，了解各领域的关键经验，具备丰富的科学知识和各种操作技能，还要能够敏锐地捕捉这些内容中蕴含的教育价值。要想有效开展融合 STEAM 教育理念的艺术活动，教师需要坚持"四多"：多学习，即学习与 STEAM 相关的理论及研究成果；多思考，即将理论与实践活动相结合；多调整，即在实践过程中根据遇到的问题不断修改和完善活动设计与策略；多调动，即能够充分利用多种资源及经验。教师只有成为一个全面的引领者，才能设计出与传统艺术活动不同的创新艺术活动，从而更好地将艺术活动的内容、形式和方法丰富起来。

教师具有了整合的设计理念后，组织活动时所关注的内容就会更丰富。例如，"有趣的民间玩具——好玩的风车"主题活动的第一阶段是收集欣赏各类风车。如果单纯从艺术欣赏的角度出发，那么在欣赏风车的环节，教师往往会通过"你喜欢哪一个风车？它是什么样子的？是什么颜色的？风车上还有什么图案吗？"这样突出美术设计要素的问题来引导幼儿对风车的外形、色彩进行观察和欣赏。现在幼儿欣赏风车的环节同样涉及了这些问题，但除此之外，也涉及了一些新的问题。例如，教师问："你有什么办法让风车转起来？"幼儿说："可以挥动风车，可以吹扇叶，可以跑起来。"教师问："风车静止时和转动起来后扇叶有哪些变化？"幼儿说："风车不转时扇叶的颜色有红色、黄色、绿色……风车转起来后这些颜色都混到一起了，变成了一种颜色。""风车停着的时候能看清楚上面的图案，风车转得快了，图案就看不清了，但能看到一个白色的大圈圈。""风车不动的时候扇叶是一片一片的，转起来后扇叶就连在一起了……"可以看出，这些问题的提出能够引导幼儿更好地观察风车的变化，并发现风速对转速的影响及转速对图案和色彩变化的影响。其问题的最终指向回归于艺术。探究过程也涉及了科学领域的知识。其实很多艺术的呈现是蕴含着科学原理的，科学与艺术是相互融合的。因此在艺术教学过程中，教师要找到艺术与科学之间的契合点，将其揉成一个美丽又有趣的"面团"，再让幼儿用这个"面团"塑造出更多更有创意的新形象。

再如，在单纯从艺术角度出发的设计风车的活动中，教师往往会更侧重于对风车造型及扇叶上图案的设计，忽略风车制作的环节。但风车最好的视觉效果恰恰是在其转动起来后呈现出来的。因此让风车转动起来是呈现艺术效果的必要环节。要想让一个作品呈现出美感，需要考虑到每个环节，不仅包括外观的设计，还包括材质的选择及制作工艺。试想，一个产品虽然非常漂亮，但选材随意，制作粗糙，那么就很难达到预期的设计效果。制作风车的环节拓展了幼儿对作品的美的认知范畴。美不仅体现在艺术范畴中，还体现在创作中的各个细节中。我们常说精美，有精心的制作，才会有美的成果。在制作的过程中，教师也会把握教育契机，培养幼儿的审美情趣。

此次主题活动的开展进一步加深了教师对 STEAM 教育理念的理解：以问题为抓手，将科学、技术、工程、艺术、数学各学科的知识整合运用，促进幼儿各领域认知与学习能力的均衡发展。在此过程中，教师的角色更多的是幼儿活动的参与者、合作者。教师与幼儿关注同一个问题，一起实验；在与幼儿共同探索、研究的过程中，不仅积累了很多教学经验，而且感受到了许多乐趣。运用 STEAM 教育理念开展活动的过程让教师感受最深的就是在以 STEAM 教育理念为指导的教育活动中，教师很多时候承担的角色如下：一是积极的支持者，在活动过程中，教师为幼儿提供更多的是建议而不是指令，是尊重而不是要求，是等待而不是压力；二是耐心的守护者，教师在运用 STEAM 教育理念开展活动的过程中，要学会耐心等待幼儿成长，等待幼儿在实践中发现真问题而不是按照自己的主观思路为幼儿提出问题，等待幼儿通过实践不断尝试研究问题而不是告诉他们应该怎样做，等待幼儿自己从失败或成功的经历中总结经验而不是直接告知他们，等待幼儿在探究性学习的道路上不断成长而不是拔苗助长。这种合作型的师幼关系给予了幼儿更多自主探究学习的空间。

2. 从幼儿学习角度——更突出探究式学习方式及多种能力的培养

艺术的表现除了需要丰富的想象力与创造力外，也离不开技能的运用。因此，在艺术学习中技能的掌握一直都受到教师的关注。技能需要通过模仿和练习来不断提升，但对于幼儿来说，技能学习只是他们艺术活动中的一部分，更重要的是要培养对艺术活动的兴趣。STEAM 教育理念恰好重视培养幼儿的探索精神，让幼儿的学习过程充满思考。例如，设计风车扇叶图案的过程就是幼儿探究式学习的过程。

过程一：色彩设计

幼儿第一次在纸上设计风车扇叶大多是模仿见过的风车的样式，单纯使用色彩来装饰，即在每片扇叶上涂上一种颜色，但在颜色的选择上有自己的想法。例如，全全将所见过的风车的彩虹色扇叶改变成了粉色、蓝色，并能主动进行间隔排序组合；小小选用了红、粉、黄三个颜色，同样是用有规律的排序方式来呈现的。在风车旋转起来后，幼儿发现扇叶的颜色发生了变化：第一个扇叶整个变成了紫色，第二个扇叶看起来呈现出橘色的视觉效果。幼儿能够迁移以往在美术活动中学习到的色彩变化经验来解释自己看到的现象，知道不同颜色混到一起可以产生一种新的颜色。此时教师提问："除了将每片扇叶都涂上一种颜色外，还可以怎样涂？使风车转起来后怎样才能看到更多的颜色？"引发幼儿对扇叶进行设色构图的思考。东东进行了新的尝试，选择了红、黄、绿、蓝、紫五种颜色，改变了每片扇叶涂一色的方法，由中心向边缘开始环状涂色，一圈涂一个颜色。完成涂色后，风车旋转起来，扇叶出现了彩虹色的效果。东东还注意到，因为黄色比较浅，涂的宽度也比较窄，当扇叶旋转起来后，黄色就看不到了；红色比较深，涂的范围宽，转起来就看得很清楚。通过东东的经验分享，幼儿关于用色彩装饰扇叶的经验逐渐丰富起来。福福用螺旋式线条的装饰方式来排列颜色；浩浩在每片扇叶的顶端画出一个三角形的区域，然后在每个三角形区域都涂上一种颜色，在其他的地方再涂一种颜色。在实践的过程中，幼儿有了新的发现，即不是颜色用得越多转出来的效果就越好，旋转时很多颜色混到了一起，反而变成偏白色的了；涂两种或三种颜色旋转起来后就会呈现一种全新的颜色。颜色排列的方式也很重要，如果每片涂一个颜色，就是用了很多颜色，转起来也只会呈现一种颜色；如果呈环状排列或不同颜色在一片扇叶上分区域排列，旋转起来后会呈现出更多的色彩。

过程二：纹样设计

在运用颜色进行装饰的基础上，有些幼儿加上了纹样和图案的装饰。例如，佳佳在每片扇叶的中间部分画上了小花，并涂上了红色；乔乔在扇叶上装饰了很多彩色的点；东东在扇叶上装饰了一些弧线和波浪线等。旋转起来后，幼儿发现，装饰的红花看不到了，只能看到一个红色的粗粗的圆环；用点装饰的扇叶变成了一个个彩色的圆环，且有粗有细。东东装饰的线条旋转起来后也连贯了起来。有趣的是，这些线条好像会动了，而且是由边缘向中心转动。这一现象引起了幼儿极大的兴趣。"为什么这些线条在风车不转时是不会动的，而转起来后就动了起来？""为什么东东的这个风车转起来线条会动，而别的小朋友有的也用了线条来装饰，转起来后却动不起来？""为什么转起来后线条是往中间跑的，就好像一个旋涡？"带着这些问题，幼儿开始了第三个研究过程。

过程三：动图设计

在上一阶段中，幼儿发现了扇叶上出现了会动的线条。这一神奇的现象让幼儿很感兴趣。会动的线条让转动起来的风车更具动感，给幼儿带来了一种新的体验。幼儿觉得这样的风车更好玩，也更好看，都想让自己的风车呈现出这样的动感效果。这种效果是怎样做出来的呢？为什么同样画了弧线和波浪线，别的风车就转不出这样的效果？想解决问题，就得找到原因。于是，教师先引导幼儿仔细观察东东的风车扇叶和其他小朋友用同种线条装饰的扇叶有什么区别。幼儿经过认真观察、对比发现，东东的扇叶上线条均不在同一高度上，其中一个线条从距离轴心大约 2 厘米的地方开始绘制，紧挨着的另一条弧线也差不多在相同的位置开始绘制，旁边的线条比前两条线的位置高了一点，后面的线条也是如此，每一条线都比前面那条线高一些。别的幼儿在每片扇叶上装饰的线条的高低位置基本上都差不多，所以其风车转动起来和东东的有明显区别。幼儿通过比较观察的方法，找到了两种扇叶上线条装饰位置的差异。那动态效果的出现到底是不是因为这个原因呢？有的幼儿觉得可以下结论了，有的幼儿在教师给出的问题前犹豫起来。怎样才能确认答案？是仅凭一次实验就可以得出结论，还是要经过反复验证呢？在教师一次次抛出问题的过程中，幼儿不断加深对这个问题的思考。敢于质疑，严谨求实，幼儿在这个过程中形成的这些良好学习品质比他们最终制作出一个漂亮的风车更为重要。在教师的引导下，幼儿最终决定再试一试再确定答案。

于是，第二次尝试开始了。这次幼儿不仅用了线条，还用了圆点和一些简单图形。在绘画过程中，大部分幼儿有了变化图案位置的意识，即每个图案或线条和前一个在不同位置，从轴心开始画的幼儿居多，且都知道要越画越靠近边缘。第二次绘制完成后，幼儿进行了旋转验证，发现不管是线条还是图案，转起来后产生的线圈真的可以动起来，但是大多数只是局部有动图效果，甚至有的没有动图效果。通过这轮实验，幼儿得出的结论为：线条与图案位置的变化与动图效果的呈现是有关系的。"怎样让动图效果更明显"是大家下一步要探究的问题。在第三次实验开始初期，教师为幼儿找来了一些简单的视觉动图小视频，让幼儿观察这里面的图片为什么转起来后上面的线条会有螺旋式旋转的视觉效果。幼儿对静止画面和动态画面进行观察后发现，这些动图上的线条都是逐渐远离轴心的；而且线条与线条之间的距离差不多，不是忽远忽近的。幼儿把新的发现运用到了自己的设计中。在关于等距的把握上，教师和幼儿进行了讨论：除了目测外，怎样做才能保持线条和图案间的相等距离。有的幼儿说："可以一个紧挨着一个画，中间不留空。"有的幼儿说："可以用笔帽比着画，线和线之间都留笔帽那么远的距离。"教师考虑到大多数中班的幼儿还很难做到通过目测来准确控制距离，因此，在这次实验中为幼儿提供了带等距环形线条的花瓣形和圆形的底纸，这样可以帮助幼儿确定线条或图案的位置。在这次绘画的过程中，幼儿特别注意到了每个线条或图案的位置，尽量做到等距。实验后，有三分之一的幼儿获得了成功。没有成功的幼儿，有些是因为绘画技巧的因素，如不能很好地控制线条的位置及图案大小的变化等。对于动图形成的原因大家有了一致的认可。在扇叶设计这一环节，虽然最终的指向是设计出更美丽、有趣的风车扇叶，属于艺术活动的范畴，但在活动过程中，幼儿始终处于带着问题去探究的状态。为了呈现更好的艺术效果，他们需要不断地去观察、实验，用科学的学习方法来提高艺术的表现力。他们在探究中收获了知识，收获了发展，收获了乐趣。幼儿设计的旋转动图如图 3-3 所示。

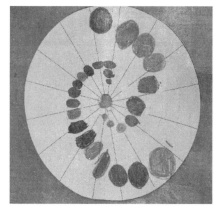

图 3-3　幼儿设计的旋转动图

融合 STEAM 教育理念的艺术活动除了提高了幼儿的探究能力外，还促进了幼儿多种能力的协同发展。

（1）学习品质

良好的学习品质是保证幼儿终身可持续发展的关键。融合 STEAM 教育理念的艺术活动为培养幼儿各种良好的学习品质提供了平台。例如，在实践探索的过程中，幼儿需要有很强的专注力。很多实验不会一次成功，他们要不断尝试，这就需要有不怕失败的抗挫折能力和坚持的品质。艺术活动过程中，有很多是需要合作才能完成的任务。在合作的过程中，幼儿需要用适宜的语言交流，需要运用分工、协调等多种合作方式，还需要具备尊重、包容、接纳、互助等多种社会交往品质。STEAM 教育理念贯穿的项目凸显了团队意识，能让幼儿学会如何与他人配合来完成任务。最重要的是这些合作是自发的，伙伴是自选的，分工是自主的，小团队的管理是自律的。

（2）知识技能

在"有趣的民间玩具——好玩的风车"主题活动中，幼儿的知识得到了丰富，技能得到了提高。在科学方面，幼儿认识到了风的动力，风有力量推动风车转动；了解到了风车的构造，知道了扇叶的角度与转速的关系，感受到了材质对扇叶旋转的影响。在技术方面，幼儿不仅掌握了多种美术工具的使用方法，还学会了运用描摹的方法获得同样大小的形状。在艺术方面，幼儿不仅感受到了风车转动后带给人的视觉美感，也能够运用经验设计各种花纹，让转动起来的风车更具有可观赏性。在数学方面，通过制作风车活动，幼儿学会了测量自然物，能够运用不同的方法寻找圆形的中心点；学会了拆分风车，记录各部分零件(见图 3-4)。

图 3-4　拆分风车，记录各部分零件

(二)促进幼儿学习兴趣和学习方式、教师教育行为的转变

本次活动开展初期，我们选择了一个实验班和一个对照班，分别就幼儿学习兴趣和学习方式、教师教育行为进行了前测，活动末期就上述内容进行了后测。通过对数据进行统计及分析，我们看到了运用 STEAM 教育理念开展艺术活动对师幼的共同发展与提升起到了促进作用。

1. 研究工具

(1)幼儿专注力观察表

本研究运用"幼儿专注力观察表"对中班幼儿在活动中的注意力专注情况和分散情况进行时间取样观察。具体观察方法为，以 1 分钟为观察单位，观察并记录幼儿在活动中的状态。如果幼儿在被观察时是专注于活动的，则默认幼儿前 1 分钟的活动状态是专注的。

观察内容涉及自由活动、区域活动、集体活动中幼儿的专注力表现。其中，自由活动包含心情愉悦、行动趋向、积极提问等 49 种幼儿表现，区域活动包含积极回应、积极思考、坚持完成等 49 种幼儿表现，集体活动包含观察、倾听、讨论等 49 种幼儿表现。每种活动中涉及的幼儿积极表现和消极表现基本持平。

（2）托兰斯创造思维测验

在当前学前教育领域和认知发展领域，1966 年由美国明尼苏达大学心理学教授托兰斯（Torrance）编制的创造思维测验是应用最为广泛的创造力测验之一。我们采用工作室提供的幼儿创造力测查工具。该工具以托兰斯创造思维测验为模板，根据我国学前儿童的特点修订而成，由三个非言语性图画测验构成：第一个测验呈现 1 个蛋形图，让被试在以蛋形图为基础的纸上画出富有想象力的图画；第二个测验提供 10 个由简单线条勾出的未完成的抽象图形，让被试完成这些图形并命名；第三个测验提供 30 个圆圈（或 30 条平行线），让被试以此为基础画出各不相同并富有想象力的图画。

三项测验将创造力分为流畅性、变通性、独创性、精进性（又称准确性）四个维度。流畅性反映幼儿绘制的图画中项目数量的丰富程度，变通性反映幼儿绘制的图画中项目类别的丰富程度，独创性反映幼儿思维的新颖程度，精进性反映幼儿创作的图画的细致程度。每一项测验的四个维度均由三名评分者分别进行评分，三者的平均分为幼儿该维度的最终得分。

2. 研究程序

（1）幼儿专注力及创造力前测

本次研究为本班教师测查，即教师在了解测查工具使用细则的前提下，在班中测查。在专注力测查中，教师使用纸质"幼儿专注力观察表"，分别在自然状态下于自由活动、区域活动、集体活动中对幼儿进行"一对三"的观察。在创造力测查中，教师在单独的区域中对幼儿采用"一对五"的集体测查。幼儿前测示意图如图 3-5 所示。

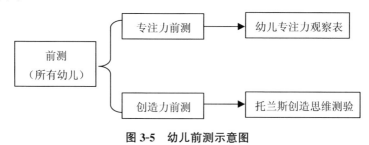

图 3-5 幼儿前测示意图

（2）STEAM 教学

前测结束后，我们将幼儿分为实验班和对照班两组，具体研究分组对教师保密。实验班在前测结束后的 4 个月中进行基于 STEAM 教育理念的教学活动，对照班继续实施常态教学。研究过程示意图如图 3-6 所示。

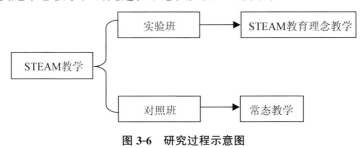

图 3-6　研究过程示意图

（3）幼儿专注力及创造力前测

在实施了 4 个月的 STEAM 教育后，我们对实验班和对照班幼儿进行专注力和创造力的后测，后测过程与前测过程一致。

3. 分析工具

我们采用 SPSS20.0 软件，对收集到的数据进行曼-惠特尼 U 检验（Mann-Whitney U test）并分析处理。

4. 研究结果

在测查结束后，我们将幼儿学习兴趣和学习方式、教师教育行为中的各项频率录入 SPSS 中进行统计分析，发现实验班在幼儿学习兴趣和学习方式、教师教育行为方面均较对照班表现良好。

我们采用曼-惠特尼 U 检验考查接受 STEAM 教育的幼儿的学习兴趣和学习方式、教师的教育行为三项中部分维度的前测得分差异。结果显示，对照班幼儿的成绩在个别维度上与实验班幼儿存在显著差异，其余维度均不存在显著差异，具体见表 3-9。

表 3-9　幼儿学习兴趣和学习方式、教师教育行为部分维度的前测得分差异比较

维度	分组	秩均值	Z
积极回应自由	对照班	7.6	-2.30^*
	实验班	3.4	
行动趋向自由	对照班	6	-0.52
	实验班	5	

续表

维度	分组	秩均值	Z
讨论自由	对照班	6.5	−1.06
	实验班	4.5	
探究性操作自由	对照班	5.5	0
	实验班	5.5	
选择自由	对照班	4	−1.59
	实验班	7	
教师观察自由	对照班	5.5	0
	实验班	5.5	
教师其他自由	对照班	5.5	0
	实验班	5.5	
体验区域	对照班	5.5	0
	实验班	5.5	
教师观察区域	对照班	5.5	0
	实验班	5.5	
积极回应集体	对照班	6.5	−1.23
	实验班	4.5	
目光散淡集体	对照班	3.6	−2.12*
	实验班	7.4	
视听结合集体	对照班	7.5	−2.13*
	实验班	3.5	
提问集体	对照班	7.5	−2.37*
	实验班	3.5	
回应性回答集体	对照班	7.8	−2.55*
	实验班	3.2	
实验集体	对照班	8	−2.65**
	实验班	3	
教师观察集体	对照班	8	−2.83**
	实验班	3	

续表

维度	分组	秩均值	Z
教师动作示范集体	对照班	5	−1.50
	实验班	6	
教师倾听集体	对照班	5	−1
	实验班	6	

注：** 表示 $p<0.01$，* 表示 $p<0.05$。

我们采用曼-惠特尼 U 检验考查接受 STEAM 教育的幼儿的学习兴趣和学习方式、教师的教育行为三项中部分维度的后测得分差异。结果显示，实验班幼儿的成绩在个别维度上与对照班幼儿存在显著差异，其余维度均不存在显著差异，具体见表 3-10。

表 3-10　幼儿学习兴趣和学习方式、教师教育行为部分维度的后测得分差异比较

维度	分组	秩均值	Z
积极回应自由	对照班	7.1	−1.68
	实验班	3.9	
行动趋向自由	对照班	3.5	−2.10*
	实验班	7.5	
讨论自由	对照班	3.3	−2.34*
	实验班	7.7	
探究性操作自由	对照班	3.2	−2.48*
	实验班	7.8	
选择自由	对照班	3.6	−2.42*
	实验班	7.4	
教师观察自由	对照班	3	−2.42**
	实验班	8	
教师其他自由	对照班	3	−3**
	实验班	8	
体验区域	对照班	3.2	−2.41*
	实验班	7.8	

维度	分组	秩均值	Z
教师观察区域	对照班	3	−2.73**
	实验班	8	
积极回应集体	对照班	3	−2.62**
	实验班	8	
目光散淡集体	对照班	7.9	−2.53*
	实验班	3.1	
视听结合集体	对照班	5.8	−0.32
	实验班	5.2	
提问集体	对照班	6	−1
	实验班	5	
回应性回答集体	对照班	4.8	−0.75
	实验班	6.2	
实验集体	对照班	6.5	−1.49
	实验班	4.5	
教师观察集体	对照班	3	−2.89**
	实验班	8	
教师动作示范集体	对照班	3	−3**
	实验班	8	
教师倾听集体	对照班	3	−3**
	实验班	8	

注：** 表示 $p < 0.01$，* 表示 $p < 0.05$。

通过分析可以看出，接受了 STEAM 教育的幼儿在学习兴趣和学习方式方面均出现了明显进步。这表明 STEAM 教育可以有效提高幼儿在各种学习环境中的积极性，培养幼儿的学习迁移能力。值得关注的是，在前测中更多的积极取向出现在集体活动当中；后测中不论是在自由活动、区域活动还是集体活动中，实验班幼儿出现积极取向的频率均高于对照班幼儿。这说明 STEAM 教育能够更大程度地激发幼儿的学习主体意识。采用 STEAM 教学的教师在后测中采用了优于前期的教学行为，教学行为及教学策略更加科学，师幼互动质量显著提高。

　　总之，虽然"运用 STEAM 教育理念开展艺术活动的实践研究"是我们的初次尝试，但是确实取得了教师、家长与幼儿共同成长的良好效果。在今后的工作中，我们会继续不断实践，将这一理念运用到更多的艺术教育主题活动中，使我们的艺术教育更好地与其他领域有机结合，最终促进幼儿的能力得到更大的提高。

　　　　　　　　　　　（本章内容由北京市第一幼儿园李新平、陈曦、沙漠供稿）

第四章 汇集 STEAM 教育理念的幼儿区域活动案例研究

第一节 汇集 STEAM 教育理念的幼儿区域活动的理论概述

随着社会对科技人才要求的不断提高，以培养创新型复合人才为目的的 STEAM 教育正逐步在全球普及与推广。作为 STEAM 教育的前身，STEM 教育在创新人才培养方面受到多方关注。2015 年教育部在《关于"十三五"期间全面深入推进教育信息化工作的指导意见（征求意见稿）》中明确提出"有效利用信息技术推进'众创空间'建设，探索 STEAM 教育、创客教育等新教育模式，使学生具有较强的信息意识与创新意识"。2014 年上海成立了国内首个 STEM 云中心，初步尝试将 STEM 教育课程融入正规教育课程体系。目前，我国学前教育中的科学与数学方面的教育比较欠缺，这受学科的性质和教师的学科素养的影响。

在幼儿园一日生活中，区域游戏占了很大的比重，是幼儿日常活动的主要形式。在区域游戏中，幼儿能够自主选择，按照自己的愿望活动，促进了思维能力、交往能力、问题解决能力的发展。将 STEAM 教育理念融入区域游戏活动，能够保障幼儿的基本活动高效进行，更好地促进区域游戏的开展。

一、汇集 STEAM 教育理念的幼儿区域活动的概念及特征

（一）汇集 STEAM 教育理念的幼儿区域活动的概念

1. 幼儿区域活动

幼儿区域活动，就是幼儿在教师准备的环境中进行的自由、自主、自选的活动。区域活动开展的前提是有一个特定的"有准备的环境"。幼儿在教师有目的、

有计划地设计的环境中自由交往，自由操作，获取经验，获得发展。①

幼儿园的区域一般包括：阅读区、益智区、建构区、美工区、角色区、表演区、科学区、自然角。多样的活动区域是幼儿园游戏活动开展的重要场所，基本能够满足不同幼儿的游戏需求。幼儿自主选择区域，自由进行游戏活动。

2. 汇集 STEAM 教育理念的幼儿区域活动

幼儿的学习方式以游戏为主，游戏在幼儿园主要是以区域活动的形式开展的。因此，将 STEAM 教育理念融入区域活动是符合幼儿园实际和幼儿发展需求的，是可操作的。幼儿园的区域活动注重区域间的联动和融合，这恰恰符合了 STEAM 的核心理念。结合 STEAM 教育理念，进一步将"真实的问题情境""跨学科的整合""深度学习"等融入区域游戏，不断增强幼儿发现问题、解决问题的意识，提升幼儿的探究、合作能力，是 STEAM 教育理念下的区域活动的特征之一，也是 STEAM 教育理念下的区域活动能为幼儿带来的改变。这种改变能够让幼儿的游戏更加真实，能够促使幼儿从小就具备问题意识和问题解决意识，为幼儿今后的学习和生活奠定良好的基础。

简言之，汇集 STEAM 教育理念的区域活动就是在 STEAM 教育理念下，以区域活动为依托，提升区域游戏的整合性、真实性，帮助幼儿培养问题意识，提升解决问题的能力，以此促进幼儿深度学习的游戏活动。

(二)汇集 STEAM 教育理念的幼儿区域活动的特征

1. 以解决真实问题为导向

在以往的区域游戏中，幼儿园会投放很多高结构玩具，供幼儿操作、游戏。这些材料虽然昂贵，但仅是为游戏而准备的，时间一长幼儿就不感兴趣了。将 STEAM 教育理念融入区域游戏后，教师给幼儿提供了更多低结构材料，鼓励幼儿以解决生活、游戏中的实际问题为抓手，通过设计、制作、反思、调整的步骤来实践自己的想法。这样做一方面解决了实际问题，使幼儿获得了成就感；另一方面在真实任务的驱动下，幼儿有了主动学习的动力，通过动手、动脑，不断调整思路、解决问题。在游戏过程中，幼儿的学习能力得到了很大的提升。比如，中班幼儿需要做不同宽窄的作品展示架。首先，他们设计了自己心目中的展示

---

① 董旭花等：《小区域 大学问——幼儿园区域环境创设与活动指导》，1～2 页，北京，中国轻工业出版社，2013。

架。其次，他们将自己的想法落实。在落实过程中，他们克服了选材、连接等一系列问题，最终制作出了理想的展示架。这里提到的问题是幼儿游戏中的真实问题。这些问题能够激发幼儿主动探究，让幼儿投入游戏的时间更为持久，最终促进幼儿问题解决意识的增强和问题解决能力的发展。

2. 问题来源于游戏，成果回归于游戏

区域游戏中的 STEAM 活动源自幼儿游戏中的真实问题。这些问题，有的是游戏中急需解决的，如为角色区制作小推车；有的是在游戏中发现的，如为自然角的植物制作一个遮挡阳光的棚子；有的是在游戏中逐渐生成的，如大班幼儿想为阅读区制作一个皮影操作台，于是进行设计、制作，将制作的成品投放到阅读区。这些问题被解决后，制作好的物品立刻被应用到游戏中。幼儿在操作过程中还能够根据使用情况不断调整、修改这些作品，从而使它们得到充分利用。这个过程是幼儿真实的游戏过程。他们非常感兴趣，也能更加努力地去制作，并感受到成功的喜悦。一段时间下来，幼儿逐渐明确了自己是有能力的问题解决者，发现问题、解决问题的能力得到了提升。

3. 形成区域联动

在实践过程中，教师为实验班创设了 STEAM 工作坊，为幼儿提供了专门的操作空间和更加多元化的材料。STEAM 工作坊看似是一个独立的区域，实则是解决各个区域问题的场地，能实现区域间的联动。这种联动体现在三个方面。一是内容上的联动，即幼儿在 STEAM 工作坊中能够帮助有需要的区域制作各种材料，如为面包房制作灯箱，为建构区制作路灯、小花，为故事区制作故事讲述台等。二是材料上的联动，即对于 STEAM 工作坊中缺少的材料可以到班级的各个区域去寻找，如需要磁铁来制作会动的房子，幼儿会到科学区寻找材料。三是幼儿交往的联动，即 STEAM 工作坊中的幼儿常常会倾听其他区域幼儿的建议，常常让其他区域的幼儿共享他们的作品。不同区域间的幼儿有了更加深入的跨区域交往，增强了对不同区域活动的兴趣。

二、STEAM 教育在幼儿园区域活动中开展的意义

STEAM 教育在幼儿园区域活动中的开展，能在一定程度上解决区域间融合性不强这一问题；除此之外，还有以下几点意义。

(一)增强区域活动的丰富性

STEAM 教育注重整合，其中关于工程和技术的目标拓展了幼儿园教师的思路，使得区域活动更加丰富。一是增强了材料的丰富性，即将更多的材料纳入区域活动：一些自然物，如树枝、石头、木片；一些半成品，如木头轮子、各种形状的木板。多种工具的提供，让材料更加丰富，增加了幼儿使用材料的方法。二是使活动内容更加丰富，即对于以往看似不太现实的活动，幼儿有了尝试的空间。尤其是数学、科学、艺术的结合，让领域间的活动相互融合，进一步增强了各个区域的现实功能，使各区域活动内容更加丰富多彩。

(二)促进幼儿能力的提升

1. 促进幼儿学习品质的发展

教育部颁布的《3—6 岁儿童学习与发展指南》的说明部分，重点提到了"重视幼儿的学习品质"，将幼儿学习品质作为幼儿未来发展的重要品质。在 STEAM 教育理念引领下的区域游戏中，问题来自幼儿的现实需求，能激发幼儿的内在动机。在活动开展的过程中，幼儿会遇到很多实际难题，需要克服困难去逐步解决。在解决问题的过程中，幼儿的反思、想象、创造、坚持等一系列的学习品质得到锻炼，为幼儿今后的学习和生活奠定了良好的基础。

2. 促进幼儿动手操作能力的提升

《3—6 岁儿童学习与发展指南》中提到"要理解幼儿的学习方式和特点"，"珍视游戏和生活的独特价值……最大限度地支持和满足幼儿通过直接感知、实际操作和亲身体验获取经验的需要"。在 STEAM 教育理念引领下的区域游戏中，感知、操作和体验时刻发生着，幼儿所有的活动都是通过亲身的感知、体验和操作来进行的。此外，STEAM 教育活动中涉及设计、制作，这就需要幼儿不断地探究制作过程中需要用到的方法和策略，并不断地调整设计稿，从而使设计与实际操作相结合。在此过程中，幼儿需要运用各种材料，感知各种材料的特性，而后使用工具进行连接、镶嵌等。因此，在每一个项目活动中，幼儿的动手操作能力都能得到相应的提高。

3. 促进幼儿深度学习

幼儿的深度学习是指幼儿在与周围环境互动的过程中，以自己特有的学习方式积极主动地学习新的知识和经验，探索周围的社会环境、自然环境等物质世界，并将这些知识和经验纳入原有的认知结构或迁移到新的情境中，以发展高阶思维和问题解决能力的一种学习。在 STEAM 教育理念引领下的区域活动中，幼儿能够与材料和环境进行积极的互动，在不断探究、不断解决问题的过程中进行深度学习。

(三)促进教师观念的转变

1. 课程观念的转变

以往的五大领域活动虽然有整合，但还是脱离不了设计好的课程，有目标的要求。而 STEAM 教育活动能够让各领域有机结合。首先，区域游戏改变了为玩而玩、高结构的玩具比较多的现象；其次，游戏结束后的成品能够被运用起来，做到游戏为生活和学习服务。此外，课程的来源也变得多元化，区域游戏中的很多问题都能够成为课程的内容。这样一方面丰富了课程内容；另一方面让课程更加符合幼儿的需求，更受幼儿欢迎。

2. 看待幼儿视角的转变

在日常教学中，教师虽然已经改变了对幼儿能力的看法，认为幼儿是有能力的学习者，但实际上在幼儿的活动中，教师在材料和工具的提供方面不够开放和大胆，没有真正做到把幼儿看作有能力的学习者。在 STEAM 教育理念的指引下，教师逐渐开阔思路，真正从材料、工具、活动内容上给予幼儿支持，大胆放手，给幼儿更多的自由，让幼儿成为活动的主人。当教师看到幼儿在活动中的变化后，他们更加坚信幼儿的潜力是巨人的，更加相信幼儿是有能力的，更能够放手让幼儿自主学习。教师的这种转变对于幼儿更好地开展游戏是至关重要的，对幼儿在活动中获得更大的发展有很重要的意义。

3. 教师角色的转变

在 STEAM 教育理念的指引下，活动内容是随机生成的，有时候教师自身都对相关的内容和概念比较陌生，这使得教师成为与幼儿一样的学习者和探索者。在活动开展的过程中，教师更多地成了幼儿的合作伙伴，与幼儿一起协商，共同解决问题。最终，教师成了幼儿成果的共同推广者，帮助幼儿展示和推广作品。教师角色的改变不仅使教师工作变得更加轻松和有乐趣，而且更好地促进了活动的开展。

三、汇集 STEAM 教育的幼儿区域活动的指导策略

通过梳理文献和分析案例，我们初步制定了 STEAM 教育在区域游戏中实施的指导策略。

(一)按照具体实施步骤，有目的地引导幼儿

1. 生成问题

区域中 STEAM 教育的研究问题主要来自幼儿区域游戏活动或生活中产生的真实问题。这些问题贴近幼儿的生活，亟须得到解决。

在这个环节，教师需要有敏锐的观察能力，能够根据活动的可行性帮助幼儿筛选问题，生成活动。主要策略如下：

第一，抓住问题契机，观察、分析幼儿，帮助幼儿生成有价值的问题和活动内容；第二，根据生成的问题，做好活动预估，为活动的深入开展做准备。

2. 形成方案

问题产生后，需要小组或全班协商，确定方案，如设计图纸、分工等，为进一步推进活动做好前期准备。

在这个环节，教师应成为幼儿制订方案的推动者，为幼儿提供更多机会，从而为活动的进行打下基础。主要策略如下：

第一，为幼儿共同讨论提供机会和场所，鼓励他们协商制订方案；第二，鼓励和帮助幼儿收集相关资料，丰富幼儿的认知和操作经验；第三，参与幼儿的对话，了解幼儿的方案，并适时提出自己的意见和想法。

3. 设计图纸或模型

将讨论后的方案以图纸或模型的形式呈现，便于在实践操作时回顾和反思。

在这个环节，教师应成为幼儿活动的支持者，帮助幼儿丰富关于图纸和模型的经验，为幼儿的设计做铺垫。主要策略如下：

第一，鼓励幼儿除了绘画图纸外，运用各种材料制作模型，为制作活动打下基础；第二，及时提供适宜的支持，包括材料、技术、经验等，帮助幼儿将不可见的方案用图纸或模型呈现出来，为实践方案做铺垫。

4. 实践操作

幼儿根据设计的方案和图纸(模型)，选择材料进行制作。

在这个环节，教师首先应作为观察者，观察并分析幼儿在活动中的表现；其次应成为幼儿的合作者，在适当的时机为幼儿提供适宜的支持。主要策略如下：

第一，鼓励幼儿通过小组合作解决问题；第二，给予幼儿充足的时间和空间，让幼儿大胆尝试和探究；第三，引导幼儿适时寻求帮助，以达到目标。

5. 改进设计，继续实践

实践方案和图纸的过程中会遇到新的问题，需要不断修改、完善，以达到预期的目标。这是一个反复的过程。

在这个环节，教师的引导至关重要。教师要帮助幼儿查找问题，和幼儿共同寻找解决问题的方法，引导幼儿反思和解释，从而更好地推动活动继续开展。主要策略如下：

第一，引导幼儿边制作、边使用，及时查找问题并解决问题；第二，引导幼儿与同伴讨论，在思想碰撞中获得新的策略和方法。

6. 完成作品

经过以上几个步骤，一个较为完整的作品最终形成了。这一作品能够解决区域中生成的现实问题。

这是一个令人兴奋的环节，教师应当鼓励幼儿回顾制作过程，梳理其中用到的方法和策略，总结经验。主要策略如下：

第一，引导幼儿梳理整个过程，回顾过程中遇到的问题和解决方法；第二，鼓励幼儿召开"作品发布会"，让幼儿感受成功的喜悦。

7. 运用及推广

制成的作品一定是能够运用到区域游戏中，丰富幼儿的游戏材料、游戏经验，更好地为区域游戏服务的。这也体现了 STEAM 教育的真谛，即解决真实的问题。对于好的经验和作品，幼儿也可以跟其他小朋友分享，进行推广。

这个环节看似是最后的环节，仍然有可能出现各种问题。这就需要教师抓住契机，帮助幼儿不断发现问题、解决问题。主要策略如下：

第一，与幼儿共同记录作品的使用情况，并及时反馈；第二，引导幼儿感受自己的能力，鼓励幼儿遇到问题积极想办法解决。

上述 7 个步骤看似简单，实则有挑战性，考验幼儿及教师的能力，也有利于提升幼儿和教师的能力。教师应当遵循这 7 个步骤，在每个环节、每个阶段中运用相应的策略支持幼儿的活动；时刻关注和了解幼儿在每个步骤中遇到的问题，鼓励幼儿积极面对困难，与幼儿共同解决困难，最终使幼儿收获成功的喜悦。

(二)鼓励幼儿自主操作，给予幼儿充分的空间及材料支持

对于 3～6 岁的幼儿来说，STEAM 教育活动有一定的挑战性。在任务难度适中、幼儿有完成的能力时，教师不要过多地干涉，而要通过提供足够的材料、适宜的空间，鼓励幼儿通过不断尝试最终收获成功；当活动有难度、幼儿又特别想完成时，教师应当利用多种资源，如家长资源、社区资源等，降低活动的难度，最终帮助幼儿实现目标，更好地增强幼儿的自信心。

(三)把握时机，给予幼儿适时的帮助和指导

STEAM 教育活动有时候涉及的内容是比较复杂的，对于 3～6 岁的幼儿来说是有一定难度的。幼儿虽然有操作的愿望，但并不具备相应的能力。鉴于此，教师应当及时发现幼儿的困难点并做出判断，在关键时刻帮助其实现想法，保护其操作的愿望和自信心。此外，在操作过程中，一些工具的使用会带来一些安全隐患，这也是需要教师关注的。在工具的使用上，教师要在保证安全的前提下，给幼儿适当的探究空间。

(四)注重反思、交流和展示，帮助幼儿梳理和积累经验

STEAM 教育活动结束后，反思和回顾的环节很重要，教师一定要重视这两个环节。这两个环节能够帮助幼儿梳理思路，不断地丰富经验；也能促进幼儿间的交流和相互学习，使幼儿在互动中获得更多的经验。当幼儿完成作品时，教师应当给予幼儿展示的机会。这样一方面可以提升幼儿的自信；另一方面可以鼓励更多的幼儿参与到 STEAM 教育活动中，获得发展。对于一些优秀成果，教师可以鼓励幼儿进行推广，分享给更多的人，间接地促进幼儿发明和创造意识的增强。

第二节　汇集 STEAM 教育理念的幼儿区域活动案例呈现与分析

在实践过程中，教师遵循幼儿的兴趣和需要，开展了很多活动，帮助幼儿实现了他们的愿望和目标，形成了很多有趣又有意义的案例。

一、中班案例"面包店的小推车"

在 STEAM 教育活动中，教师在其中的一个实验班创设了 STEAM 工作坊，通过一个特定的区域支持幼儿创作和发明。幼儿对 STEAM 工作坊的解释是"解决问题""修理东西""发明小制作"的区域，这个区域很好地支持了幼儿开展 STEAM 教育活动。

(一)案例描述

在 STEAM 理念融入课程的过程中，教师决定创设一个新的区域，即 STEAM 工作坊。在这个工作坊中，教师为幼儿提供了很多材料，如树枝、圆形和方形的木片等。

对于幼儿来说，STEAM 工作坊是一个神奇的游戏区，就像一个拥有魔法的城堡。幼儿只要一进去，就充满了想象力、创造力。这里所有的材料都能够用来解决生活中遇到的问题。幼儿每天都能够获得新的游戏体验。

班级角色区里的"乌鸦面包店"开业啦。小厨师们说："我们想去外面卖面包，可是我们班的面包店没有小推车，这可怎么办呢?"正在一边玩的上上说："我们可以做一个呀!"但是，小推车可不是我们平常做的那种玩具小推车，是真的可以推动的小推车。

1. 制作小车筐

说做就做，想要制作小推车，用什么材料呢?我们平常见到的小推车有塑料的，有木头的。我们班里有什么材料可以用来制作小推车呢? 幼儿你一言我一语地讨论了起来。其中一名幼儿说："我们班里有很多纸箱子，要不我们就试试用纸箱子做吧。"

上上找来了一个纸箱子，打量着纸箱子说："这个纸箱子的底是漏的，装不了东西。"然后皱了一下眉头接着说："麒麒，来，我们把这个口封上吧。"用什么来封口呢? 上上找来了双面胶，但是双面胶太细了，根本粘不牢固。麒麒又拿来了胶

图 4-1 合作粘箱底

棒，粘了半天，怎么都粘不牢固。上上说："要不然我们试一试大胶带吧，大胶带比较宽，这样可能会粘上。"于是两个人一起拿来了大胶带，一个人负责粘，一个人负责固定胶带，很快就把纸箱子封好了（见图 4-1）。

封好口之后，上上看着纸箱子多出来的四片没用的纸板，说："我们得把这个没用的纸板剪了。"教师看到后走到美工区，从工具箱里拿出了一把壁纸刀，把那四片纸板剪了下来。

2. 制作双层小推车

第二天，在选择区域活动时，上上和麒麒又选择了 STEAM 工作坊。上上很高兴地说："我们的小推车第一层做好了，但是我想做个双层的，因为我们平时看到的小推车都是双层的，一层也摆不了多少面包。"麒麒说："那怎么做双层的小推车呢？"上上说："咱们平时看到的小推车都有小小的、细细的柱子，用柱子撑起来就好了。"（见图 4-2）

图 4-2　制作双层小推车

上上说："得先找柱子，把上面的盒子架起来。"接着，上上在美工区的材料箱里找到了四根卷纸筒。但是上上发现了一个新问题，卷纸筒不一样长，有一个被裁掉了一小节。这可怎么办呢？上上从箱子里找出来一个牙膏盒，比照着连接到短的卷纸筒上，两个叠在一起。上上自言自语地说："两个加起来长了一点。"接着，他把牙膏盒往卷纸筒里塞了一些，这样长度就正合适了。虽然找到了四根一样长的柱子，但是怎样将四根柱子与上下两层纸箱连接在一起呢？这可是一个大问题。

两名幼儿用橡皮泥固定好柱子，一个人扶着上一层纸箱，另一个人用橡皮泥来连接。可是他们发现，橡皮泥连接的柱子并不是很牢固。没关系，两名幼儿又去寻找新的连接工具。他们想起了平时班级粘东西都用胶枪。上上对教师说："老师，我们可以试一试胶枪吗？""当然可以呀！咱们一起吧！"因为胶枪存在一定的安全隐患，所以教师来帮助幼儿热胶，幼儿自己戴上了保护手套。在三人的共同努力下，柱子终于固定好，两层纸箱终于连接起来了。上上说："看起来真棒，肯定能装很多面包。"

3. 自制小把手和轮子

小推车得有把手，才能推着走呀！用什么做
把手呢？麒麒拿来了几个牙膏盒，用双面胶连接
在一起，然后又用双面胶固定在小推车的主体（纸
箱）上。两个人试着推了推小推车。由于把手太
软，因此，一推就断了。那怎么办呢？吸取教训，
总结经验，上上找来了两根木棍。用木棍的话肯
定会很结实，也不容易断。

图 4-3　装小车轮

上上从材料筐里找到了四根木棍，用胶带粘
上一根后，麒麒拿起另一根木棍认真地比着长度。
教师问："麒麒，你在干什么呢？"麒麒说："我在
看这两根木棍是不是一样长。"教师说："为什么要
比长短呢？"麒麒说："因为小推车的把手需要一样长，要不然就不好推了。"教师
说："嗯，你说的真有道理！"小推车的把手做好了，试一试吧。经过实验，两个
人都很满意，把手很牢固，推起来也比较方便。

接下来，开始制作小推车的轮子吧。轮子怎
么做呢？麒麒说："我们得找个圆形的东西，因为
我们见过的所有轮子都是圆的。"上上说："那我们
找找吧。"两个人一起寻找了起来。看到了纸杯，
他们把纸杯拿来，利用双面胶粘在了小推车上做
小车轮（见图 4-3）。两个人欢呼起来："我们的小
推车终于做好啦！"

小推车做好了，大家一起来试一试吧（见图 4-4）。

上上和麒麒推着小推车请面包房的大厨们
欣赏。

图 4-4　试一试小推车

大厨们纷纷说："哇，你们做得太棒了！"

正正小朋友高兴地弯着腰推着小车往前走，走着走着说："这个小推车有点
不方便呀。"上上问："怎么了？"正正说："我老得弯着腰推着车走，把手特别不好
用，没法往前推。"

豆豆说："我推的时候，觉得用纸杯当轮子走起来很慢，老是蹭地。"

这可怎么办呢？上上一定有办法。

4. 改进小推车

上上听了同伴的问题，然后说："哦，这样呀，我有办法了。"于是把木棍摘了下来，请教师用改锥戳了一个洞，然后把木棍装在第二层，小推车把手的高度就合适了。

上上说："我们小推车的轮子不合适，这可怎么办呢？"麒麒拿着塑料的轮子说："用这个试试。"上上说："可是这个安不上怎么办？""我们找个木棍吧。你扶好了，我去找老师帮忙用锤子锤进去。"教师帮忙完成后，两个人高兴地跳了起来："我们成功了！我们再来试一试吧！"可是一推，轮子掉了，并不是很好用。

上上说："我们的小推车的轮子还不合适，这可怎么办呢？"麒麒说："要不然我们再用这个圆板试试吧。"上上说："可是这个贴上去也没法滚动呀。"又一个想法被否定了。

两个人想了很多办法，最终都没有实现自己的愿望，小推车的轮子怎么也安装不上、动不起来。看到幼儿很失望的样子，教师参与到了幼儿的活动中。"其实我们可以去观察一下，真正的小推车的轮子是什么样子的。"两名幼儿回家之后，让爸爸妈妈带着自己去看了真正的小推车，发现小推车的轮子很多都是万向轮。什么是万向轮呢？就是往哪个方向都可以转的轮子。可是班里没有这种轮子。麒麒说："不如我们去找王叔叔问问怎么办吧，班里小床的轮子坏了，都是他帮咱们修的，他肯定有办法。我以前看到王叔叔那里有万向轮。"王叔叔看了看小推车，说："给你们四个万向轮试一试吧。"上上说："您能帮我们一起弄吗？"王叔叔和上上一起把轮子固定好了。面包店的大厨们又试了试。豆豆说："你们的小推车可真好用！"（见图 4-5）

图 4-5 小车真好用

幼儿的小推车正式投入使用了。

在自制小推车活动中，幼儿遇到了一个又一个问题：纸箱底是漏的怎么办？多出来四片没有用的纸板怎么办？四根柱子不一样长怎么办？把手不好用怎么办？轮子一直不合适怎么办？……其中涉及对材料性质的感知，涉及测量、连接，涉及协商、合作，涉及艺术设计……涉及五大领域，又超出了五大领域。整个活动给幼儿提供了在操作中学习的机会。

STEAM 教育活动能够为幼儿提供更大的自主游戏的空间，引发幼儿不断思考，激发幼儿主动探究与学习的兴趣。在游戏过程中，幼儿为了完成一个共同的目标团结协作，在获得自信、快乐、成功、挫折的体验的同时，潜移默化地提高了学习能力，获得了更加全方位的发展。

（此案例由李丽丽提供）

（二）案例分析

通过上面的案例，我们不难发现，在真实的游戏中，幼儿大胆使用各种材料、工具，大胆操作，最终完成了作品。在这一过程中，幼儿相互讨论，合作解决问题，克服重重困难，最终获得了成功。

表 4-1 "面包店小推车"案例基于项目学习的六大特征

基于项目学习的六大特征		"面包店小推车"案例中的表现
驱动性的问题		面包店缺少一辆小推车
真实的情境		幼儿需要一辆小推车去玩"外卖"的游戏
多学科知识	S——科学	轴承（轮子）、力矩（把手）
	T——技术	连接、黏合
	E——工程	让小车稳固
	A——艺术	装饰、结构美观
	M——数学	比较、测量、计数
强调协作		幼儿相互合作，共同设计，共同操作，并与成人协作
交流展示		在区域中分享交流，通过墙饰展示作品，同时将其运用到游戏中
学习技术支持		教师为幼儿提供多元的材料，鼓励幼儿寻求王叔叔帮助

从表 4-1 可以看出，"面包店的小推车"这一案例体现了基于项目学习的六大特征，也体现了 STEAM 教育的五大元素。

1. 驱动性的问题

活动的主题来源于幼儿区域游戏的实际问题和需要，即角色区缺少一辆可以放置面包并可以推的小推车。这是一辆真实可用的小推车，与幼儿之前制作的模型不同，完成这一任务具有很大的挑战性。

有了STEAM教育理念的指引，教师改变了以往的观念，并没有马上给幼儿添置一辆现成的小推车，而是支持幼儿的想法，引导幼儿将想法转化为现实。

2. 真实的情境

幼儿见过外卖的小推车，在游戏中也想有这样的道具。这里的"情境"我们理解为幼儿在现实生活中遇到的或看到过的场景。这也是推动游戏进一步开展的重要因素之一。

3. 多学科知识

学科知识涉及STEAM的五大元素。这五大元素在一个案例中融会贯通，共同推动项目的进程。这些知识看似并不复杂，但是对于5岁的幼儿来说是非常具有挑战性的。尤其是在组装轮子的过程中，幼儿一次又一次地受到挑战。同时，幼儿不断建构新经验。他们探究了什么样的材料能够做轮子，了解到了不同质地、不同形式的轮子的特点，尝试如何将轮子固定到小车上……单单是一个轮子的问题就涉及了STEAM的五大元素。再如，小推车的把手也是一个非常值得探究的点，材料的选择、把手与车身的连接、把手组装的高度等，都是值得幼儿探索的。尤其是要能够方便推动，这是最终要完成的目标，也是推动幼儿不断探究的内在动力。

可见，小推车的每一个部分都涉及STEAM的五大元素，都能促使幼儿在不断的探究中获得新的认知，让幼儿更加主动地学习。

4. 强调协作

在整个活动中，幼儿自主组成小组，共同制订计划、实施计划、完成计划。在合作的过程中，除了小组之间有合作、有分享、有沟通以外，小组之间的沟通也逐渐增多。比如，每次区域游戏结束后，制作小推车的幼儿就会利用自由分享和集体分享环节，分享小组成员制作的情况和遇到的问题，并寻求同伴、教师的帮助。整个过程让小组协作变成了常态。

5. 交流展示

幼儿由于亲自操作，在过程中会有很多的体验、感受、困惑，因此，每次分享交流的时候都有话可说。参与小推车制作的幼儿通过不断试用小推车，不断分享自己的使用心得，在交流中使得小推车更加完善。本案例中的作品不是摆设，而是要在游戏中能够被利用起来。幼儿在推着小推车进行外卖游戏的时候，就一直在展示小推车。尤其是当有参观者进入班级的时候，幼儿会很自豪地展示这辆小推车。

6. 学习技术支持

这个活动是中班幼儿的活动。对于 5 岁的幼儿来说，这样一个活动是具有挑战性的。技术的支持必须跟进，否则会影响幼儿的游戏自信，从而迫使游戏中断。对于组装轮子的问题，教师其实也是缺乏这方面的技术经验的。因此，教师和幼儿一同想办法，请来了幼儿园里对这件事有发言权的王叔叔。因为王叔叔曾经给幼儿装过小床上的轮子，所以，王叔叔也走进了活动。他为幼儿提供了万向轮，不仅丰富了幼儿关于轮子的经验，而且帮助幼儿为小推车装上了轮子。这也给教师带来了启示：技术支持不一定是带班教师提供的，也可以是幼儿园的其他人，或者是家长、社区里懂这项技术并能够帮助幼儿完成项目的人。

(三)案例成效评价

1. 幼儿发展

在整个活动中，幼儿的发展是显而易见的。首先，从活动持续的时间来说，幼儿花费将近一个月的时间研究制作小推车，坚持性可见一斑。制作的过程很复杂，幼儿克服了重重困难才得以完成作品。幼儿解决问题的能力不断提升。在遇到困难时，幼儿能够积极想办法，从多个角度去思考和解决问题，思维的流畅性、变通性、精进性、独创性都得到了锻炼和发展，创造力得以提升。

另外，在不断动手操作的过程中，幼儿的手部肌肉和关节的灵活性得到了锻炼，手指更加灵活，手眼协调能力也不断增强。由于在这一过程中幼儿会不断与同伴进行协商、沟通、交流，因此，幼儿的倾听、表达能力也得到了提升，尤其是接纳他人的意见、接受别人的想法的意识得到了增强。幼儿开始关注同伴的想法和需求。在互动中，幼儿的个体意识有所减弱，逐渐去自我中心。

还有更重要的一点是，在不断地解决问题、分享交流的过程中，幼儿的自信心不断增强，变得爱表达、会表达；在能力提升的同时，社会性得到了更好的发展。

2. 教师的发展

在整个活动中，教师最大的发展就是看待活动和看待幼儿的视角有了转变。比如，更加相信幼儿，相信幼儿是有能力的实践操作者，有能力完成一定的项目、实现自己的想法；更加相信"一切活动都是有可能的"，改变了以往知难而退、不敢尝试的状态。教师对区域游戏的看法也有了很大的改变，认为区域游戏不仅是游戏，而且是幼儿生活的缩影，是真实场景的再现。对于游戏材料也有了新的界定，高结构的玩具被运用的频率降低了，取而代之的是一些低结构的材料、工具。

除了观念上的转变外，教师的角色也在改变。比如，在支持幼儿的策略方面，从原来的不敢到现在的放手，从原来的旁观者到现在的合作者、支持者。教师的态度直接影响到幼儿的参与性，轻松的氛围让幼儿有更充足的空间去探索。

另外，在幼儿活动的过程中，教师的学习能力有所提高，因为教师需要不断地查找资料，不断补充原本缺乏的科学、技术、工程、艺术、数学方面的知识，以支持幼儿的实践。在活动中，教师与幼儿共同探究、学习，组成了学习共同体，师生关系变得更加融洽。

3. 师幼互动

在 STEAM 教育活动中，教师也是学习者、新领域的探究者，和幼儿站在了同一条起跑线上。教师真正地放低姿态，甚至将幼儿当成教师，因为幼儿的想法总是那么有创意，出乎成人的意料。

在操作的过程中，教师和幼儿一起动手动脑，共同讨论，并且将自己的经验全盘奉献出来，支持幼儿的制作活动。师幼关系平等、和谐。

4. 多种资源的利用

在 STEAM 教育活动中，教师和幼儿利用多种资源来推进项目，以促进项目顺利完成。其中包括多种材料的使用，如木片、树枝等；各种人际资源的使用，如掌握相关技能的王叔叔等。在这个过程中，幼儿逐渐了解到周围的一切都有可能成为活动的资源，都能促进活动的开展。

二、大班案例"玩转魔方"

(一)案例描述

随着大部分幼儿对魔方产生了兴趣，班级的魔方游戏风靡起来。在整个过程中，幼儿互相学习，交流探讨，想办法解决问题，创新魔方玩法……学习无时无刻不在发生着。

1. 第一阶段：熟悉魔方构造

(1)幼儿的游戏

顺顺小朋友拿到魔方之后，一直在转动魔方。在不断转动的过程中，他突然发现了颜色对应现象，于是想办法把相同颜色的拼在一起，但是拼了几次都没有成功。齐齐小朋友对教师说："老师，魔方由好多种颜色的小方块组成。"一边说一边无目的地转动着魔方。"老师，魔方有几块没法转。"哈哈小朋友指着魔方的中心块对教师说。

(2)教师的分析与支持

教师发现幼儿对魔方颜色的变化很感兴趣，但不了解魔方有几个面，魔方颜色有几种，魔方有多少"块"及这些"块"可以怎样转动等。

于是，教师与幼儿一起细致观察、讨论，了解魔方的特征，并一起动脑筋给魔方的不同"块"取名为：大哥、二哥、三弟。

教师在班级中开辟了魔方区，为幼儿的学习和探索提供了更多的时间与空间；还创设了互动墙，鼓励幼儿相互学习。

(3)幼儿的发展

在自主探索魔方的过程中，幼儿的观察能力和空间思维能力都得到了发展。在了解魔方的同时，幼儿发现了魔方的规律，探索发现能力、创新思维能力不断提高。在与同伴的相互学习中，幼儿的兴趣得到了支持和满足，幼儿参与游戏的自信也更足了。

2. 第二阶段：还原魔方的游戏

(1)幼儿的游戏

越来越多的幼儿沉浸在魔方的游戏中。在自主学习以及相互学习的过程中，幼儿根据魔方的操作步骤图呈现的图案对魔方进行了相应的命名。乐乐说："你们看，这个黄色中心块周围有四个白色的棱块，是不是像一朵小花?"芊芊说："你看这个图案是不是像小鱼?"在探究过程中，幼儿摆脱了传统的玩魔方的方法，根据自己的兴趣和需求对魔方的各个步骤进行了命名，如双头鱼、坦克、三点半。这样，幼儿的学习就更有趣味性了。

(2)教师的分析与支持

在还原魔方(见图 4-6)的游戏中，有的幼儿的观察能力及空间逻辑思维能力较强，有一定的玩魔方的基础，很快地探索出了还原六面的方法；有的则需要慢慢尝试，探索出基本的操作方法。这些现象呈现出了幼儿的差异性。针对幼儿的差异，教师组织开展了"小老师"活动。幼儿可以与"小老师"相互帮助，共同探索和学习。此外，部分幼儿的学习愿望强烈，教师鼓励他们利用不同的资源进行自主学习，请爸爸妈妈上网查阅关于魔方的资料，和成人共同学习。

图 4-6　还原魔方

（3）幼儿的发展

在自主探索中，幼儿的自主学习能力得到了发展，了解了更多查阅资料的方法，提高了沟通能力和语言表达能力，增强了自信心。在"小老师"活动中，幼儿学会了互相帮助，懂得了尊重他人的想法，学会了沟通。

3. 第三阶段：探索有趣的图案

（1）发现有趣的图案

第一，幼儿的游戏。

在教师、家长的共同参与下，很快全部幼儿都掌握了还原六面的方法。有一天，乐乐说："你们看，这是我自己转出来的六面小花。"其他小朋友看到后，竖起了大拇指。大家对这种创造很感兴趣。就这样，魔方的新玩法将魔方游戏推向了新阶段。

有一天，琦琦对教师说："我和爸爸妈妈上网查魔方的时候，看到了魔方画，我也想画魔方画。魔方画需要有魔方纸，画好才能拼出来。"听了琦琦的想法，教师很快制作了一张魔方纸。琦琦的想法得到了其他小朋友的关注。于是，教师提供了更多的魔方纸，鼓励感兴趣的幼儿大胆创作（见图 4-7）。

图 4-7　探索有趣的图案

第二，教师的分析与支持。

针对幼儿遇到的困难，教师带领幼儿欣赏了一些简单的魔方画设计图；在班级中投放了拼豆玩具，为幼儿创作魔方画提供经验支持；在美工区提供了大量的魔方纸，供幼儿随时绘画、创作；为幼儿提供了相机，让幼儿将自己的新发明用拍照的形式记录下来，并帮助幼儿打印出来装订成册；在区域分享环节，鼓励幼儿分享经验，在与同伴的交流中进一步深化对经验的认识。

(2)魔方"合作画"

第一，幼儿的游戏。

2017 年恰逢北京市西城区棉花胡同幼儿园成立 60 周年，师幼在班级中开展了"我为幼儿园过生日"的主题活动。有一天，芊芊在和果果一起画"合作画"的时候说："要是用魔方拼一个大的'合作画'该有多好啊，肯定特别好看。我们的魔方'合作画'应该设计什么呢？"皮皮说："我想设计棉幼'MY'，因为我们是棉花幼儿园的小朋友。"城城说："我想设计一个'60'，因为我们幼儿园 60 岁了。"童童说："我想设计一个蛋糕送给幼儿园，还要写上'生日快乐'4 个字。"随后，大家开展了投票活动，选出最想呈现的图案。最终 4 个元素得到的票最多：花、太阳、蛋糕、60。于是，大家自愿报名，并设计图案。在创作过程中，幼儿遇到了不同程度的困难。比如，"文字符号组"由于不会写字，无法顺利完成设计；"人物组"的人物设计因为不对称或者不像，总是失败；"背景组"在背景的花色方面产生了分歧和争执……

第二，教师的分析与支持。

针对各组出现的问题，教师鼓励幼儿自己去解决遇到的问题，为幼儿提供充分的时间和空间，让他们去讨论、实施计划；也为幼儿提供了充足的魔方纸和魔方，鼓励他们反复尝试。当幼儿的问题实在无法解决时，教师鼓励他们向家长、同伴寻求帮助。就这样，魔方"合作画"的活动渗透到了各个家庭中，得到了家长的充分支持。家长与幼儿反复研究，共同设计图案，最终解决了一个个问题。

(3)完成魔方"合作画"

第一，幼儿的游戏。

经过不断尝试和努力，各组的魔方画都已经设计完毕。幼儿商量着要将各组的作品拼在一起完成班级的魔方"合作画"。

在大家一起拼魔方画的过程中，小组间开始协商，怎样能将自己组的魔方拼得又快又好。"人物组"的西西说："我们拼这两个男孩子，你们拼女孩子，一会儿我们拼完了，再去帮助你们。""蛋糕组"的恒恒说："我们拼蓝色的这层。"幼儿合理分工，自己选择任务或是接受同伴分配的任务。当组员遇到困难时，大家互相帮助，有的指导同伴，有的直接帮忙。各组都在为了最终的目标努力着，没有争执，没有埋怨。

经过一上午的努力，幼儿共同完成了魔方"合作画"（见图 4-8），并一起将创作的作品作为生日礼物送给幼儿园。看到大家一起完成的作品，幼儿都非常激动。这是他们智慧的结晶，也是他们共同努力的结果。

图 4-8　魔方"合作画"

第二，教师的分析与支持。

在完成魔方"合作画"的过程中，幼儿具有一定的合作意识，能够在同伴出现问题的时候给予帮助，在完成本组任务的过程中有合理的分工、协商。幼儿的倾听能力、沟通能力、创造力和想象力都得到了提高。

在幼儿的自主活动中，教师注重引导他们继续创作自己喜欢的图案，给他们提出新的问题，鼓励他们继续探索更有难度的图案。

在讨论魔方"合作画"内容以及投票的环节，幼儿的自主表现能力、交际能力得到了一定的发展，能够倾听并尊重他人的意见，提出自己的建议。

在小组设计图案的环节，幼儿有目的地协商、讨论，沟通交流能力得到了一定的发展。在创作图案的过程中，幼儿的自主性充分体现了出来。在一次次的设计、调整、再设计的过程中，幼儿的想象力、创造力以及思维能力都在不断地发展。

在拼魔方"合作画"的过程中，幼儿的集体意识明显地展现了出来。看到集体创作的大型魔方"合作画"时，幼儿获得了满足感和自信心。

（此案例由王宇提供）

活动反思

这是一个幼儿自主游戏的案例。幼儿发现了有趣的玩具，在游戏过程中大胆展现自己的想法，收获了多元的学习方法。在轻松的活动环境中，幼儿创造出了魔方的新玩法，这充分体现了幼儿求新的特点。

教师整合了同伴资源、家长资源以及各类学习资源，促进了幼儿深度学习与探索；在幼儿探索魔方的过程中尊重幼儿的想法，关注、观察、分析、判断幼儿的游戏行为，不断地思考、调整、提供多元化的支持策略，一步一步帮助幼儿实现自己的游戏想法。

（二）案例分析

通过这个案例我们可以发现，幼儿在游戏中探索了一种比较复杂的玩具——魔方。幼儿又根据自己的想法，运用自己的智慧开展了不同视角的魔方游戏。在这个过程中，幼儿的空间想象能力和创造力得到了充分的发展，用一种与众不同的方式诠释了儿童视角下的魔方游戏。

表 4-2 "玩转魔方"案例基于项目学习的六大特征

基于项目学习的 六大特征		案例中的表现
驱动性的问题		幼儿喜欢玩魔方，发现魔方除了能够还原六面外，还能够转出很多不同的色块和花纹
真实的情境		临近幼儿园 60 年园庆，班级幼儿想给幼儿园送一幅魔方画
多学科 知识	S——科学	了解魔方转动的原理
	T——技术	转动魔方，形成想要的各种色块的组合样式
	E——工程	魔方的拼摆、组合
	A——艺术	色块的组合，画面的美感
	M——数学	空间思维、点数、测量、方位认知
强调协作		分小组完成魔方画的不同部分
交流展示		介绍给其他同伴，分享经验
学习技术支持		教师提供设计魔方画的九宫格纸，帮助幼儿掌握设计魔方画的方法

从表 4-2 可以看出，"玩转魔方"这一案例体现了基于项目学习的六大特征，也体现了 STEAM 教育的五大元素。

1. 驱动性问题

首先，活动源自幼儿对魔方的好奇，魔方的外形、有趣的转动方法都能吸引幼儿。其次，幼儿将魔方与毕业礼物进行了关联，想为幼儿园制作一份用魔方组合的生日礼物。这种想法让魔方游戏进入了高潮，让魔方真正成了符合幼儿年龄特点的玩具。

2. 真实的情境

幼儿查询关于魔方的资料的时候，发现原来魔方是可以拼摆出图案的，这为他们的活动打开了新的思路。在能够还原六面后，幼儿的兴趣开始转移，想用魔方来拼画，并决定要为幼儿园 60 岁生日送上一幅大型的魔方"合作画"。

3. 多学科知识

魔方游戏涉及很多与 STEAM 相关的元素，如转动、空间方位、记忆、组合……这对幼儿来说是具有挑战性的。其中的艺术元素是教师开始时没有关注到的。在魔方组合拼摆的过程中，六种颜色以不同的组合方式，最终形成了一幅画。这是艺术的展现，这种艺术是充满数学元素的艺术。

4. 强调协作

在整个魔方游戏中，一开始是幼儿单独游戏。即便是在这个阶段，幼儿之间也少不了协作。由于幼儿之间存在个体差异，学习魔方的过程有快有慢，因此出现了互相帮忙、相互学习的场景。在协作过程中，全班幼儿都学会了还原六面魔方的方法。

在后来创作魔方画的过程中，协作就更加明显了。幼儿需要结成小组，共同设计魔方图纸，并用魔方来完成自己的作品。在幼儿分工合作的过程中，不同能力的幼儿都可以发挥自己的作用。

在制作魔方画的过程中，分工协作达到了最高水平，即全班幼儿都参与了进来，各司其职，各显其能，将个体的力量凝聚成小组的力量，又将小组的力量凝聚成全班的力量，最终完成了魔方"合作画"。

5. 交流展示

在起初的活动中，幼儿个体展示还原魔方的方法，使得个体获得成功的体验；后来小组合作，将小组成员合作的成果进行展示，收获了协作的快乐。大幅魔方"合作画"在全园展示，使得全班的凝聚力、自信心都得到了前所未有的提高。魔方"合作画"的展示从个体到小组再到全园，层层递进，使幼儿充分感受到了个体和集体的力量，了解到了局部和整体的关系。后来，魔方成为幼儿园里很受欢迎的玩具，教师和幼儿都是魔方游戏者。

6. 学习技术支持

在学习技术支持方面，对于魔方的构造、如何还原六个面，除了幼儿自主探索外，教师和家长都参与到了活动中，帮助幼儿查找资料，邀请会玩魔方的成人支持幼儿完成富有挑战性的任务。

(三)案例成效评价

1. 幼儿发展

首先，面对一个具有挑战性的玩具，幼儿在教师和家长的指引下开始查找、收集资料，结合实际操作初步认识魔方。而后，探究还原六个面的方法，运用不同的方法开展游戏。

在不断地探索魔方的过程中，幼儿的观察能力、空间思维能力、记忆力、想象力都得到了提升。值得一提的是，幼儿需要在平面上进行魔方画的设计，然后将其转化到立体的魔方上进行色块组合，这很有难度。在这个过程中，幼儿需要通过不断进行空间转换，最终将设计图应用到真正的魔方上。这一过程需要幼儿有缜密的空间思维。

在互相教授魔方的过程中，担任"小老师"的幼儿不断尝试用简单的语言解释；当"学生"的幼儿认真倾听，在不理解的时候进行询问。双方的语言能力都得到了发展。在这个过程中，幼儿需要站在对方的角度去观察魔方，这对幼儿的空间转换能力也是一种锻炼。

在完成魔方"合作画"的过程中，幼儿的合作能力得到了提升。他们不仅要合作设计，而且要合作拼摆组合，要将拼摆好的部分挪动到最终的底图上。整个过程中，没有哪一部分是一个人能够完成的，集体的力量显而易见。因此，幼儿的团队意识和合作能力得到了充分发挥。作为大班后期的幼儿，这些能力的发展对他们今后的学习和成长的作用不容小觑。

2. 教师的发展

在整个魔方游戏中，教师的观念有非常大的转变。首先，教师能够欣然接受幼儿玩魔方这样一个看似超出幼儿能力范围的游戏；其次，在游戏过程中，教师能够放手，鼓励幼儿自己查找资料，引导幼儿与同伴相互学习，相信幼儿的力量是无穷的；最后，教师能够抓住幼儿的兴趣点，将魔方传统的玩法进行拓展，转变了竞赛的游戏模式。

对于这样一个具有难度的魔方游戏，教师本身也需要探索和尝试。教师通过查找资料和向同事学习，将研究魔方这一工作做在了前面，以便更好地支持幼儿开展游戏。在这个过程中，教师自我成长的意识得到了增强。

3. 师幼互动

案例中师幼互动的形式发生了转变，互动的发起者是幼儿，活动来自幼儿所掌握的本领。在 STEAM 教育理念"教师要尊重幼儿的想法，支持幼儿的活动"的指引下，教师成为幼儿的"学生"，向幼儿学习。这样的师幼互动让幼儿成了主导者，师幼互动更为平等。随着活动进程的推进，教师逐渐发挥作用，成为幼儿活动的推动者。比如，及时为幼儿提供魔方纸，这些魔方纸是教师根据魔方的大小自己制作的。这个过程体现了教师的智慧，是教师在互动中发挥推动作用的体现。

可以看到，在 STEAM 教育理念下的区域游戏中，师幼关系更加平等。教师成了学习者和实践者，与幼儿同生共长。

4. 多种资源的利用

本案例中，幼儿查找资料时采用了多种方法，询问周边会玩魔方的人，获得新的信息，以支持自己的活动。"小老师"的活动形式让幼儿之间互为资源，互相学习，最终获得共同发展。

三、汇集 STEAM 教育理念的幼儿区域活动的实践经验

(一)建立独立的 STEAM 活动区，可以更好地支持幼儿的操作活动

在研究中，教师尝试建立独立的 STEAM 活动区，为幼儿提供了适宜的空间和环境，鼓励幼儿解决问题、实现想法。

1. STEAM 活动区的建立便于材料的集中

鉴于别的区域的材料相对固定，建立独立的 STEAM 活动区有利于材料的集中投放，便于幼儿取放、使用及收集、整理。

2. STEAM 活动区的建立为幼儿提供了解决问题的场地

在实践研究中，幼儿对 STEAM 活动区的解释是"解决问题的地方"。只要遇

到问题或者想制作作品，他们都会想到 STEAM 活动区。这种解释不是教师告诉幼儿的，而是幼儿在活动中逐渐感知到的。这也是 STEAM 教育的价值所在。

3. STEAM 活动区的建立让幼儿有了问题意识，提高了问题解决能力

对于幼儿来说，STEAM 活动区是一个能够解决实际问题、实现想法和完成任务的地方。幼儿有需求或是有问题需要解决的时候，立刻会想到 STEAM 活动区。在区域中，动手操作、实践的过程促使幼儿的问题意识逐渐增强，问题解决能力得到相应的提高。

(二)结合区域中幼儿的兴趣点，随时生成项目

在区域游戏中，幼儿会有很多兴趣点和现实发展需要。只要教师善于发现，善于引导，幼儿的好多兴趣点和现实发展需要都能生成项目。教师要勤观察，多发现，让区域游戏为 STEAM 教育的实施提供更加广阔的空间，让 STEAM 教育理念能够不断地得到落实，促使幼儿的游戏活动能够持续开展下去，激发幼儿进行深度学习，最终促进幼儿全面发展。

(本章内容由北京市西城区棉花胡同幼儿园蒋小燕、乾芳、李建丽等供稿)

第五章　融入 STEAM 教育理念的幼儿
主题活动案例研究

第一节　融入 STEAM 教育理念的幼儿主题活动的
理论概述

一、融入 STEAM 教育理念的幼儿主题活动的概念及特征

(一)融入 STEAM 教育理念的幼儿主题活动的概念

1. 幼儿主题活动

本研究的主题活动是指在某一段时间内围绕某一中心内容进行的一系列活动。主题是以教育目标及幼儿的生活经验为基础确定的，活动时间的长短需要根据活动的具体内容和形式来确定。

2. STEAM 教育理念下的主题活动

STEAM 教育来源于 STEM 教育，1986 年美国国家科学委员会发表的《本科的科学、数学和工程教育》(*Undergraduate Science，Mathematics and Engineering Education*)被视为美国 STEM 教育的开端。2010 年美国维吉尼亚科技大学格雷特·亚克门(Georgette Yakman)教授首次提出，要将艺术(Arts)即"A"纳入 STEM 中。艺术包含较广泛的人文艺术科目，涵盖社会研究(Social studies)、语言(Language)、形体(Physical)、音乐(Musical)、美学(Fine)和表演(Performing)等。STEAM 教育理念可以概括为：以数学为基础，通过工程和艺术解读科学和技术。

融入 STEAM 教育理念的幼儿主题活动是以活动为载体，在活动推进过程中

生成幼儿感兴趣的、与主题相关的项目活动，幼儿在教师的支持下自主完成问题探究和三维产品的设计与呈现的过程。在这个过程中，幼儿会遇到有关科学、技术、工程、艺术、数学领域的问题，在解决的过程中会调动、建立相关领域（学科）的经验，促进问题解决能力、合作能力、批判思维和创新能力的发展。

（二）融入 STEAM 教育理念的幼儿主题活动的特征

1. 真实性

常态下的幼儿主题活动的选择可能是教师根据幼儿的年龄特点和成长需求预设的，也可能是教师根据幼儿当下的兴趣生成的。STEAM 教育理念下的幼儿主题活动中生成的项目活动基于幼儿的真实想法。比如，大班下学期，临近毕业的幼儿提出要为自己的幼儿园留下些什么。由于之前在户外游戏时发现现有的迷宫有些简单，迷宫的屏障太矮，能看到出口，不具有挑战性，因此他们想为中班和小班的弟弟妹妹重新建一个迷宫。幼儿想法的真实性不仅表现在想法来源于幼儿真实的心理需求，而且表现在想法来源于现实生活中存在的问题。

未来社会的科技高速发展，生活中可能遇到的问题都是无法估计和预测的。真实性让幼儿在学前阶段就开始发现和面对生活中出现的各种问题。这样的问题一般都是结构不良的问题，而解决问题的方案是多元的。STEAM 教育理念下的幼儿主题活动的真实性为幼儿提供了有意识地关注、捕捉、确立问题的存在，积极思考、讨论、制定方案，并在实践中评估方案的有效性的机会。

2. 生成性

由于待解决的问题都是幼儿发现和提出的，因此这样的课程具有生成性。生成性确保了幼儿在活动过程中持续地投入、积极地参与和思考，从而使得活动内容更加丰富和多元。

中班"恐龙世界"主题活动就是在幼儿的兴趣和需求的基础上生成的。幼儿提出了很多想要了解的有关恐龙的话题，并提出了想要在建筑区搭建恐龙博物馆。在面对这些问题时，幼儿自发地提出参观自然博物馆的需求，以方便了解恐龙的相关知识和恐龙博物馆的结构。主题活动下的项目活动就这样在幼儿的各种想法中自然而然地开展了。在家园共育的过程中，幼儿和家长一起生发了"让恐龙动起来"的项目活动，尝试使用轴承、拉绳等让恐龙动起来。人工智能的融入让幼儿使用平板电脑在操场上还原了恐龙的样子，形象地感受到了恐龙的外形特征。

3. 整合性

在主题活动中生成的融入 STEAM 教育理念的项目活动，使得师幼更加关注环境和生活中的问题及其解决方法。这里谈到的问题不是一个翻翻书、查查资料就能解决的知识性问题。这样的问题一般都是综合性的，不聚焦于某一个领域，需要运用多个领域的知识和技能才能解决。比如，选择制作"天坛祈年殿"的材料时，需要感知不同材料的大小、软硬等特性，需要根据材料的颜色来考虑搭配问题。在实际制作的过程中，幼儿自发地进行长短、高矮的测量，思考使用什么样的材料进行拼接和黏合。因此，问题解决的过程也是相关领域知识整合的过程，使得幼儿更加符合未来社会的发展需求。

项目活动中要解决的问题不仅具有综合性，还具有复杂性。它属于"problem"的范畴，而不是"question"。"question"指的是知识性的问题，或者说经过前人的研究已经有了既定答案的问题，幼儿可以通过询问、搜索、阅读来获得答案。"problem"是结构不良的问题，不是通过查找资料就可以解决的。它涉及跨领域的知识，需要幼儿定义问题、提出方案、设计模型、评估分析、实施检验。在解决问题的过程中，幼儿形成了以问题为导向的图式，知识、经验在问题解决的过程中得到了整合，有利于幼儿问题解决能力的发展。

幼儿在解决问题的过程中促进了知识、能力、情感态度的整合发展。比如，在选材、制作的过程中不仅理解了长短、软硬等概念，发展了贴、粘等技能，而且培养了主动、专注、认真、不怕困难的学习品质。

4. 自主性

融入 STEAM 教育理念的幼儿主题活动充分体现了幼儿在课程中的自主性，表现为亟待解决的问题是幼儿自主发现和提出的，解决的方案是幼儿自发提出和共同讨论决定的，具体的实施过程是幼儿自己完成的，后期的调整与反思是幼儿洞察和实践的结果。教师在整个过程中扮演支持者的角色：整理幼儿的问题，激发幼儿思考，追问幼儿，提供材料，追踪方案的执行情况，发现问题的症结所在，提供关键性的指导，组织有效的反思。

二、融入 STEAM 教育理念的幼儿主题活动的意义

(一)有利于培养幼儿的问题意识，提高幼儿的问题解决能力

幼儿主题活动一般是围绕一个主题开展的，这个主题是"春天""轮子""水果"

等方面的。在某一主题下，幼儿可能会生成很多问题，如"我们怎么知道春天来了?""轮子为什么是圆形的?""夏天有哪些好吃的水果?"教师会根据这些问题引导幼儿通过询问、查找、阅读、探究等方式来探寻问题的答案，这些答案基本上是基于一些科学原理或原则的，也就是说幼儿最终可以获得问题的确切答案。我们把这类问题类比于英文中的"question"，它们属于结构良好的问题。

在融入 STEAM 教育理念的幼儿主题活动中，幼儿除了会寻找以上类似问题的答案之外，还会关注生活与游戏中现实存在的问题。这些问题的答案是具有开放性的，也就是说不同人解决问题的方案是不同的。我们把这样的问题类比于英文中的"problem"，它们属于结构不良的问题。幼儿可以根据自己的经验，提出自己的想法。这样的问题让幼儿更加关注周围环境和日常生活，运用批判性的眼光来看待周围的事物，有利于培养问题意识。无论是解决结构良好的问题还是结构不良的问题，幼儿解决问题的能力都会在不知不觉中得到提高。

(二) 有利于形成静态和动态相结合的知识经验结构

建构主义学习理论认为，幼儿的认知结构是在与环境的互动中发生同化或顺应，从而得到丰富和变化的。同化是把认识的新经验融合到已有的认知结构中，顺应是随着新经验的丰富建构了新的认知结构。开展幼儿主题活动的过程其实是幼儿建立新经验、不断丰富认知结构的过程。融入 STEAM 教育理念的幼儿主题活动主要是以解决真实问题、呈现立体实物为目的的。幼儿在问题的指引下，联结和运用不同领域的知识，有助于丰富静态知识结构。幼儿在活动中会进行不断的尝试和操作，这样的过程有利于幼儿形成以问题为导向的、动态的知识结构，这种知识结构可以使幼儿今后灵活调动和使用。

(三) 有利于实现课程的整合

幼儿的学习和发展具有整体性，教师提供给幼儿的教育内容应该是综合的。从内容上看，生活和游戏中的问题都具有综合性。从形式上看，教师多采用主题活动的形式来实施综合课程，以不同的方式将五大领域的教学有机整合。但由于很多教师对整体性的理解不足，主题活动出现了"大拼盘"现象，只实现了形式上的整合，因此，如何真正通过课程实现幼儿的整体性发展，是教师需要思考和解决的问题。STEAM 教育理念致力于解决生活中真实存在的问题，这些问题蕴含了数学、科学等学科知识。幼儿在解决问题的过程中，会积极地调动、运用多领域知识，在实践中检验知识理解的正确性，实现能力和学习品质的整体性发展。

(四)有利于教师专业知识的丰富和专业能力的提高

1. 树立以幼儿为本的终身发展观

教书育人是教师的主要职责，培育什么样的人是每一位教育工作者需要思考的问题。幼儿园是幼儿人生的第一所学校，幼儿教师必须以长远的眼光来思考这个问题。以幼儿为本，道出了幼儿教育应落脚于幼儿的未来发展。因此，幼儿教师需要秉承终身发展观，树立以能力、情感态度为导向的发展目标。

21 世纪学生的生存技能为：批判性思维和解决问题的能力、合作和领导的能力、适应性、主动性、有效的沟通、评估与分析信息。这些技能能够帮助幼儿应对未来社会的变化和需求。STEAM 教育实践以培养幼儿的批判性思维、问题解决能力、合作能力、创新能力为目标，有助于教师在实践中树立以幼儿为本的终身发展观。

2. 深入理解领域核心经验

项目活动和主题活动的区别在于课程生成的比例，教师需要具有较强的课程开发和设计能力。不论是最初主题的确定，还是后续项目活动的开展，都需要教师依据幼儿发展需求来筛选问题、有目的地与幼儿开展良性互动的能力。开展项目活动的依据、目的主要参考的就是五大领域的核心经验。因此，教师在项目活动推进的过程中，需要不断地对接《3－6 岁儿童学习与发展指南》中的幼儿发展目标，将幼儿的兴趣点、关注点、问题点和领域核心经验进行对应，最大限度地促进幼儿的全面发展。

3. 培养课程意识和设计能力

幼儿园活动是载体，当活动中蕴含幼儿发展目标时，活动就成了课程。幼儿教师需要依据幼儿的兴趣和需求来设计课程，需要具备一定的课程意识。

课程意识要求教师回答三个方面的基本问题：第一，回答"是什么"的问题，即强调教师对课程系统的基本认识，尤其是对课程本质问题的思考；第二，关注"为什么"的问题，即反映出教师对课程的一种价值取向、信念和态度，通过批判性反思的方式来关注课程行为是否达到了自觉程度；第三，解决"如何做"的问题，即强调在课程价值判断的支配下，教师如何有效地进行课程决策、课程开发、课程设计、课程实施、课程评价等活动。对应到具体的课程生成过程中，教师首先需要明确给予幼儿的学习经验是什么，其次要弄清楚这样的学习经验有怎样的价值，最后需要将这些学习经验转化为幼儿能够理解的内容并且思考如何评价幼儿的发展。

融入 STEAM 教育理念的项目活动是典型的生成课程，提供了教师增强课程意识的途径。它赋予了教师开展课程的自主性，强调教师和幼儿都是课程的主体；在课程目标上，确立了以发展幼儿的学科素养、能力、情感态度为导向的整合目标；在课程资源上，鼓励教师开发并利用好园所、社区、家长资源；在课程实施上，注重教师和幼儿的创造能力；在课程评价上，注重以幼儿为本的发展性评价。

三、融入 STEAM 教育理念的幼儿主题活动实施路径

(一)尊重幼儿的学习方式

学习方式是指学习者在各种学习情境中所采取的具有不同动机取向、心智加工水平和学习效果的学习方法与形式。幼儿的认知发展水平处于前运算阶段，虽然建立了表象的功能，但认识世界的方式主要还是依靠动作来完成，从自己的感知、体验、探索中直接获取经验。因此，幼儿的学习特点和方式是"做中学""玩中学""生活中学"。相较于通过倾听这样传统的学习方式习得的经验，幼儿能够更加深刻地理解和长久地记忆那些在做中、玩中、生活中获得的经验。

STEAM 教育整合了工程、技术、科学、艺术、数学五大学科，让幼儿在亲身体验的过程中感知材料的物理特性，在实际制作的过程中运用自然测量的方法，在动手操作中认识粗与细、尖与钝、周长与面积的关系等。STEAM 教育打破了传统学习方式，让幼儿在实验、比较、观察、探究、制作的过程中学习。这是一种有意义的学习，幼儿能够充分发挥主动性。幼儿在行动中、实践中、体验中获得感性的直接经验，会为以后的概念学习奠定良好的基础。

探究式学习和合作学习是符合幼儿年龄特点的两种学习方式。探究式学习是幼儿围绕一定的问题、文本或材料，在教师的帮助和支持下，自主寻求或自主建构答案、意义、信息的活动。它和接受式学习相对。在探究式学习中，幼儿是一名主动学习者，知识具有动态化、个性化的特点。因此探究式学习更加强调学习者的主体性和主动性。

未来社会是一个更加强调人与人互动、交流的社会，电子产品的升级换代为这种互动、交流做好了物质准备，合作学习为这种互动、交流做好了精神准备。在心理学发展的历史长河中，社会文化历史学派非常强调社会、历史对人发展的作用，人文环境也是影响人发展的重要因素。维果茨基和皮亚杰都非常重视师幼之间、同伴之间的互动。2001 年《基础教育课程改革纲要（试行）》颁布之后，合作学习打破了以教师为中心的课堂教学模式。合作学习是教师运用小组的形式使得学生达到同一目标，并使得个体的能力更强的一种教学组织形式。有效促进合作学习的五大基本要素为积极的相互依赖、个体责任感、小组处理、社交技巧和面对面有目的的交谈。要想有积极的相互依赖，小组成员之间必须是异质的。教师应该让幼儿在能力上互补，在相互协作、相互支持的基础上实现目标。合作学习不仅能提高幼儿参与活动的程度，提高幼儿的认知能力，还能促进幼儿个性和社会性的发展。

可以说，融入 STEAM 教育理念的项目活动正是幼儿进行探究性学习和合作学习的载体。幼儿可以在尝试与实验中进行深入探究，感受材料的特性，经历提出假设、检验假设、反思调整的探究过程，收获成功或失败的人生体验。幼儿也可以在有共同目标的小组中承担自己的责任，听取别人的建议，给予他人帮助，学习沟通技巧等。幼儿俨然成了一个"工程师"，解决一个个问题，在解决问题的过程中自然会收获关于科学、数学、技术、人际沟通与交往的新经验。

(二)科学理解幼儿学习与发展的整体性特点

《3—6 岁儿童学习与发展指南》说明部分的第一条指出：关注幼儿学习与发展的整体性。幼儿作为一个"完整儿童"，每天不仅会收获身体和心理的成长，也会收获知识、技能和情感态度的发展。可以说，这些成分都是有机联系的。教师不能割裂地看待幼儿每一部分的成长，而是应该把幼儿的发展当作一个整体，促进幼儿全面发展。

融入 STEAM 教育理念的项目活动将幼儿的关注点集中到一个问题上，这个问题本身包含了很多领域的知识。幼儿可以在尝试解决问题的过程中，自发地运用这些知识，从而习得各个领域的经验。然而，这个问题没有既定答案，是具有一定复杂程度的"problem"，是需要幼儿经过多次分析讨论、研究方案、尝试实施、反思调整才能解决的。因此，学习的过程也发展了幼儿认真、专注、不怕困难、勇于挑战的意志品质。

将 STEAM 教育理念融入主题活动，不仅符合《3—6 岁儿童学习与发展指南》提出的"尊重幼儿学习与发展整体性"的精神，还有效地解释了主题活动中"大拼盘"的现象。因此融入 STEAM 教育理念的幼儿主题活动的实施需要教师科学理解幼儿学习与发展的整体性特点。

(三)充分理解科学素养、技术素养、工程素养、艺术素养、数学素养

融入 STEAM 教育理念的主题活动除了有效地整合了五大领域的学习经验外，还将工程、技术等学科的知识融入了进来。很多教师会对什么是幼儿的科学素养、技术素养、工程素养、艺术素养、数学素养产生困惑，从而影响主题活动的开展。因此，如何科学地理解这一问题很关键。

1. 科学素养

科学素养是指运用物理、化学、生物科学和地球、空间科学领域的知识来了解自然并参与影响自然(包括三个主要领域：生命与健康科学、地球与环境科学、技术科学)的有关决策的能力。这三个领域和目前国内对科学探究的内容的划分是一致的。这里有一个关键词"决策"，说明科学素养主要指运用科学知识判断、筛选的能力，科学的知识和经验成了判断的基础。对于幼儿来说，这些科学的知识与经验也是他们学习的对象。幼儿的科学素养是运用探究的方式来获得科学的知识与经验，并能运用这些知识与经验进行判断的能力。例如，幼儿通过触摸、比较、实验等方式认识了软硬的概念，软硬的概念又为他们选择适宜的"祈年殿"主体材料奠定了基础。

2. 技术素养

一提到技术，人们一般想到的是高科技的运用。但是对于幼儿来说，技术更多体现为贴、连接的能力，所以表现出来的是幼儿精细动作的发展及对适宜工具和材料的选择与使用。除此之外，信息技术的应用能力也是一个重要方面。学习使用搜索引擎来收集信息，有助于幼儿培养信息技术素养，学会分析、判断信息的价值。

3. 工程素养

工程师是一个问题解决者，工程素养包括发现问题、解决问题的意识和能力。幼儿在自己的学习与生活中要善于发现影响自己游戏、学习的因素，主动设

计某个三维事物来帮助自己改善生活，提出适宜的方案并设计相应模型，选择合适的材料，测量并运算得出所需材料的数量，最终通过实地搭建、制作、美化来完成任务、达到目的。可见，幼儿的工程系统包括明确目标、设计模型、选择材料、实地搭建四个环节。由于受年龄特点和认知水平的限制，幼儿是在不断尝试、反思、调整的过程中解决问题的，因此这四个环节没有明确的顺序。在每个环节中，幼儿都可能会遇到各种各样的问题，所以幼儿对目标的坚持程度和对失败的接受能力会影响最终能否解决问题。

工程将科学、技术、艺术、数学融合在了一起。领域知识是基础，问题解决能力是桥梁，学习品质是保障。幼儿的工程素养包括发现问题的意识、解决问题的能力以及坚持的意志品质三方面。

4. 艺术素养

这里的艺术是一个广义的概念，包含绘画、戏剧、文学、音乐等多种形式。任何一项工程，除了具有使用价值外，还应该具有艺术价值。一般情况下，制作、搭建的最后一步都是装饰、装扮，因此对色彩、线条、形状的感知、搭配能力会影响最终的呈现效果。在这里，艺术素养是幼儿表现美、创造美的能力。当艺术上升到人文的概念时，艺术素养的内涵就更加丰富了。比如，当大班幼儿提出要重新建造一个迷宫，将其作为毕业礼物送给幼儿园的时候，选择什么样的材料来搭建迷宫就需要从幼儿园的自然条件和人文精神两方面进行整体思考。

5. 数学素养

数学素养是指幼儿在提出、表达、解决多种情境中的数学问题时，能够进行有效的分析、推理和沟通的能力。数学是一门解决问题的工具学科，是工程系统的一部分。

四、融入 STEAM 教育理念的幼儿主题活动开展路径

(一)主题活动下生成项目活动

1. 提出想法

在主题活动开展的过程中，随着对主题探究的深入，幼儿会自发提出有关搭建、设计的想法。比如，中班幼儿在主题活动"恐龙世界"的探索过程中提出要在建筑区搭建恐龙博物馆的愿望；大班幼儿在主题活动"我家住在北京城"的开展过

程中，围绕北京的美食、标志性建筑进行资料收集，并提出要搭建长城、天安门和天坛的想法。

2. 选择材料

当想法得到肯定以后，幼儿就开始付诸实践。幼儿解决问题的过程也是一个试误的过程，他们不可能像成人一样先想好后行动。他们可能会先尝试用一种材料进行搭建，然后尝试与比较多种材料，最终通过讨论选出合适的材料。比如，幼儿发现乐高适合搭建长城，因为长城的形状多以长方体和正方体为主；天坛的搭建适合用硬纸壳、纸张和废旧材料，因为这些材料有利于制作圆柱体。

3. 尝试实施

当选定了材料之后，幼儿开始尝试搭建。在这个过程中，幼儿可能会遇到一系列问题。比如，大班幼儿用积木搭建天安门时遇到了搭不好拱形门的问题。当用两个积木拼在一起搭建拱形门的时候，幼儿遇到了房顶易倒的承重问题。最后幼儿通过思考和讨论，达成了共识，即在拱形门的后面重新搭建一堵围墙来支撑房顶。

4. 反思问题

当幼儿发现问题之后，教师会鼓励幼儿通过自己思考寻找解决问题的答案。幼儿可以通过查阅资料、调查、实地参观等方式来了解实际生活中建筑物的特点，并对照自己的搭建反思问题所在。有时候教师的引导、介入或者帮助也是非常必要的。

5. 再次尝试

根据自己的反思、同伴间的讨论或者教师的提示与引导，幼儿会在原来失败的基础上再次尝试，通过实践再次检验此次方案、方法的有效性。幼儿通过多次尝试，解决一个个问题，最终完成目标。

(二)直接实施项目活动

1. 发现问题

发现问题是生成融入 STEAM 教育理念的项目活动的关键所在。当幼儿想要搭建一个宝塔山时，一个融入 STEAM 教育理念的项目活动就生成了。当幼儿发现的问题是一个知识性问题时，教师可以在班级中投放相关的材料或者以提建议的方式引导幼儿制作、搭建。比如，在小班"消防车"主题活动中，教师可以在参观活动之后，提出"咱们的消防游戏中怎么没有供我们驾驶的消防车呢"的问题，引发幼儿产生制作消防车的想法。制作消防车的过程本身就融入了科学、技术、工程、艺术、数学五大学科的经验。

2. 提出方案

幼儿在自发或被引导的情况下提出想要解决的问题之后，就会进入思考解决方案的阶段。幼儿通过收集信息、分享讨论，最终会制订出适宜的方案。例如，什么样的迷宫是有挑战性、有趣味的迷宫？幼儿通过讨论，提出迷宫的高度和小朋友身高一样高，小朋友看不到迷宫的出口，这样的迷宫才有意思。

3. 设计模型

在提出方案阶段，幼儿提出的只是处于概念阶段的想法，是否可行需要在尝试、实践的过程中检验。设计模型阶段是从设计到最后呈现的关键阶段。对于整个工程设计来说，这是一个检测、检验的阶段；对于幼儿的学习过程来说，这是一个积累经验的过程。比如，幼儿在最初设计迷宫路线的时候画的是二维图画。在尝试搭建的过程中，幼儿发现他们很难将二维的平面设计转化为三维的立体图形。之后，幼儿又开始用奶箱、板凳、大型积木等不同材料在场地上进行实际搭建。在这个过程中，幼儿不仅直接感受了不同材料搭建迷宫的利弊，也直接体验了迷宫路线的趣味性。

4. 选择材料

材料是实现方案的必要物品，材料选择的适宜与否在一定程度上影响着方案是否能高质量地落实。因此，教师必须注意选材这个过程。选择材料时要基于对科学性、技术性的权衡，还要加入对人文因素的考虑。例如，通过和教师一起寻找材料、比较利弊，幼儿最终选择了用小树苗作为迷宫的搭建材料，解决了防晒、环保、不透明等一系列问题，也实现了和环境的和谐统一。

5. 现场搭建

当设计、材料选择都已经完成后，现场的搭建就是最后一步了。技术、数学学科的关键经验将起到重要的作用。比如，在选择小叶黄杨作为迷宫搭建材料之后，如何确定和测量树苗之间的间隔、计算出需要购买树苗的数量、科学地开展种植活动，是最后呈现植物迷宫的重要过程。

五、融入 STEAM 教育理念的幼儿主题活动的指导策略

(一)关键性提问

虽然项目活动中课程生成的成分较大,但是在项目推进的过程中教师起到了非常重要的引导作用。特别是在幼儿陷入"僵局"的时候,也就是发现不到问题的时候,教师需要提出关键性问题,引导幼儿去关注、思考和发现。比如,中班幼儿在建筑区搭建恐龙博物馆时,教师发现搭出来的恐龙博物馆和平时搭建的幼儿园、房子的构造差不多,只是从标志上能看出搭建的是恐龙博物馆,就向幼儿提问:"真正的恐龙博物馆是怎样的?恐龙博物馆只有一个场馆吗?"从而引发幼儿关注问题所在,激发幼儿进一步思考。

(二)为幼儿提供问题板

在项目活动的推进过程中,幼儿会以个别或小组的形式进行探究与尝试。教师提供问题板给幼儿,幼儿可以随时记录当下的问题。教师也可以随时关注幼儿的疑问并适时给予指导和帮助,必要时可以将这些问题分享到班级中,引发全体幼儿共同思考和讨论,最终解决问题。这个策略可以培养幼儿的问题意识和问题解决能力,发展幼儿的口语表达能力、前书写能力,帮助幼儿获得自信、自尊。

(本节由宋颖、杨意撰写)

第二节 融入 STEAM 教育理念的幼儿主题活动案例呈现与分析

一、小班"一起去野餐"案例

(一)案例描述

1. 主题活动来源

天气变暖,春天慢慢向我们走来。在大家一起谈论春天可以做什么事情时,满满说:"春天可以去野餐。"她的这句话引起了许多小朋友的呼应,大家都说起了野餐的事情。晨晨说:"我们可以在幼儿园的院子里一起野餐。""对,我们一起野餐。""在幼儿园野餐。"幼儿兴奋地表达着自己的愿望。为了支持幼儿的兴趣,

满足他们的需求，教师决定在幼儿园里举行一次野餐活动。

教师带领幼儿开始了野餐前的各项准备活动。在此过程中，幼儿朝着野餐的目标，逐一解决问题，最终完成了野餐计划。

2. 主题活动网络图

主题活动网络图如图 5-1 所示。

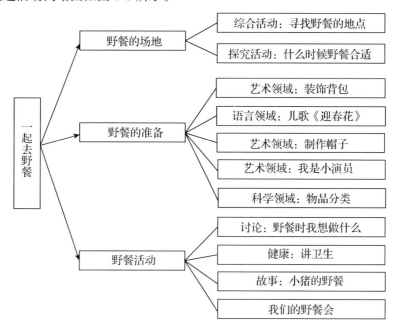

图 5-1 主题活动网络图：一起去野餐

3. 具体内容描述

在决定要一起在幼儿园野餐后，幼儿朝着野餐目标一步步准备着。从在哪里野餐，什么时候野餐，到野餐时做什么，再到野餐需要准备什么，最后到一起野餐，幼儿共同尝试探索，发现问题，解决问题。整个活动过程也是幼儿深度学习的过程。具体内容如下。

(1)在哪里野餐

幼儿要一起在幼儿园野餐。幼儿园那么大，要到哪个区域野餐呢？幼儿纷纷说出自己心目中的野餐场地。有的说："在草地上。"有的说："在升旗操场。"还有的说："在有花的地方"……到底在哪里合适呢？

幼儿一同出发，到户外寻找野餐场地。

许多幼儿说要去升旗操场野餐。涵涵说："那里有树，还有木头，可以坐着。"教师跟在幼儿的后边，一同往升旗操场走。

大家先走到了紫藤苑，那里有个大舞台。辰辰说："我们可以在这里表演节目。""对！可以在舞台上表演。"其他幼儿呼应道。大家在舞台上玩了一会儿，随后继续往前走。

当幼儿走到多功能场地后，涵涵说："就是这里了。"他跑到树下，坐在了木桩上，说："我们可以坐在树下吃东西。""对！我们可以坐在这里。""这里还有花，多美呀！"许多幼儿说。

幼儿每人找了个位置坐下。满满说："吃完好吃的，我们还可以在旁边玩。""这个地方太好了！我们就在这里野餐吧。"熙熙说。"我们就在这里野餐吗？""对！就在这里了。"大多数幼儿回答。这时，洋洋说："我觉得升旗操场的台子上也很好。"有几个幼儿也这样说。教师说："好吧，我们再去升旗操场看一看。"

大家来到升旗操场，那里也有一个舞台。幼儿说："我们可以在舞台上表演节目，也可以坐在上边吃好吃的。"教师说："好吧，这里也可以，我们在这儿照张相吧。"

幼儿靠在台子边上照相时，发现衣服都蹭脏了。原来看上去挺干净的舞台并不干净。"这可不行，把我们的衣服都弄脏了，不能在这里野餐。"教师说。于是，幼儿把场地定为草地。

（2）什么时候野餐

雨过天晴，教师问幼儿："我们现在可以去野餐吗？"幼儿都说可以。"好吧！我们现在去场地看一看。"大家一起来到场地，幼儿发现草地是湿的，摸一摸上边有很多水。"不行，地是湿的，我们不能坐。""我们要在干爽的地方野餐。"幼儿说道。

早间锻炼时，幼儿经过所选场地。教师问："现在能不能野餐呢？"幼儿觉得有些凉。"这样不行，我们要在有阳光的、亮的地方野餐。"幼儿说。

幼儿经过亲身体验，在直接感知的基础上，总结出了适合野餐的场地：能坐的地方、美丽的地方、可以玩的地方、干净的地方、明亮的地方、温暖干爽的地方。感知、对比和总结的过程，正是幼儿能力提升的过程。

（3）野餐时做什么

"野餐场地定好了，我们在野餐时可以做些什么事情呢？"教师问幼儿。"吃好吃的。"许多幼儿说。端端说："我去野餐时，带了好多玩具，然后在地垫上玩玩具。"丽丽说："我野餐时，还和好朋友一起表演节目呢!"大家依据自己的野餐经验，表达着自己的想法。通过讨论，大家得出在野餐时可以吃好吃的、玩玩具、看书、表演节目。

幼儿确定的野餐活动内容与他们的经验分不开。他们能够根据现在的活动内容，结合经验制订新的计划。

(4)野餐需要准备什么

确定好野餐活动内容后，教师问幼儿："我们的场地选好了，要做的事情也定好了，现在我们可以去野餐了吧?"可幼儿对教师说："不行，不行，我们还没有准备好东西呢。"于是幼儿又针对需要准备哪些物品进行了讨论。幼儿提出野餐要准备背包，背包里装野餐时自己所需的物品；要戴上帽子，防晒；要带水壶，可以随时喝水；要带地垫，可以在地垫上吃东西、做游戏；带上些书和小玩具，大家可以一起看书、一起玩；表演节目还要有头饰；最重要的是要带上好吃的；吃东西前要把手擦干净，还要带好干湿纸巾。

接下来，幼儿根据讨论得出的内容，开始准备相关物品。

教师为他们提供了背包与帽子的半成品，幼儿在区域活动中进行自己所需内容的装饰制作。对于自己动手做的背包和帽子，幼儿倍加重视，进一步增加了对参加野餐活动的兴趣。大家一同投票选出了最想表演的几个节目，依据自己的兴趣进行了分组。在教师的帮助下，幼儿亲手制作了演出用的头饰。幼儿还向食堂里的叔叔提出了野餐想吃的食物，食堂里的叔叔准备了好多幼儿喜欢吃的。在整个物品准备的过程中，幼儿充分参与，积极动手准备。

(5)一起野餐

一切准备就绪，野餐活动开始了。

活动当天，幼儿带着准备的物品，一起拎着地垫、玩具等。他们在紫藤苑的舞台上表演节目，展示自己的风采；在多功能场地上吃好吃的食物，玩游戏，尽情地享受着野餐的快乐。在野餐活动中，幼儿收获了计划成功实施的成就感。

(此案例由闫金萃提供)

(二)案例分析

1. 幼儿发展

STEAM 教育理念在一起去野餐中的应用见表 5-1。

表 5-1　STEAM 教育理念在一起去野餐中的应用

科学	技术	工程	艺术	数学
感知环境对活动的影响因素	制作头饰	确定活动内容，积极准备，最终实现目标	装饰帽子，装饰背包，制作表演头饰	在选择表演节目时统计数量，清点自己所带物品的数量

2. 教师策略

在选择野餐场地时，教师引导幼儿通过直观感受和观察对比的方法确定最佳地点。

在制订野餐活动计划时，教师运用谈话与图画记录的方式，与幼儿共同确定内容。

在选择节目内容时，教师采用直观展示的方式，使幼儿直接了解节目内容。

在幼儿装饰帽子的过程中，教师为幼儿提供了充足的材料。

(三)案例成效评价

这次幼儿园小班野餐活动融入了 STEAM 教育理念。在活动中，幼儿为共同的目标——野餐，逐步深入开展活动。从野餐的场地选择、物品准备等问题入手，大家一同尝试、讨论、操作，逐一解决问题。在整个野餐活动中，幼儿收获了从计划制订到最终成功实施的成就感。

二、中班"快乐野餐"案例

(一)案例描述

1. 主题活动来源

天气变暖，我们又迎来了春天。在讨论春天可以开展的活动时，幼儿还清晰地记得在小班时进行的野餐活动。他们迫切期待再一次在幼儿园进行野餐活动。为了满足幼儿的需求，结合幼儿喜欢接触大自然、喜欢在大自然中活动的兴趣，借助园所自然环境，教师决定再次在幼儿园进行野餐活动。

幼儿上中班了，野餐活动自然要和小班有所不同。他们提出要自己准备野餐所需的物品，自己动手准备材料。

幼儿要自己搭帐篷，自己做风筝，自己做食物。于是，项目内容生成了。

主题活动网络图如图 5-2 所示。

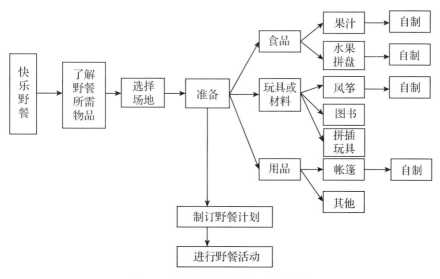

图 5-2　主题活动网络图：快乐野餐

2. 具体内容描述

(1)项目一：风筝飞起来

①风筝有什么特点。

大家收集来各种各样的风筝，共同欣赏、分析、了解风筝的特点。通过观察分析，幼儿得知风筝由风筝面、骨架、线绳三部分组成。风筝面有轮廓对称、装饰纹路对称的特点。基于此，幼儿开始设计自己的风筝。

②怎样使风筝轮廓对称。

涵涵拿出一张纸，在纸上画出一个蝴蝶轮廓。画好后，看了看说："一边大，一边小，不行，它不对称。"说完，又拿出一张纸开始画。这次，他先画了左边的轮廓，之后对照着左边的画右边的。图案显得比之前对称了。怎样能画出更对称的轮廓呢？幼儿展开了讨论。涵涵说："先画一边，看着左边，画右边，一定要画准。"齐齐说："先对折，画出一边的轮廓，然后按轮廓剪下来，打开后就是对称的图案。"

大家欣赏风筝图案时，发现很多传统风筝上有漂亮的花纹。怎样画出漂亮的花纹呢？教师引导幼儿从周边寻找可以利用的花纹，并了解花纹的特征；之后，进行描绘、设计。幼儿在这个过程中主动观察、寻找、总结，设计出了许多漂亮的花纹。

③第一次制作风筝，风筝为什么飞不起来。

在了解了风筝的结构、知道了怎样绘制漂亮的风筝面的基础上，幼儿第一次尝试制作风筝。他们在区域内自由选择自认为合适的材料。有的用 A4 纸画风筝，有的用砂纸画，还有的用大卡纸画……在骨架的选择上，有的用吸管，有的用雪糕棒，还有的用小彩棍。幼儿选择自己喜欢的材料进行绘画，专心设计。风筝做好后，大家迫不及待地拿着到户外放飞。可是，没有一个幼儿的风筝能够飞起来。

为什么幼儿做的风筝飞不起来呢？大家陷入了思索。教师拿出买来的风筝，引导幼儿将它和自己的风筝进行对比。涵涵说："买的风筝大，我们做的小。"豆豆拿着买来的风筝说："这个风筝真轻，我做的风筝比它重。""为什么我们做的风筝重呢？"教师马上追问。"我们的纸很厚，风筝就重了。""我们粘的骨架太重了。""用什么样的纸会好些呢？"幼儿说出了要用薄的纸，如水墨画的宣纸、塑料纸、薄印纸等。在骨架的选择上，幼儿经过对比，觉得用细竹片会更轻。

④第二次制作，骨架应该怎样粘。

有了上一次的经历，幼儿在本次尝试时，选择用轻薄的纸做风筝面，风筝的骨架选用了他们认为最合适的竹片。再次制作后，大家出去放飞，但风筝还是飞不起来。有的幼儿的风筝骨架是按照同一个方向粘的，风筝面一直奔拉着，飞不起来；有的风筝上面粘了很多竹片，有长有短，摆放没有规律。幼儿再次拿出买来的风筝进行对比，发现风筝的骨架并没有太多，能够把风筝面撑平即可，方形的风筝只要在对角撑个"十"字就行了。

⑤第三次制作，风筝线安在什么位置最合适。

经过两次尝试，幼儿知道了风筝面的材质、骨架的连接方式都对风筝是否能飞起来有着影响，并明确了一些制作的注意事项。大家开始了又一次的制作。在这次制作过程中，幼儿在选材和粘贴骨架时十分注意，做好后，装上线，到户外放飞。大家期待着自己制作的风筝放飞成功。可是，问题还是出现了。有的幼儿的风筝在飞的时候一个劲儿地转圈，有的幼儿的风筝飞的时候总是倾斜着往下扎。这是什么原因呢？豆豆说："风筝面和骨架我们都改过，肯定是绑线出问题了。"涵涵说："对！我们再来比比看。"他们自发地同现成的风筝进行比较，发现买来的风筝的线不是直接绑在风筝面上的，而是中间有一根左右连接的线，风筝线是在这根连接线中间绑着的。

那么，怎么才能准确地找到连接线的中心呢？齐齐说："把线对折。"可是，线粘在风筝上后就不能对折了。笑笑说："先在没粘前量好位置，画上记号，再去粘。"这个方法得到了大家的赞同。

就这样，幼儿又将风筝线进行了调整。再次试飞时，许多幼儿的风筝试飞成功了。

(2)项目二：搭建帐篷

①做什么样的帐篷。

幼儿决定自己动手搭建帐篷。平时野餐时，幼儿都是带着现成的帐篷去的。自己动手，可以搭建出什么样的帐篷呢？幼儿和教师一同上网查找有关帐篷的资料，一同欣赏了许多不同造型的帐篷，了解到了不同风格的帐篷。

随后，大家开始设计帐篷。可可说："我们的帐篷要用长棍做出架子，上面盖上布就可以了。"洋洋说："我们的帐篷要大些，几个小朋友能一起在里边玩。"西西说："帐篷可以用竹竿搭架子，我家就用竹竿给花支过架子。"大家纷纷表述着自己对帐篷的期待，并用画笔画出了自己设计的帐篷。

②一起搭帐篷，用什么捆竹竿。

西西从家带来了许多同样长度的竹竿，大家迫不及待地开始动手尝试用竹竿搭帐篷的支架。辰辰、洋洋、西西一同动手。他们用三根竹竿支出一个三角形，把竹竿的顶部连接在一起。西西说："你们扶着，我用线把它们捆上。"她找来毛线，用线一圈一圈地绕竹竿。可是毛线很滑，她又拽不紧，也系不上，无法将竹竿捆好。洋洋说："用胶条粘吧。"他跑去拿来了胶条。胶条能粘住竹竿；可想调换竹竿的位置，却不方便了。涵涵在一旁看到了，跑到美工区找来了毛根，说："试试这个。"毛根可以随意弯曲，还能定型。大家用毛根把竹竿固定好了。

③竹竿总往下滑，怎么办。

幼儿把三根竹竿的顶部固定在一起，放在地板上。可过了一会儿后，竹竿一点点地往下滑。原本和幼儿一样高的支架，一会儿就快"趴"到地上了。这是怎么回事呢？原来竹竿和地面都很滑，竹竿会一点点往下滑动。怎么办呢？大家陷入了思考。可可说："我们把竹竿粘在地上。"洋洋说："那它就拿不起来了。"辰辰说："到户外就好了，我们把竹竿扎到土里就好了。"

诺诺从美工区拿来三根小棍，尝试着支个小帐篷模型，一样出现了三根小棍往下滑的现象。她找来细线，将小棍的底部用细线绑了起来。有了线的连接，小棍就不再往下滑了。大家受到了启发，决定也这样搭建大帐篷。

④线为什么影响我们的活动。

大家把竹竿带到户外，用线把竹竿的底部连在了一起。可是，在进出帐篷时，线在地下，总是绊倒幼儿。这种方法并不实用。还是把线去掉吧。大家把线去掉后，惊奇地发现竹竿并没有往下滑。这是为什么呢？原来这里是草地，这里的草能支撑竹竿，防滑。

⑤套上布，帐篷搭好啦。

帐篷的支架做好了，接下来需要套上布了。幼儿向生活老师要来了旧床单，将其作为帐篷的苫布。几名幼儿一起撑着布，往支架上围。刚刚围上，布便从竹竿上滑落了下来，怎么把布粘住呢？可可说："用胶棒把布和竹竿粘在一起。"她拿来胶棒，可胶棒粘不住布。洋洋说："用胶条应该能粘住。"大家找来了胶条，可胶条也粘不住布。西西说："双面胶会更黏，之后再用毛根绑。"大家用双面胶粘住了布，用毛根把布的顶端牢牢地捆在了竹竿上。

床单比较长，套好后，还有些多余的布落在外边。多出来的布落在外边不好看，怎么办呢？辰辰说："用剪刀把它剪掉。"满满马上说："不行，那样就把布剪坏了。"那怎么办呢？涵涵蹲在帐篷边，拿着多出来的布，往帐篷里塞，一边塞一边说："把它藏在里边就好啦。"藏好后，他用小夹子把多出来的布夹住。帐篷终于搭好啦！

（此案例由闫金萃提供）

(二)案例分析

1. 幼儿发展

STEAM 教育理念在快乐野餐中的应用见表 5-2。

表 5-2　STEAM 教育理念在快乐野餐中的应用

科学	技术	工程	艺术	数学
不同材质的特性风筝的平衡性	制作过程中的技能	设计—呈现	装饰风筝装饰帐篷	测量、对比、比较

2. 教师策略

幼儿在制作风筝的过程中，一次次试误。教师引导幼儿采用观察、对比的方法，帮助幼儿主动寻找问题所在，从而发现问题，解决问题。

在幼儿凭借自己的经验找到解决问题的方法后，教师没有对幼儿的想法给予过多评价，而是支持幼儿的想法，鼓励他们按照自己的想法进行尝试。

在幼儿选择材料的过程中，教师引导幼儿通过运用尝试、对比的方法寻找最合适的材料。

在幼儿亲自操作的过程中，教师给予幼儿足够的空间与时间，鼓励他们积极探索，大胆操作。

(三)案例成效评价

在制作风筝和搭帐篷的过程中，幼儿从最初了解风筝和帐篷的特征，到一次又一次尝试制作，从失败中总结经验、改进方法、再次尝试，最终获得成功。这样的过程是幼儿发现问题、解决问题的过程，是幼儿能力逐步提升的过程。在这个过程中，幼儿的观察能力、动手操作能力有了很大程度的提高，不怕困难、勇于尝试的意志品质也得到了很大程度的发展。

三、中班"汽车"案例

(一)案例描述

1. 主题活动来源

辰辰从家带来了一个赛车模型，这个模型引起了许多幼儿的兴趣。"这车真漂亮！""我家有个比它大的赛车。""我有好多好多车呢，警车、货车、跑车……""我有个梯子能动的消防车。"一时间，"车"成了他们谈论的核心话题。为了满足幼儿的兴趣，师幼开展了与汽车有关的主题活动。在活动中，幼儿共同收集有关汽车的资料，对汽车进行分类，了解不同汽车的特性、汽车的结构、各部位的功能、汽车的发展史等内容。幼儿在美工区动手制作各种汽车。

2. 具体内容描述

活动初期，幼儿制作的汽车大都是用废旧纸盒进行组装的。车轮是用圆形纸片或直接粘瓶盖的方式制作的。幼儿制作的汽车的车轮都是不能转动的。在区域活动时，洋洋拿着车模在桌子上推动，说："我们做的车轮要是也能这样动就好了。"他的话引发了大家的讨论，幼儿开始探究如何做可以动的汽车。

第一，设计自己的汽车(画出草图，并寻找适宜的材料)。

怎样才能让车动起来？大家观察了玩具汽车，发现车要有车轴连接车轮，这样车轮才能转动。

"要做一辆什么样的车？要用什么材料做？"这是幼儿首先要解决的问题。他们相互描述自己想象中的汽车的样子（设计过程），到美工区寻找合适的材料（见图 5-3）。用什么做车轴呢？他们拿来了毛根、长纸卷、吸管、废旧彩笔等材料。通过比较，幼儿发现毛根太软，容易变形；纸卷容易折；吸管和旧彩笔都是不错的选择。

图 5-3　找材料

第二，安车轴——怎么扎孔安车轴（技术问题）。

可可拿来一个牙膏盒和两根吸管。他先把牙膏盒横放，看了看盒子说："汽车要有轴，必须要在上边穿孔才行，可是怎么穿孔呢？"他看着牙膏盒，开始想办法。

可可又跑到材料柜，拿来吸管直接扎，可根本扎不动。他再次寻找材料，看到了削尖的铅笔。他拿了一支铅笔，又拿了一支刮画笔，回到了座位上。

可可先拿起铅笔，请老师用笔尖扎纸盒。"噗"的一下，笔尖扎了进去（见图 5-4）。随后，可可马上把铅笔拔出，拿起了刮画笔，用刮画笔细的那一头往小孔里捅，小孔被捅成了大孔。接下来，可可用这个方法在对面又捅出来了一个洞，成功地把吸管插进了牙膏盒。

图 5-4　成功扎孔

第三，安车轮——怎样连接（材料的特性）。

可可在安车轮（见图 5-5）时又遇到了新的问题：将瓶盖与吸管连接时，用双面胶、胶条、胶棒都粘不住。怎样才能把瓶盖和吸管连接上呢？他不知怎么办好。

满满在一旁看到了可可着急的样子，说："我帮你一起想办法。"他跑到美工区的玩具柜前寻找材料，拿起了橡皮泥兴奋地说："用这个。"满满揪下了一些橡皮泥，往瓶盖里塞，把塞满橡皮泥的一面朝里，往吸管上一插，车轮安上啦（见图 5-6）。满满和可可高兴地欢呼起来。

图 5-5　安车轮　　　　　图 5-6　车轮安好了

第四，车辆平衡。

派派按照同伴介绍的方法，制作了可以动的小汽车。他请教师先用铅笔在纸盒的两侧捅了四个洞，穿进了两根吸管，再把吸管扎进瓶盖中的橡皮泥中，把车轮安装好。当车轮安装好后，他皱着眉头说："怎么这个车轮不着地呢？""你仔细看看车轮为什么翘起来。"教师对他说。他拿着车，看看这边，看看那边，说："哦，车轴穿出来的位置不一样。"

"那怎样才能让它们的位置一样呢？"教师把问题留给了幼儿。"要先量一量，做好标记再扎孔。""看盒子上的图，两边都到小兔子标志的位置。""可以用吸管比一下，在两个吸管(横放两个吸管)上边做上标记，都和它一样高。"幼儿想出了很多方法，最终把问题解决了。

第五，装饰车身。

制作汽车的方法、技能方面的问题逐一解决了。接下来，幼儿向更高的目标迈进——装饰车身，制作漂亮的汽车。

（此案例由闫金萃提供）

(二)案例分析

1. 幼儿发展

STEAM 教育理念在汽车中的应用见表 5-3。

表 5-3　STEAM 教育理念在汽车中的应用

科学	技术	工程	艺术	数学
不同材料的特性	制作过程中的技能	设计—呈现	装饰汽车	测量、比较

2. 教师策略

在幼儿选择材料解决问题时，教师为幼儿提供了开放的空间，供幼儿大胆尝试、对比操作，最终找到合适的方法。

活动中，教师以观察者、支持者的身份陪伴在幼儿身边，鼓励幼儿主动尝试、获得成功。

(三)成效评价

优势：能够在培养幼儿 STEAM 核心素养的同时，提高幼儿主动解决问题的能力。他们在活动中主动操作，认真思考，与同伴相互合作学习，提高了多方面的能力。

不足：活动内容只局限于幼儿的单独作品，活动进行得还不够开放，如大家可以共同设计、制作能坐人的汽车。

四、中班"搭建恐龙博物馆"案例

(一)案例描述

1. 主题活动来源

中班开学初，幼儿总是三三两两地聚在一起讨论有关恐龙的话题。教师了解到有半数以上的幼儿对恐龙非常感兴趣，于是决定开展主题活动"恐龙世界"。主题活动刚开始的时候，幼儿提出了许多问题，如"恐龙大还是房子大?""恐龙的皮肤是什么样的?""恐龙是怎么拉便便的?""恐龙是怎么出现的?"教师将幼儿的问题分成了三类：关于恐龙的外形，关于恐龙的生活习性，关于恐龙的生命起源。随后，幼儿就如何寻找想知道的答案展开了讨论。他们提出了不同的方法：收集恐龙模型，参观博物馆，问一问知道的人，看书查找，上网查找等。在运用不同的方法探讨想要知道的恐龙问题时，幼儿在建筑区发起了搭建"恐龙博物馆"的项目活动。

2. 具体内容描述

(1)第一阶段：准备

一开始，幼儿搭建的恐龙博物馆跟平时搭建的建筑差不多。后来，幼儿把从家里带来的恐龙模型搬进了建筑区，摆在搭好的房子周围。有的幼儿提出："搭出来的博物馆和我见过的不一样。"

第1天：提出问题——真正的恐龙博物馆是什么样的。

为了将搭建活动与现实生活联系起来，丰富幼儿的搭建经验，教师问："真正的恐龙博物馆是什么样的？怎样才能知道?"壮壮说："我们可以去参观恐龙博物馆。"平平说："我们还可以把看到的记下来。"教师和幼儿共同设计了"恐龙博物馆参观记录表"。周末，幼儿带着问题和爸爸妈妈一起走进了恐龙博物馆。

第 2 天：梳理经验。

参观恐龙博物馆之后，教师组织幼儿进行了经验分享。原来恐龙博物馆分为不同的场馆，恐龙化石模型在博物馆里面。教师问幼儿："恐龙博物馆为什么要分不同的场馆?"幼儿说："方便参观，如果都在一起就太乱了，不容易区别。"教师又问："恐龙化石为什么在博物馆里面呢?"幼儿说："如果在外面，一下雨恐龙化石就坏了。"

（2）第二阶段：探索搭建

有了对恐龙博物馆直观的感知和教师的点拨，在接下来的搭建活动中，幼儿将恐龙模型放进了搭建的博物馆。但是，新的问题又出现了，由于恐龙模型较小，幼儿搭建的是矮小的房子，因此大恐龙无法进入博物馆。

第 3～5 天：探索怎样让大恐龙住进博物馆。

教师将美工区用废旧纸盒、牙膏盒制作的大恐龙搬进了建筑区，向幼儿提出了一个新的问题："怎样让大恐龙也住进博物馆呢?"有了这样更具挑战性的问题，幼儿热情饱满地开始了探索与尝试（见图 5-7）。程程的方法是围一个大大的围墙让大恐龙住进去，但是其他幼儿提出："这个博物馆没有房顶。"凡凡的方法是将大恐龙先摆好，然后用积木把它围在里面。很快，幼儿提出了问题："这个太挤啦！都看不见恐龙啦!"幼儿经过尝试和探索，搭建水平有了提升。

图 5-7　尝试让大恐龙住进博物馆

第 6 天：探索搭建有多个场馆的博物馆

终于有一天，平平、泽泽、凡凡搭建出了一个高大并且有房顶的博物馆。他们很兴奋地说："老师，我们搭了一个大恐龙也能住进去的博物馆。"教师立刻给他们竖起了大拇指，说："你们真是太了不起啦！这个博物馆我都可以进去参观了。可是，博物馆只有一个场馆吗？""有三个场馆。"凡凡说。"那我们的博物馆还可以有哪些场馆？""可以有食草龙馆、食肉龙馆、恐龙化石馆。"说着，幼儿又继续投入搭建活动。在接下来近两小时的时间里，他们始终保持着高度的热情和积极的状态。他们在遇到困难和问题时，认真想办法解决，并且能够分工合作（有负责找积木的，有负责搭建的）。搭建博物馆的过程也是幼儿不断遇到问题、解决问题、逐渐积累经验的过程。当发现垒墙的长方体积木不够用时，他们想到的办法是找来两个三角形积木拼在一起，变成长方体；当所有的积木都用光了，但是墙的高度还不够时，他们找来与所需高度相同的物品（牙膏盒）代替。

场馆终于建成了，并且还是相通的（见图 5-8）。幼儿在各个场馆之间钻来钻去，乐得合不拢嘴。第二天，他们特别自豪地跟早班老师和小朋友介绍他们搭建的博物馆。其他小朋友被他们搭建的热情感染了，就连平时不喜欢进建筑区的全全和恒恒也开始主动来到建筑区参与搭建。

图 5-8　搭建多场馆博物馆

第 7 天：探索搭建斜房顶。

在搭建博物馆的房顶时，前后场馆的高度不一样为搭建房顶带来了困难。泽泽说："我们可以搭建一个斜房顶。"搭建斜房顶遇到的第一个问题是长条积木总是打滑，固定不住。澍澍找来其他积木顶住底部加以固定。搭建斜房顶遇到的第二个问题是好不容易搭好的长条积木总是"噼里啪啦"地往下掉。在反复搭建了四次之后，平平说："长条积木太重啦，我们找些轻的积木搭。"他们找到了几块纸板，可纸板的长度不够。经过几次尝试，他们留下了三根长条积木做斜房顶骨架，将纸板盖在上面，终于完成了斜房顶的搭建。

恐龙博物馆建成了，幼儿灿烂的笑脸见证了他们的成功和成长。在游戏中，幼儿表现出了坚持不懈的探究精神、积极热情的学习态度、迁移经验解决问题的能力。主动建构知识和有效迁移知识是幼儿学习能力的体现。不断地发现问题、解决问题的过程也正是 STEAM 教育的核心所在。

（此案例由杨意、宋颖、邹颖提供）

(二)案例分析

1.幼儿发展

表 5-4　　STEAM 教育理念在"搭建恐龙博物馆"中的应用

科学	技术	工程	艺术	数学
力的平衡	有内部空间的博物馆的搭建 高大的博物馆的搭建 斜房顶的搭建	设计在先的博物馆的搭建	美观又节省积木的镂空博物馆的搭建	测量墙体间的距离，与房顶积木长度保持一致

2.教师策略

教师顺应幼儿的兴趣，关注幼儿的问题，并引领幼儿探究问题，采用提供环境—提出问题—梳理经验—规划讨论—收集材料—探索搭建—重点问题重点解决的活动程序，帮助幼儿自主决策、自行探索、克服困难，完成自己的预设方案。

(三)案例成效评价

幼儿获得的新经验如下。

"形状对拼"（见图 5-9），幼儿在搭建过程中发现搭建墙的长条积木不够用了，便想办法找来三角形积木，两两相拼，将其组合成长条积木。

"以物代物"（见图 5-10），最后搭建房顶时，一边的墙还缺一块，所有能用的积木都用上了，怎么办？泽泽找来了一个牙膏盒当作替代物，解决了问题。

"力的平衡"（见图 5-11），由于两边的墙不一样高，幼儿决定搭建一个斜房顶。在搭建斜房顶的过程中，幼儿针对遇到的各种各样的问题，不断地思考、尝试、调整。斜房顶立不住，找来积木顶住底部。积木太重，增加底部积木数量，抽掉部分积木条，只留下三根积木条做支撑，换用较轻的板子架在上面，最后终于成功了。

"运用测量"（见图 5-12），教师发现平平将一块长条积木横在两堵墙之间，便问："这块积木是做什么用的？"平平说："这块积木可以让两边的墙前后一样平，我可以用它比一比，然后知道墙的距离有多大。"上一次就是因为墙离得太远了，导致房顶的积木不够长。

图 5-9　形状对拼

图 5-10　以物代物

图 5-11　寻找力的平衡，搭建斜房顶

图 5-12　测量距离，搭建多场馆

"设计在先"，有了搭建互通式场馆的经验，幼儿在接下来的搭建过程中懂得了初步设计的重要性，设计了室内、室外不同的场馆。

在幼儿能够较熟练地运用测量、盖顶等搭建技术后，教师向幼儿提出新的挑战：怎样让我们的博物馆既节省积木，又美观。在持续探索中，幼儿搭出了镂空的博物馆（见图 5-13）。

图 5-13　尝试运用节省积木的搭建方法搭建镂空的博物馆

五、大班"制作祈年殿"案例

（一）案例描述

1. 主题活动来源

在开学初的"新闻播报"活动中，有的幼儿提到了"一带一路"的内容并提出了问题：什么是"一带一路"？经过调查，幼儿了解到原来"一带一路"是连接我们国家许多城市与其他国家城市的路线，促进了我们国家与其他国家经济、文化的交流和发展。"每个国家都有不一样的文化特色，那我们北京的特色是什么呢？作为北京的小主人，你们知道什么？"当教师提出这个问题时，大部分幼儿沉默了。

"北京动物园?""金源门口的喷泉?"……壮壮说:"长城。"看来，幼儿对北京特色文化了解得太少了。于是在教师的倡议和幼儿的响应下，班级开展了"我家住在北京城"的主题活动。

"关于北京，你知道什么?"教师向幼儿提出这个问题。回家后幼儿和爸爸妈妈共同收集北京特色文化内容。第二天，教师和幼儿一起将收集来的信息分为"美食""建筑"和"文化"三大类。幼儿自主选择想了解的内容，提出了自己想知道的具体问题，如"驴打滚为什么是黏的?""天安门有多高?""长城有多长?""京剧里人物的脸为什么有不同的颜色?"……

针对幼儿提出的问题，教师和幼儿共同梳理了找答案的方法。幼儿制订了自己的学习计划，在"十一"假期和爸爸妈妈一起通过上网查找、实地观察、走进博物馆、参观古建筑博物馆等方式了解并收集自己想知道的答案。

有了答案，教师和幼儿展开了讨论。

教师："怎样让更多人知道我们了解的知识?"

幼儿："我们可以搭个北京城博物馆。"

教师："博物馆里建什么?"

幼儿："天安门、天坛、长城。"

教师："我们用什么材料来搭呢?"

幼儿："积木搭天安门，乐高搭长城、天坛……"

在讨论中，幼儿渐渐厘清了自己的思路，确定了下一步要做的事情，自主组合成几个项目小组：天安门搭建组、长城拼插组、天坛祈年殿制作组、图书制作组。下面是天坛祈年殿制作组的幼儿在活动中发现和提出的问题。

2. 具体内容描述

"祈年殿"制作计划如图 5-14 所示。

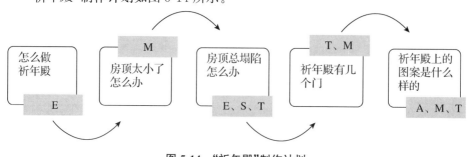

图 5-14 "祈年殿"制作计划

（1）房顶太小了怎么办

"老师，祈年殿的房顶太小啦。"在活动区游戏时，琪琪发现原先制作的房顶无法盖在祈年殿的圆形墙上。"一盖就掉下去啦。"琪琪继续说道。教师说："那怎么办呢？你们需要一个什么样的房顶？"琪琪说："我们需要一个更大的圆形房顶，可是我们怎么才能画一个更大的圆呢？"琪琪边说边在教室里找更大的圆形物品，把圆盒子和积木都拿起来看了看又放下了，似乎没有找到她需要的物品。琪琪去卫生间如厕时，忽然喊道："老师，这个盆大小正合适。"教师帮她取下吊柜上的圆盆。她立刻和小朋友一起将盆扣在纸上，用铅笔沿着盆的边缘画了一个大大的圆，然后让教师用剪刀剪下来，制作成祈年殿第一层的房顶（见图 5-15）。

图 5-15　用塑料大盆做工具画圆形图案

在这个活动中，琪琪发现了祈年殿房顶太小的问题，并且为解决这个问题积极想办法。在解决问题的过程中，她有自己的想法，就是要找一个工具画出一个大大的圆。当找遍了能想到的地方和物品还是没有合适的工具时，她并没有放弃，而是持续思考和观察，终于在卫生间发现了大盆。最终琪琪解决了问题，完成了祈年殿房顶的制作。这个过程包括：发现问题—提出解决问题的思路—积极寻找材料—不放弃持续思考和观察—解决问题。

（2）房顶总是歪怎么办

祈年殿的框架完成了，这天洋洋发现了新的问题：这个祈年殿的房顶总是歪的。教师说："为什么总是歪的？"洋洋说："这是用纸做的，纸太软了。"教师说："那有什么办法能够让它结实一些呢？"洋洋说："我来想想办法。"于是她在美工区边看边找。她首先找来一些纸比了比，又找到火柴棍摆了摆，最后找来了一些冰棍棒。教师问："你为什么要选择冰棍棒？"她说："因为它们硬。""那火柴棍也挺硬的呀。""这个冰棍棒长，能支撑住，火柴棍太短啦。"接着，洋洋将冰棍棒从中心向外呈放射状摆，并用胶条粘住（见图 5-16）。果然房顶被支撑起来了，更牢固了。

图 5-16　选择冰棍棒支撑祈年殿的房顶

遇到问题，洋洋想出借助其他材料支撑房顶的办法，并寻找各种材料进行尝试，最终确定了使用冰棍棒。当教师问她为什么选择这种材料时，她说出了冰棍棒的特点。在这个过程中，她学会了寻找适宜的材料来解决问题。

（3）祈年殿有几个门

彤彤、涵涵、程程来到美工区，计划继续制作祈年殿。涵涵拿了一个泡沫块，让教师帮忙剪成半圆的形状，说要给祈年殿做个门。彤彤说："祈年殿的门不是这个形状的。""怎样才能知道祈年殿的门是什么样的呢？"教师问道。齐齐说："我们可以看看图。"于是他们围到了祈年殿图片前，指着图片上祈年殿的门说："这个门是长方形的。"接着他们找来纸，按照图片上的门的形状做了三个长方形的门，并贴在了圆墙上。分享成果时，幼儿对"祈年殿有几个门"产生了争论。有的说祈年殿有三个门；有的说不只三个门，转过去后面还有门。怎样才能知道到底有几个门呢？幼儿决定和教师一起上网查一查。但网上也没有明确的说法。于是幼儿和教师一起搜索了很多祈年殿的图片。通过对每一张图片进行仔细观察（见图 5-17），彤彤说："从祈年殿的侧面和后面看，没有门。"教师说："那怎么才能证明这里没有门，要是照相的时候门正好关上了呢？"继续观察后，涵涵说："祈年殿后面和侧面的下面有墙，前面三个门下面没有墙。"太棒了！幼儿通过观察找到了答案。

图 5-17　仔细观察确定祈年殿有几个门

在制作过程中，幼儿针对祈年殿的门的形状提出了疑问，并能通过看图片的方式解决问题。为了弄清祈年殿究竟有几个门，幼儿请求教师协助上网查找，并且通过对图片进行分析，最终判断出了祈年殿的门的个数。在这个过程中，幼儿锻炼了观察和分析能力，提高了学习和解决问题的能力。

（此案例由杨意、宋颖、邹颖提供）

(二)案例分析

1. 幼儿发展

STEAM 教育理念在制作祈年殿中的应用见表 5-5。

表 5-5　STEAM 教育理念在"制作祈年殿"中的应用

科学	技术	工程	艺术	数学
感知材料的特性(软硬度)	搜索引擎 加固 贴	设计、制作祈年殿图纸 选择适宜的材料	感知传统建筑的颜色、线条	感知圆形周长与面积的关系 比较圆形面积的大小 推测、判断祈年殿有几个门

2. 教师策略

教师倾听并回应幼儿的问题，在帮助幼儿回忆已有经验的基础上，提出新的挑战性的任务，鼓励幼儿交流讨论所获得的信息，以明确自己的计划方案和思路，并在方案达成的过程中，支持和引导幼儿解决一个又一个相关问题，最终达成自己的方案。

(三)案例成效评价

通过以上案例可以看出，教师的有效提问对幼儿积极深入思考、主动解决问题起着很大的作用。例如，当幼儿发现祈年殿房顶太小，总是掉下去时，教师没有直接让幼儿想办法做个大房顶，而是问幼儿"你们需要一个什么样的房顶"，促使幼儿思考自己需要什么样的材料，从而想办法。幼儿抱怨房顶总是歪，教师向幼儿提问："为什么总是歪的?"这是在帮助幼儿去思考纸的特性，寻找问题的原因，从而进一步想到要用硬的东西给予支撑。当幼儿观察祈年殿的图片，看到祈年殿有三个门时，教师提出问题："那怎么才能证明这里没有门，要是照相的时候门正好关上了呢?"启发幼儿更细致地观察和分析。这一提问不但让幼儿快速找到了问题的答案，而且发展了幼儿的推理判断能力。

在主题活动中，教师尝试通过有效提问促使幼儿逐步形成高阶思维能力，根据遇到的问题构思解决方案，设计具体行动方案，然后实施方案，展示分享。这也是 STEAM 教育的目的所在。

六、大班"好玩的迷宫"案例

(一)案例描述

1. 主题活动来源

开学初，幼儿在玩幼儿园内的小栅栏迷宫时，感觉迷宫太简单了，纷纷提出了自己关于迷宫的想法。显然，幼儿园现有的迷宫已不能满足幼儿的游戏愿望了。大班幼儿喜欢更具挑战性的游戏和活动，并有能力设计自己喜欢的游戏。结合幼儿提出的问题和想法，教师决定和幼儿一起探索迷宫世界，鼓励幼儿设计自己喜欢的迷宫。于是大二班开启了"好玩的迷宫"项目活动。

2. 具体内容描述

(1)好玩的迷宫谁来建

教师问："小朋友们觉得幼儿园的迷宫太简单了，谁来建造一个更好玩的迷宫呢？"

力力说："建筑师。"

壮壮说："机器人。"

澈澈指着豪豪说："他来建。"

豪豪说："啊!? 那我一个人也不行呀。"

教师问："那你可以怎么办呢？"

豪豪说："我可以去找一些小朋友和我一起建。"

于是，豪豪挨个询问班上的小朋友是否愿意和他一起建造迷宫。有的同意了，有的拒绝了。问了一圈后，豪豪边挠头边说："老师，我忘记有多少小朋友愿意和我一起建迷宫了。"旁边的力力说道："那你可以找一张纸，问一个记一个嘛。"豪豪找来纸和笔，站在教室中间想了一会儿，忽然大声喊了一句："谁想和我一起建迷宫，来把名字写上。"于是，愿意参与的小朋友都来写上了自己的名字。班级迷宫建造团队成立啦(见图 5-18)。

(2)什么样的迷宫更好玩

什么样的迷宫更好玩呢？幼儿讨论出自己认为的好玩的迷宫：不能直接看见出口，墙比班上最高的小朋友还要高；线路要复杂，这样玩起来会更有趣；迷宫

图 5-18　组建迷宫建造小队

的墙要是不透明的，这样更有神秘感。

幼儿有了对好玩的迷宫的想法，究竟能否把它呈现出来呢？教师鼓励幼儿在纸上画一画好玩的迷宫，选一选谁设计的迷宫最好玩。

在玩的过程中幼儿提出了问题："老师，我不知道他设计的迷宫从哪里进、哪里出。""这个迷宫只有一条路，太简单了。""这个迷宫的路都走不通。"

幼儿首次设计迷宫，对于迷宫都有哪些关键要素、如何设计具有多条路线的迷宫没有足够的经验。为了丰富幼儿关于迷宫的经验，支持幼儿的迷宫设计活动，教师收集了许多关于迷宫的图片、图书，和幼儿边欣赏边讨论怎样才能设计出好玩的迷宫。经过观察和讨论，大家一起梳理总结出了设计迷宫的方法：外面首先要有明显的入口和出口；从入口到出口先设计一条可以走通的路，然后再设计一些迷惑人的路。

在接下来的迷宫设计中，幼儿标明了入口和出口，有了创造性的表现。有的幼儿在入口和出口处分别写上"入""出"的字样，有的用箭头的方式表示出入口，有的会在出入口处画上小红旗、小动物……迷宫的主题也更丰富了，有"夺红旗"迷宫，有"蚂蚁的家"迷宫，还有"闯关陷阱"迷宫(见图 5-19)。通过对迷宫进行欣赏、讨论和梳理，幼儿积累了更多有关迷宫的经验，并且能够创造性地进行表现。幼儿绘画的迷宫标志更明确了，路线更复杂了。

图 5-19　设计好玩的迷宫

（3）用什么样的材料搭建迷宫

经过一段时间的绘画，幼儿积累了有关迷宫路线、出入口标志的经验，开始尝试用班上的材料搭建迷宫。例如，用乐高搭建迷宫，用小椅子搭建迷宫，用建筑区的积木搭建迷宫……（见图 5-20）。

图 5-20　尝试用各种材料搭建迷宫

经过一段时间的搭建，幼儿提出了疑问：班上的材料搭建不了比小朋友高的迷宫。"我们还可以用什么样的材料来搭建？"教师问。平平说："我们可以找纸箱来搭迷宫的墙。"于是，第二天，幼儿从家带来了许多纸箱。建筑区太小了，幼儿就在户外操场上搭。但是，由于带来的纸箱大小不一，因此幼儿遇到了许多问题，搭建过程并不顺利。教师意识到这正是一个引导幼儿发现问题、解决问题的好机会。教师组织幼儿进行了分享与讨论，请幼儿说一说这次搭建迷宫遇到了什么样的问题，有什么办法可以解决。幼儿的讨论十分激烈，教师用表格的形式帮助幼儿记录（见图 5-21）。

关于材料，幼儿提出的问题为：纸箱大小不一，有的纸箱不完整，摞在一起

图 5-21　幼儿讨论的结果

就掉进去了。幼儿提出的解决方法为把大纸箱剪小，把小纸箱合在一起变大，找大小一样的纸箱。

关于室外有风、纸箱站不稳的问题，幼儿提出的解决方法为：往纸箱里放一些重的东西或者用胶条粘住。

关于一直在争论、耽误了搭建时间的问题，幼儿提出的解决方法为：大家轮流说自己的意见，选一名小朋友指挥大家怎么搭，提前做好分工。

关于搭建顺序和方法的问题，幼儿提出：可以先把迷宫的路线搭好，然后再把墙搭高。

幼儿通过实际操作、亲身体验感知到材料大小一致的重要性，知道了如何合作以及如何搭建更有效。接下来，幼儿根据提出的解决方案进行尝试。

针对纸箱大小不一的问题，琪琪提出可以找同样大小的纸箱。幼儿从众多纸箱中挑选出某种奶箱，以奶箱为标准，理由是在这些纸箱里，这种奶箱数量最多。但是目前这些奶箱也不够。

"还有没有和这种奶箱一样大小的纸箱呢？怎样找到和它一样大小的纸箱呢？"教师问。

凡凡说："可以把这种奶箱和其他纸箱比一比。"

平平说："我们可以用尺子量一量。"

教师问："为什么需要用尺子量？"

平平说："尺子上有数字，量得更准。"

在中班"恐龙"主题活动中，幼儿有用非科学测量工具测量恐龙大小的经验。这次，教师决定鼓励幼儿尝试用科学测量工具进行测量。

于是，教师组织了集体教育活动"神奇的测量工具——尺子"。通过集体活动，幼儿认识了尺子上的数字刻度、起点等，尝试用尺子测量这种奶箱的长、宽、高(见图 5-22)，并记录下了数据。幼儿将班上所有的纸箱都测量了一遍，把与这种奶箱数据一样的放在一边，不一样的放在另一边。测量过程中，幼儿情绪高涨。回家后，幼儿继续和爸爸妈妈一起用尺子测量家里其他的纸箱，找到与这种奶箱同等大小的纸箱后将其带到了幼儿园。

图 5-22　测量纸箱

(4)搭建多大的迷宫

有了材料，幼儿提出"搭建多大的迷宫"的问题。泽泽说："搭一个像睡眠室一样大的迷宫。"教师问："那睡眠室究竟有多大，我们怎么才能知道呢?"宇宇说："我们可以用尺子量一量。"幼儿开始尝试测量睡眠室的大小(见图 5-23)。

图 5-23　测量睡眠室

幼儿虽然在测量纸箱时有了初步的使用尺子测量的经验，但是，在测量长度较大的睡眠室的过程中，还是出现了问题。幼儿发现，每个小组测出来的数据都不一样，于是教师组织他们共同讨论，分析原因。

通过互相观察，大家发现了过程中存在的问题：尺子没有拉直，没有从零点开始，尺子量着量着就斜了。怎样解决这些问题呢？

宇宇说："尺子要对准开始量的地方。"

平平说："尺子要拉直，不能斜。"

幼儿总结了测量的正确方法：第一，尺子上的零点要对准开始的地方；第二，测量过程中尺子要拉直，而且不能歪斜；第三，量完一段再量下一段时，起点要对准刚才的终点。

通过测量睡眠室，幼儿进一步巩固了测量的方法，积累了关于测量的经验。

(5)怎样搭建迷宫

有了第一次尝试搭建迷宫的经验，这一次教师给幼儿提出问题："我们如何搭建迷宫？"齐齐说："先量好迷宫的尺寸。""先搭出迷宫的路线，然后再搭墙。"凡凡接着说。平平说："我们要分好工。""我们都需要做哪些工作？"教师追问。"要有量迷宫大小的。""要有搭围墙的。""要有搭迷宫路线的。""还要有运积木的。""谁来做这些工作呢？"教师继续问。齐齐推荐："平平测量，他量得最好。""凡凡设计路线。"泽泽说："我想运积木。""我想搭围墙。"……幼儿纷纷说道。"那么多小朋友都搭建，怎样能帮助大家记住自己的工作呢？"教师问。平平大声说："可以画一个分工表。"说着，平平找来一张纸，在纸上画出表格，边画边说："大家都写上名字，然后把要做的工作在后面画出来。"(见图 5-24)

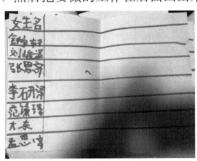
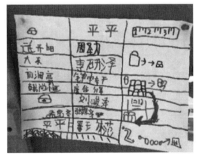

图 5-24　迷宫搭建分工表

凡凡也找来一张纸，画了一个有分工任务的分工表。由于凡凡的表格中画有明确的工作内容，幼儿填写起来很方便，因此大家选择了凡凡画的表格。教师问平平："那你的表格怎么办呢?"平平想了想说："我可以把我的表格变成任务完成记录表。"于是平平在上面填上了日期(见图 5-25)。

图 5-25　任务完成记录表

在这个环节中，幼儿通过讨论，共同明确了搭建迷宫的方法，通过自荐和推荐分好了自己要做的工作，为接下来的搭建做好了计划。幼儿的迷宫搭建开始啦。

(6)材料不够了怎么办

幼儿在户外操场上量出了一个和睡眠室长宽一样的场地，开始搭建迷宫。根据之前做好的分工，有的测量，有的搭围墙，有的运材料，有的设计搭建路线。活动有序地进行着。

当现有的材料都用完以后，幼儿发现迷宫的墙还是没有达到想要的高度。"材料不够了怎么办?"教师问。"我们可以找其他的材料代替。"凡凡说。"我们要找的材料需要具备什么条件呢?"教师继续问道。"数量要很多。""大小要一样。"幼儿说着就开始寻找了。最后幼儿发现摞在走廊一角的塑料小凳子符合要求，于是搬来小凳子搭建迷宫的墙。班里的小凳子用完了，幼儿又去借其他班的小凳子来用，继续完成和睡眠室一样大、比小朋友还高的迷宫(见图 5-26)。

当幼儿发现搭建材料不够时，教师没有直接告诉他们用什么，而是启发他们思考材料需要具备什么条件，帮助他们通过思考进行筛选，从而有效率地找到适宜的材料。

活动进行到这一阶段，幼儿获得了关于迷宫的基本结构、迷宫路线设计、测量、分工合作、材料选择等方面的经验。

(7)迷宫怎样能保留

迷宫搭建完成后，幼儿特别有成就感。可是几天后，新的问题又出现了:幼儿园有活动的时候，小凳子就要还回去，这样迷宫就保留不住了;下雨了，纸箱就湿了，迷宫还是要被拆掉的，拆了就不能玩了。

图 5-26　搭建和睡眠室一样大、比小朋友还高的迷宫

平平说："我们想建造一个不用拆，能一直保留的迷宫。"

程程说："对，以后我们毕业了弟弟妹妹也能玩。"

这个想法真是太好了！平平和程程的想法得到所有小朋友的响应。那迷宫建在哪里，用什么建呢？幼儿已经开始讨论了。

（8）迷宫建在哪儿

幼儿在幼儿园寻找了一圈。有的说："就建在一进大门的花坛旁边吧，这样其他小朋友一进门就能看见咱们的迷宫了。"

"不行不行，那样会挡住路的。"很快有人提出问题。

"建在'动物园'后面的草坪上。"又有人提出建议。

"不行，那我们就没有草坪了。"

"建在草坪最里面的空地上怎么样？"

"那里没人去，大家就看不见我们的迷宫啦。"

…………

在几经寻找和讨论后，幼儿找到了挨着原来迷宫场地的一块空地（见图 5-27）。大家觉得这里既明显又不挡路，场地中间

图 5-27　寻找到的迷宫建造场地

143

的大树可以遮阳，并且和原来的迷宫在一个区域。

（9）建造什么样的迷宫

选定了场地，要建造什么样的迷宫呢？幼儿周末回家和爸爸妈妈一起根据选定的场地大小和特点设计、制作了迷宫模型（见图 5-28）。幼儿互相欣赏（见图 5-29），并投票选出了自己喜欢的模型，最终决定将豪豪和爸爸制作的迷宫模型作为将要建造的迷宫的设计雏形。

图 5-28　设计制作迷宫建造模型

图 5-29　看看谁的迷宫模型更好玩

在亲子制作迷宫模型的过程中，幼儿运用了纸筒、陶泥、毛根、橡皮泥、纸板等多种材料，丰富了对材料的感知经验。

（10）用什么材料建造迷宫

针对材料的选择，教师组织幼儿进行了讨论。在讨论过程中，幼儿根据自己的经验提出了建议：砖、塑料、木头、金属、植物。针对每一种材料，大家一起分析了它的优点和缺点。

例如，砖的优点是结实；缺点是重，容易砸到脚。塑料的优点是方便拿；缺点是太轻，容易被风吹倒。木头的优点是轻便；缺点是下雨后会发霉，有刺会扎手。金属的优点是结实；缺点是会生锈，太重。植物的优点是美观、环保，缺点是长得太慢。

经过讨论，教师和幼儿总结梳理了所需材料要具备以下特点：

轻（方便小朋友搬运和建造，不会砸到脚）；

结实（不怕风，不怕雨）；

安全（小朋友玩的时候不会受伤）。

教师和幼儿还设计了材料优缺点分析表（见图 5-30）。周末幼儿和爸爸妈妈一起通过上网查找、实地考察等方式进一步调查了解了更多建材的特点。大家将自己的调查结果带到幼儿园分享。有的幼儿分享了轻体砖，这种材料既有砖坚固的优点，又克服了砖重的缺点；有的幼儿分享了黄杨环保的特点；有的幼儿觉得大型拼插积塑美观又轻便；还有的幼儿认为小栅栏经济又实惠。

图 5-30　材料优缺点分析表

第一次，幼儿通过投票的方式选定了轻体砖（见图 5-31）。可是当幼儿将想法告知园长阿姨时，园长阿姨提出：迷宫场地旁边的走廊要重新装修，会变成落地玻璃窗，建起砖墙有可能会影响整体美观。

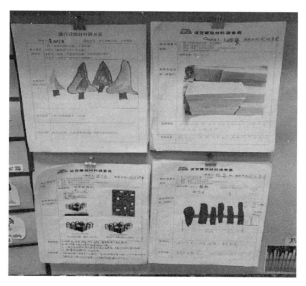

图 5-31　建筑材料调查表

于是，大家再次通过对比的方式从美观、轻便、环保、不透明几个方面来确定材料，最终黄杨以绝对的优势成为这次迷宫建造的材料（见图 5-32）。

图 5-32　选材分析表

在这次选材过程中，幼儿运用对比、调查、投票等方式积累了关于建筑材料的经验，并且通过解决现实中的问题，明确了选材要符合环保、美观的特点，要与周围的环境和谐。

(11)动手建造迷宫

选定场地和材料后，怎么建造呢？幼儿结合经验，首先用长条积木在地上摆出路线。在设计过程中，幼儿针对道路的宽度进行了讨论与尝试。

平平说："道路要能通过一个小朋友。"

教师问："通过一个小朋友是多宽呢？"

泽泽说："我们可以量量旁边那个迷宫的道路有多宽。"

幼儿用皮尺量了一下，得出 80 厘米宽。凡凡又量了量长条积木说："这个有三个洞的长条积木正好是 80 厘米，迷宫中间的路要能让这个积木通过。"

幼儿边设计边测试路线是否好玩、合理。经过一周的设计和调整，路线终于完成了(见图 5-33)。

图 5-33　设计迷宫路线

路线设计好了，幼儿要以种植黄杨的方式来替换地上的积木。怎样种植黄杨呢？教师和幼儿一起通过网络检索的方式查询种植方法，还请教了幼儿园的园林管理员彭叔叔。幼儿了解到，种植黄杨首先要在地上挖好 30 厘米见方的土沟，将黄杨树苗植入后填土踩实，前几天要勤浇水，这样黄杨的成活率才会更高。

有了知识的准备后，幼儿开始行动了。但是土地太硬了，他们挖不动。东东小朋友尝试端来一盆水浇在地上，继续挖，发现有一点效果，但还是挖不动。幼儿请爸爸妈妈来帮忙。后来，幼儿园的教师、后勤叔叔阿姨也加入进来了。在大家的帮助下，地沟成功挖好了。幼儿亲手种下了小树苗，完成了"小树迷宫"的建造(见图 5-34)。

图 5-34　种植黄杨完成小树迷宫

幼儿说："我觉得这个迷宫太好玩了。""这个迷宫挺有难度的。""我还想邀请弟弟妹妹、所有老师、园长阿姨、叔叔阿姨都来玩。"

(二)案例分析

1. 幼儿发展

STEAM 教育理念在"好玩的迷宫"中的应用见表 5-6。

表 5-6　STEAM 教育理念在"好玩的迷宫"中的应用

科学	技术	工程	艺术	数学
对各种材料的认知 黄杨的种植和养护方法	设计迷宫 设计制作迷宫模型 搭建迷宫 种植黄杨	工具的使用(尺子、铲子……) 搭建迷宫(如何让墙体更稳固) 如何让黄杨站得直	材料的选择，哪种更美观 迷宫模型的制作	测量纸箱、睡眠室、迷宫场地 计算测量长度 计算所需黄杨的数量

续表

科学	技术	工程	艺术	数学
针对材料选择，利用表格对比的方式，帮助幼儿梳理经验 利用调查表，鼓励幼儿通过调查的方式收集关于迷宫建筑材料的信息 和幼儿一起通过网络检索的方式了解种植知识	鼓励幼儿画一画好玩的迷宫 为幼儿提供问题记录表，请幼儿把迷宫搭建中的问题记录下来，大家共同讨论解决方法 引进教育资源（园林师傅）	通过一步步提问的方式引发幼儿思考解决问题的方法 在墙饰上张贴有关工具使用及搭建技术方面的方法的图片	鼓励亲子制作迷宫模型 通过表格对比的方式，支持幼儿选择美观、实用的材料	为幼儿提供多种测量工具 通过多次测量，引导幼儿发现问题，寻找正确的测量方法

2. 教师策略

教师关注幼儿学习活动中出现的问题，启发幼儿开动脑筋、想办法解决问题，并在解决问题的过程中支持幼儿更好的创意。为了使幼儿的创意付诸实施，教师帮助幼儿习得各种新技术和新经验，并在此过程中，促进了幼儿的科学经验与知识、技术经验与能力、工程设计与建造、数学知识与数学思维、艺术想象与创造力等方面的发展。

(三)案例成效评价

通过参与"好玩的迷宫"主题活动，幼儿在积极解决问题、分工协作、创新创造等方面都有了提高。下面通过几个学习故事来分享幼儿的发展与成长。

故事一：椅子迷宫

记录对象：泽泽

时间：2018 年 4 月 9 日

今天开展游戏时，平平、澍澍等小朋友在走廊里用小椅子搭建迷宫。他们将所有的小椅子拼在一起，用椅背当迷宫的墙，并在起点处留出"入口"，在终点处留出"出口"。在多次游戏之后，泽泽说："我有个想法，可以给迷宫变道。"于是泽泽尝试将中间的一把椅子抽出来，给它转个方向，达到变道的目的。但是由于外面还挡着其他的椅子，转椅子对于泽泽来说有一定的困难。在几次尝试失败后，泽泽忽然说:"我有办法了。"他把中间的椅子抽出来,将外面一层挡住的椅子转个方向推进去,又将抽出的椅子挡在外面。迷宫变道顺利完成了(见图5-35)。

图5-35 用小椅子搭建迷宫并使迷宫变通道

在游戏中,泽泽富有创造力地用小椅子搭建迷宫。多次游戏后,通过给迷宫变道来增加游戏的趣味性,这真是一个好办法。小小的改变和创造就能让幼儿的游戏更有趣。在改变的过程中,泽泽遇到了困难,但是没有放弃。他借助交换椅子的位置实现了想法,解决了困难。在这个过程中,泽泽的思维方式从单一变得灵活多样,知道通过其他途径来解决问题了。

故事二:有辘轳的迷宫

记录对象:平平

时间:2018年5月7日

区域游戏时,平平选择用乐高搭建迷宫。他首先找到乐高底板,拼成了一个长方形,然后用长条积木垒了围墙,并在里面搭建出了许多有迷惑性的路线。"老师,快来看我的迷宫。"平平说着,兴奋地拉着教师的手到迷宫前。教师看到迷宫底板下面的四个角分别加了四组辘轳。平平向教师演示着:"老师,看我的迷宫可以走动起来啦。"教师为平平的创意感到惊喜,为他竖起了大拇指。

不一会儿,迷宫的底板忽然塌了。平平通过查找原因发现,底板的接缝处因为被架高,所以不稳固。他开始尝试用在底板下方插积木的方法来固定底板。但是从上方稍稍施加一点压力,还是会塌陷,最终整个迷宫都塌了。宇宇在一旁说:"看来迷宫的辘轳还是不结实。"教师问:"放弃使用辘轳吗?"平平坚定地说:"当然不行!我要先把底板固定结实。"(见图5-36)于是他重新组合底板,用互锁的方式拼底板,并且一边搭,一边用手按一按,看看是否结实。

图 5-36　搭建有辘轳的迷宫，先把底板固定结实

在活动中，平平制作出了带辘轳的迷宫，这真是个了不起的作品。在制作的过程中，迷宫底板出现了问题。他能够查找原因，思考并解决问题。在解决问题的过程中，整个迷宫都塌掉了。他并没有因此而放弃，而是坚持自己最初的想法。他先解决底板问题，然后继续搭建。平平能够发现问题的关键，并有解决问题的思路与步骤。这样的思维方式有助于他在下一次相关活动中完成得更顺利。

（此案例由邹颖提供）

（本章内容由北京市六一幼儿院杨意、宋颖、曹雪梅等撰写）

第六章　整合 STEAM 教育理念的幼儿动画制作活动案例研究

第一节　整合 STEAM 教育理念的幼儿动画制作活动的理论概述

随着时代的发展，动画制作这一艺术形式应运而生。动画制作整合了信息技术与材料的发展，集图文声像于一体，以其直观性、形象性、变化性、自由性深受幼儿欢迎。动画制作融美术、音乐、创作、情感为一体，贴近幼儿生活，是幼儿生活中不可缺少的一部分。然而，动画制作在幼儿生活中往往以动画片的形式呈现，幼儿仅仅处于观看地位；动画片内容往往是动画设计人员、美术专长人员、美术家设计的，都是成人的作品，幼儿没有亲身参与。

动画是幼儿酷爱的一种美术形式，是调动幼儿主体性的重要载体之一。因此我们提出：让幼儿成为动画片内容的设计者，让幼儿制作表达自己情感和体验的动画。将把幼儿动画制作融入幼儿探索活动作为研究的新内容，旨在满足每名幼儿用自己喜欢的方式独立地、创造性地表达自己对周围世界的独特认识的需要。在参与制作中，教师要激发幼儿的探索兴趣，提升幼儿解决问题的能力，让幼儿自主学习、多元发展，为幼儿将来成为复合型人才做好准备。

动画制作过程将科学、语言、音乐、艺术、数学有机地融合，使幼儿创造性地表达自己对周围世界的独特认识和需要，提升幼儿综合运用经验解决问题的能力。与同伴合作，整合利用经验，运用绘画、泥塑、音乐等艺术表达方式完成动画制作的过程，可以促进幼儿理性思维和感性思维的协同发展，促进幼儿情感、智慧、人格的全面提升。

STEAM 创新教育是科学、技术、工程、艺术、数学有机融合的教育，支持学习者以学科融合的方式认识世界，运用跨学科思维、综合创新的形式改造世界，培养解决实际问题的能力。幼儿动画制作过程需要幼儿共同设计，协商拍摄主题，寻找资源准备（经验、材料），分工合作，小组制作，为动画配音，最后分享结果。这一过程需要幼儿综合运用艺术表现方式，具有操作多媒体设备的技能。与同伴共同发现问题、解决困难，表达自己的思想，这是一个综合利用经验、促进能力发展的过程。幼儿动画制作是一个将艺术表现渗透于多媒体技术的过程。幼儿在科学、技术、工程、艺术和数学相互融合的基础上实现深度学习，在动手完成项目的过程中学习到跨学科知识，提高了各方面的能力。

一、STEAM 教育理念融入幼儿动画制作活动的概念及特征

（一）STEAM 教育理念融入幼儿动画制作活动的概念

动画的英文 animation 源自拉丁文词根 anima，引申为使某物活起来。动画制作分为二维动画制作、三维动画制作和定格动画制作，是需要密切配合的团体活动，包括影视后期、广告等方面的动画制作。

幼儿动画制作即幼儿根据动画逐格拍摄、连续放映的基本原理，把自己喜欢的事物拍摄下来（如自己的作品、一些生活中常见的画面、现成的图片、玩具），再加以编辑，配上声音或音乐而生成视频动画。

定格动画出现于 20 世纪初，通过逐格拍摄对象使之连续播放，从而产生仿佛有了生命一般的人物形象或能想象到的任何奇异角色。它与手绘动画、电脑动画共同构成了现代动画的三大门类。随着信息技术的发展和定格动画制作软件的开发利用，定格动画制作也由一项复杂的、专业性很强的工作变成一件许多人可做的事情，越来越多的动画爱好者开始尝试自己制作定格动画短片。近几年，一些幼儿定格动画拍摄软件的推出，为幼儿动手制作定格动画提供了技术支持。[①]

（二）STEAM 教育理念融入幼儿动画制作活动的特征

1. 游戏贯穿——让情境伴随始终

陈鹤琴说，儿童是以游戏为生命的。《幼儿园教育指导纲要（试行）》直接规定幼儿园要以游戏为基本活动。在游戏和情境中，幼儿享受成功，体验挫折，尝试

---

① 张莉：《幼儿园定格动画体验课初探》，载《陕西教育学院学报》，2012(1)。

解决问题，满足情感交流，积累各种经验，从而获得身心和谐发展。

STEAM 教育和动画制作都具有情境性特征，强调的是培养幼儿在情境中应用知识的能力，即能够理解和辨识不同情境中的知识，将知识灵活运用，从而解决问题。

幼儿在故事和真实情境中产生灵感，将感兴趣的事物作为游戏事件，将自己的所闻所感用泥工等美术形式进行表达，再用拍摄的形式进行二次艺术创作。动画拍摄既要基于真实的生活情境，又要蕴含所要了解的结构化知识。幼儿在边玩、边创作、边拍摄的过程中，尝试解决问题，不仅能获得知识，还能获得迁移知识的能力。情境性问题的解决，可以让幼儿体验真实的生活，获得社会性发展。

2. 领域融合——多学科目标整合

近年来，随着教学课程整合理论的传播和实践的开展，"整合"意识已经成为教学设计的一个关键词。幼儿教育作为教育的基础阶段，同样应该将"整合"概念移植到教学设计中。课程整合要体现多学科之间的有机组合，体现知识之间、知识与主体之间、人与环境之间的互动。

幼儿在定格动画的制作过程中培养了创造能力、动手能力及团队协作能力，也促进了自身与其他领域的整合。例如，设计故事剧本、人物对话，就要和语言领域相整合；利用艺术表现手法制作角色、场景，就要和艺术领域相整合；更复杂的，如拍摄角色时各种动作的实现，要观察人、动物的各种动态，然后把动作还原到动画中的角色身上，这就涉及了幼儿的生物和物理知识，拍摄、声音录制、音乐选择等环节又涉及了幼儿使用信息技术的技能。总之，制作动画的过程涉及的内容很丰富，这些内容能够和很多学科相整合。幼儿也许并没有意识到在这个过程中可以培养创新精神，但是通过拍摄，通过同伴间的合作学习，确实能够培养自身的综合能力，提高想象力和创造力。

3. 多种表达——艺术表现多样性

STEAM 中的"A"狭义上指的是美术、音乐等，广义上包括美术、音乐、社会、语言等人文艺术，实际代表了 STEAM 强调的艺术与人文属性。幼儿动画在形式上结合了音乐、绘画、制作、文学等多种艺术形式，同其他艺术形式相比是一种更容易被幼儿接受的综合艺术形式。动画课程将多层次地引导幼儿去感受美并体验创造的魅力。在体验导演一部动画的过程中，幼儿会多一些思考，逻辑思维能力、创造力和专注力将会得到全面提升。通过制作动画，幼儿的天赋在艺术的情境中得到发掘。

动画拍摄的元素基本上是生活中的物品。比如，在制作定格动画时，场景搭建和角色制作是必不可缺的，幼儿可使用纸板、木条、黏土等材料动手制作，也可以使用一些乐高玩具、纸模等材料进行搭建。这一设计过程离不开幼儿的动手操作和创意。另外幼儿要拍摄一部什么样的动画，就要对故事进行构思，并写出文学剧本和分镜头剧本，还需要提前设计人物的性格、神态、语言。幼儿在拍摄完毕后，还要配音和添加音乐，最后才能完成一部动画片。

4. 体验操作——在游戏体验中学习

体验是人类的一种心理感受，是人类最基本的学习方式之一，也是对经验带有感情色彩和主观能动的体会与反馈。这种学习方式以学习者为中心。学习者在实践中获得知识、技能，形成积极的学习态度，在体验中观察、反思和分享，从而获得对自己、他人和环境的新的感受与认识。教师应让幼儿亲自参与实践活动，体验活动带来的新的感觉和新的刺激，从而加深对知识的理解与记忆。

皮亚杰指出：儿童的智慧源于操作。幼儿是在对材料的操作、摆弄的过程中建构自己的认知结构的。在游戏中，材料是幼儿操作活动的中介。教师要给幼儿提供一个可选择的、多样化的，且有利于幼儿自主摆弄、探索、表达的生活和学习环境，从而使幼儿得到自主发展。动画制作不仅主张通过自学或教师引导习得信息化的知识，而且强调幼儿自己动手、动脑，参与学习过程。

多媒体动画制作为幼儿提供了动手做的机会。幼儿利用已有知识，应对拍摄动画的显示问题，创造、设计、建构、发现、合作并解决问题。幼儿在动手的过程中，不仅获得了结果性知识，还习得了蕴含在项目问题解决过程中的过程性知识。

例如，在拍摄动画《树叶宝宝回家》作品时，事物的动态表现和变化成为难点。幼儿对风刮的方向和树叶飞落的方向产生了争执。教师抓住幼儿的困惑点，开展了"调皮的风"系列科学探究活动，和幼儿一起了解风形成的原因、风的益处和危害，制作风力玩具，感受风速和风向。活动设计抓住幼儿的好奇心，利用生活经验，让幼儿在不断解决问题的过程中学习。活动遵循"学中玩、玩中学"的教育理念，使幼儿在轻松、愉快的氛围中学习知识。例如，在"放风筝"游戏中，幼儿在知道风筝飞上天需要风的基础上，了解风帮助人们做了好多事情，也知道过大的风会给人们带来危害。随后教师应当提示幼儿不要对风产生过度恐惧，风还是我们的朋友；指导幼儿做一做、玩一玩，让他们去感受风的"趣"。通过对风的了解，幼儿在制作动画片时，内容素材多了，树叶在动画片里的飞落再也不是无目的的，而是随着不同风向飘落，既美观又合乎情理。

5. 规划设计——在娱乐中自主学习

自主学习指的是在一定的环境中，学习者独立自主地按自己的意愿，有选择地进行学习。自主学习体现为：幼儿最大限度地发挥主动性和积极性，渐渐学会自我选择、自我决定、自我探索和自我表达。学习的性质是受环境影响的，什么样的环境里就有什么样的学习。在自主学习中，幼儿需要一个可以让他们选择的环境来培养和表现独立性与主动性。动画拍摄本身就是一种游戏，因其鲜明的特征而具有更强的优势。幼儿在参与拍摄的过程中，往往追求的是看到动画片的成品，看到自己的设计能够活灵活现地在电视或电脑上展现出来，获得感官和心理上的满足。这个外显作品的呈现需要幼儿在拍摄过程中，通过设计促进知识的融合与迁移，通过作品外化学习的结果、外显习得的知识和能力。设计出动画作品是获得成就感的重要方式，也是维持和激发学习动机、保持学习好奇心的重要途径。在设计过程中，幼儿能够学习知识、锻炼能力、提高 STEAM 素养，因此设计性是 STEAM 教育的又一核心特征。

6. 合作学习——在合作中学习成长

幼儿期是人的各种合作素质形成的关键期。交往能力对幼儿的成长极为重要，能促进幼儿提高社会适应能力，对培养幼儿健全的人格起着举足轻重的作用。儿童期也是社会性萌芽时期，幼儿喜欢团体游戏活动。在动画制作中，教师指导时应强调在群体协同中相互帮助、相互启发，进行群体性知识建构。在完成任务的过程中，幼儿需要与他人交流和讨论。这就为幼儿提供了合作的机会，将幼儿学习的重心从单一学习转化为合作学习。幼儿在游戏中感受不同的交往方式带来的沟通效果，有时还要与其他组的同伴或教师进行沟通，从中习得良好的沟通方法。

二、STEAM 教育理念融入幼儿动画制作活动的意义

STEAM 课程具有跨学科、趣味性、体验性、情境性、协作性、设计性、艺术性等特点。从 STEAM 课程的特点和幼儿园教育理念的对比中，我们可以

清晰地看到二者的相似之处，即都关注幼儿学习过程中各种能力的整合提升。STEAM 教育有一点非常值得借鉴和学习——注重学习的过程，而非仅仅关注建构出了什么。STEAM 教育不仅仅提倡学习这五个学科知识，更提倡一种新的教学方式：让幼儿自己动手完成他们感兴趣的且和他们生活相关的项目，从过程中学习本学科以及跨学科知识。

(一)关注问题，使探索实践更加深入

在动画拍摄活动中，教师能够敏感地发现幼儿感兴趣的事物，关注幼儿的话题，及时形成活动主题，确定综合课程目标，充实活动内容，突出和落实实践育人的价值；在拍摄游戏中培养幼儿的观察能力、创新能力、动手能力、分析判断能力、合作学习能力，使得幼儿的综合素养得以提升。将 STEAM 教育理念融入动画拍摄过程，让幼儿收获的远不止知识、技能、结构的完善和学以致用意识的增强，还包括在技术素养提升基础上的逻辑思维能力的提升。基于目标的创造力、知识转化的执行力、动手操作的实践力、交流合作的团队精神以及从失败走向成功的坚韧意志等，构成了幼儿的综合素养。

(二)多元整合，使学科融合更加紧密

多元整合是世界范围内现代课程改革共同的方向，其核心追求是超越以学科为中心的课程观，让活动回归以幼儿发展为中心的本质。在幼儿动画拍摄过程中，教师通过对科学、技术、工程、艺术、数学的整合，引导幼儿进行探究式学习(基于项目的学习、基于问题的学习、基于设计的学习)，在游戏中尝试项目教学模式：研究拍摄内容，整合领域目标，设计系列活动，形成多功能、多学科联合的项目教学活动，一改以往"灌输式"的授课模式。在探究活动中，幼儿提出活动内容，教师给予大力支持，并结合教学目标和理论，让幼儿进行实践体验，最终解决问题、实现目标。

中班幼儿提出自己动手拍摄《小鱼游》动画。他们对鱼缸里的小鱼有了新的认识，并主动开展了研究学习。在教师的引领下，他们成立了"小鱼游戏组"，开始模仿小鱼的动作，感受游动的形态，并画出各种姿态的小鱼，最终在教师的帮助下，利用剪纸的方式剪出了不同形态的小鱼，让平面的美术作品变得灵动起来。

(三)丰富经验，使创新落到实处

创新是民族发展的基石，社会发展需要优秀的、具有团队协作精神的人才，社会的进步依靠的是团队驱动力。让幼儿在探索中学会相互交流，协调团队关系，这是幼儿健康成长的重要过程。STEAM 创新教育在世界范围内得到了丰富的实践，对于幼儿创新能力的培养具有重要意义。教师要引导幼儿在自主思考和探索的同时，善于与同伴交流意见。尤其在遇到问题时，集体的智慧不容忽视。在动手实践的过程中解决问题，可以让幼儿在一个个小群体的协作中体验到创造的乐趣。

在动画拍摄过程中，培养幼儿思考、创新和设计的能力是关键。想要让动画更有趣、更有意义，重要的是创编一个吸引人的故事，塑造一些鲜明的角色形象，制作一系列道具。这些都需要在拍摄动画之前进行细致的设计和构思。基于 STEAM 教育理念，教师把美术表现手法进行重构和第二次艺术加工，赋予其强烈的目的性和情境性，集手脑并用、寓学于乐、自主创意为一体，制作出了一个个会讲话、会做动作的动画角色，演绎了一个个精彩的动画故事，并通过互联网传播，使课程充满无限的生机。幼儿可以是自己人生故事的导演，想点小创意，做回小创客，让自己高兴，为自己骄傲。

三、STEAM 教育理念融入幼儿动画制作活动的指导策略

《3—6 岁儿童学习与发展指南》指出，尊重儿童身心发展规律和学习特点，关注个体差异，促使儿童富有个性地发展。幼儿对周围世界充满浓厚的兴趣，对新鲜事物充满好奇心。年龄越大的幼儿，思维能力、动手操作能力越强，初步具备进行定格动画拍摄游戏所需的条件和素质。动画拍摄考验幼儿的综合能力。教师不能将定格动画拍摄作为真正的动画制作，而应当以游戏的方式激发幼儿参与拍摄的兴趣，把握因材施教的原则，根据幼儿的能力和需求进行有目的的指导。

(一)给予幼儿分层指导

分层教学是根据幼儿的年龄特点和素养基础，在教育的目标、内容、方式方法及效果评价等方面施以不同的教育策略。分层教学从幼儿身心发展规律和学科的特点入手，关注幼儿的个体差异和不同的学习要求，保护幼儿的好奇心和求知欲，激发幼儿学习的主动性和创造性。动画拍摄重在让幼儿参与，幼儿是拍摄的

主体。教师应该是幼儿拍摄体验过程中的引导者、支持者和合作者，鼓励幼儿充分发挥主动性、积极性，通过观察尝试、经验分享、操作试误达到自主学习、主动探索、主动发现的目的。幼儿自由分组进行动画拍摄，每个阶段的拍摄内容、拍摄伙伴都在不断地变化。基于幼儿的个性和发展水平，教师应实施分层指导。

1. 幼儿发展的分层

幼儿来自不同的家庭，社会环境、家庭教育等诸多因素使幼儿的综合素养不尽相同，在学习上存在一定的个性差异。这就要求教师在实施分层教学之前，首先要了解幼儿的具体情况，对幼儿的全面素养进行合理分层。我们通过向幼儿家长和班级教师发放调查问卷表、在日常活动中观察等形式，对每个幼儿进行综合评判，将幼儿分成 A、B、C 三组。A 组幼儿能熟练掌握无稿剪纸以及定格动画制作工具；B 组幼儿有在区域中剪纸的经验，尝试过简单的定格动画制作；C 组幼儿有看动画片的生活经验。这样，教师对每个幼儿的能力有所了解，便于在实施分层教学的过程中对不同层级幼儿施以不同层级的指导。层级的合理划分为活动的深入开展提供了保障。

2. 任务内容的分层

不同幼儿的发展水平与能力各不相同，在活动中的表现也各有差别。分组活动有助于幼儿通过与同组伙伴相互学习、比较，发现自身优势。能力较强的幼儿通过达到分层活动中较高的要求可以获得更好的发展；能力中等的幼儿通过组内练习、教师指导，向更高的水平迈进；能力稍弱的幼儿通过教师的鼓励，激发探索兴趣，树立自信心。

3. 指导策略的分层

教学目标的制定为活动的开展提出了方向性的要求。传统的幼儿教学活动由于教学目标整齐划一，用一个标准衡量所有的幼儿，因此常常出现不能满足不同能力幼儿需求的情况。在开展定格动画活动时，我们首先把教育目标分层定位为发展目标、预备目标、基础目标。把 A 组幼儿定位到发展目标，这是一种提高性的目标，目的是为该组幼儿的发展提供一定的空间。把 B 组幼儿定位到预备目标，这是幼儿在教师引导下可以完成的目标，目的是让幼儿在原有水平上有所提高。把 C 组幼儿定位到基础目标，这是每个幼儿均可达到的目标，目的是让全体幼儿都参与到活动中(见表 6-1)。

表 6-1 幼儿动画作品分层评价表

组别	A 组	B 组	C 组
幼儿情况	能熟练掌握无稿剪纸以及定格动画制作工具	有在区域中剪纸的经验,尝试过简单的定格动画制作	有看动画片的生活经验
目标	创编动画故事,制作道具、场景,完成拍摄和后期制作任务	与 A 组同伴共同完成拍摄和后期制作任务	在教师的引导下,尝试大胆制作和表达
指导策略	引导幼儿创编故事,支持同伴之间相互学习	指导幼儿完成剪纸,在幼儿有需要时提供帮助,关注幼儿学习动态	进行有针对性的个别指导,激发幼儿参与活动的积极性

提问是最常用的教学方法之一。教师应当在分层教学中巧妙抓住提问这一环节,设计出不同层次的问题,让幼儿在不同范围内进行思考,有机会回答问题,从而有效地推动活动深入开展。提供适宜的活动材料是促使活动顺利进行的有力保障。在投放材料时,教师要对材料进行分层,尊重幼儿自己的选择,并加以适当的指导,使每个幼儿在自己原有的水平上得到提高。

4.评价方式的分层

对幼儿的动画作品进行评价,对不同组别的幼儿进行评价是活动的重要环节。教师可以采取教师讲评、师幼共评、同伴互评等方式对幼儿作品进行评价。在师幼共评中,教师引导幼儿观察他人的作品,鼓励幼儿互相学习、相互借鉴。在同伴互评中,教师启发幼儿相互交流、自我评价。在评价中,教师积极寻找幼儿的闪光点,进一步落实幼儿的主体地位,保护不同层次幼儿的学习兴趣,激发幼儿学习的主动性与创造性,真正让每个幼儿都能在原有水平上有所发展、有所提高。

(二)给予环境上的支持

创设开放的、新形态的、充满艺术氛围的教育环境,是幼儿园开展创意美术活动的切入点。教师应当创设丰富的、富有美感的美术环境,给予幼儿启发和支持,激发他们的想象力和创造欲望,让他们在具有教育功能的环境中快乐成长。

《幼儿园教育指导纲要(试行)》指出:"环境是重要的教育资源,应通过环境的创设和利用,有效地促进幼儿的发展。"在幼儿园的教育活动中,环境作为一种隐性课程,在开发幼儿智力、促进幼儿个性发展方面越来越引起人们的重视。心理学家皮亚杰认为：儿童是在与环境的相互作用中发展起来的，良好的环境可以激发儿童相应的情感，创设良好的美术教学环境应先考虑儿童的实际生活经验，有了生活经验儿童才能依托其进行创造。

在动画拍摄中，环境和材料发挥着重大作用。"创造"这个词用得很多，这里指的是教师的构思与材料的运用，即意识创造与物质创造的结合。环境创设离不开创造。新的想法要依靠材料这个媒介才能落实。这个过程既是环境更新的过程，也是创造的过程。环境与创造相互作用，环境的价值通过创造得到提升。教师应在拍摄区通过观察幼儿收集的动画卡通形象，了解不同动画片的表现形式，观看经典动画故事内容，引发幼儿对动画片故事情节和角色形象进行感知，在和幼儿创设环境的过程中不断地改编故事情节，设计新的动画形象，为拍摄动画做好前期经验准备。

中班和大班幼儿在动画制作的过程中已经有了初步的合作意识，但在实际的游戏活动中，经常会因为分工产生分歧，因为拍摄内容产生不同意见。教师应结合幼儿这一年龄特点，给予不同方式的支持。例如，提供人员"分工牌"，支持幼儿选择自己喜欢的工作。当幼儿进行讨论时，教师不要急于干预，而要仔细观察。有时幼儿会有自己的解决办法，教师要把这些好的经验总结在动画墙上，供其他幼儿学习。教师要为幼儿提供图文并茂的动画制作流程图，引导幼儿按规律做事情；要为幼儿提供物质和环境上的支持，使幼儿的拍摄更加顺利。

(三)提供充分展示的机会

每一次动画制作完成后，教师都要为幼儿提供作品介绍环节，让幼儿分享在拍摄时获得的经验以及遇到的困难，这样的分享有助于幼儿增强自信心。利用角色区的小剧场播放自制动画片，可以让更多的幼儿分享经验，得到同伴的赞许和帮助，激发再次参与活动的积极性。

教师还可以将幼儿制作的动画片发到家长微信群，让更多的家长欣赏到幼儿的作品。例如，幼儿根据共享单车乱停乱放的现象，制作了动画片《共享单车的故事》，让大家知道共享单车给人们带来的方便。幼儿通过制作动画片，培养了社会责任感。幼儿建议发到爸爸妈妈的手机上，让爸爸妈妈也遵守规则，提醒更多的人关注社会问题。

我们不能确定未来生活究竟需要什么技能与知识，但 STEAM 教育能提高幼儿的领导力、创造力、适应力。我们将 STEAM 教育与社会、环境进行充分联系，突出学习在生活、社区中的重要性；通过大量的游戏与实践，培养幼儿进行科学探究和解决真实问题所必备的技能、策略和思维方式。

我们的 STEAM 教育初入起始阶段，我们探索的是一种新的教学方式：让幼儿自己动手完成他们感兴趣的、和他们生活相关的项目，从过程中学习各学科以及跨学科知识。STEAM 教育理念其实是基于标准化考试的传统教育理念的转型，更注重学习的过程，而不是结果。

第二节　整合 STEAM 教育理念的幼儿动画制作活动案例呈现与分析

一、动画《共享单车的故事》案例

STEAM 教育理念在动画《共享单车的故事》中的应用见表 6-2。

表 6-2　STEAM 教育理念在动画《共享单车的故事》中的应用

科学核心经验	技术核心经验	工程核心经验	艺术核心经验	数学核心经验	整合核心经验
空间位置、大小关系	运用多媒体设备，拍摄动画，插入音频	利用木板等物品，制作户外玩具——共享单车	利用拼贴等方式，设计并制作所需材料	根据故事情节的发展，控制拍摄的时长、帧数	同伴合作，协商拍摄主题，解决拍摄问题

(一)案例描述

共享单车既方便又环保，在很大程度上方便了我们的生活。幼儿从不放过周围新鲜的事物，对身边的各类共享单车产生了兴趣，在与同伴谈话时，经常提起共享单车带来的方便。但是在交谈中，教师也听到了幼儿这样的话："我爸爸总找不到好骑的共享单车，马路旁边的都是坏的。""对呀，有的共享单车没有脚蹬子。""很多人不爱护共享单车，把共享单车放在草地上。""共享单车被放在了马路上，人们总是乱停乱放。"幼儿发现了共享单车的便利，也发现了社会上的不文明现象。

幼儿能够发现身边的问题，说明他们能够细致观察并有意识地关注周围的人和事。学前期是幼儿社会化的起始阶段和关键时期，6 岁前是幼儿养成良好社会行为的重要时期。良好的社会性发展有助于幼儿积极地适应环境和社会生活，从而健康成长。教师要及时捕捉幼儿的关注点，进行适宜的教育。幼儿进行了有关共享单车的对话，了解了共享单车给人们带来的便利，也指出了不爱惜共享单车和乱停乱放共享单车的危害。

幼儿在谈话中想到了很多保护共享单车的方法，开始自由分组拍摄动画片，想通过自己拍摄的动画片宣传保护共享单车的方法（见图 6-1）。

图 6-1　幼儿用自己的方式表达对保护共享单车的看法

1. 第一阶段——引导

主题：我们发现共享单车带来了方便，但是对于人们乱放共享单车的问题，我们怎么办？

第一步：幼儿自由组队，建立共享单车拍摄小组。

第二步：讨论发现的共享单车的问题以及如何保护共享单车。

第三步：小组间角色分工，选举组长，设定每人负责的内容。

第四步：制订拍摄计划。

幼儿发现了社会上存在的不良现象，想用自己熟悉和喜欢的动画方式来表达自己的想法。

2. 第二阶段——启发

主题：创编共享单车的故事，我们创编的故事怎样才能吸引人，让观众看完就知道保护共享单车的方法。

方法：观察有序摆放的物品，了解共享单车停放区域（自然科学、数理逻辑、语言）。

任务：设计动画片的故事内容（设计、绘画、语言、手工）。

有了组长和组员后，就要确定拍摄的内容了。教师应紧扣探索与创新，使动画作品能够吸引幼儿参与和创作，提升幼儿发现、思考、分析和解决问题的能力。在拍摄动画《共享单车的故事》的过程中，幼儿从观看动画变成制作动画，通过这种方式阐发自己对社会现象的认识。动画制作是一种具有创造性和个性化的学习方式。在这个过程中，幼儿梳理创作思路，动手将自己的想法付诸实践，并在实施过程中发现问题，寻找方法解决问题。

设计活动重要的一环是故事情节的构思：故事情节应当曲折，注重细节描写，通过细节描写来反映角色的性格特征，塑造人物形象，推动情节发展（见图 6-2）。

图 6-2　幼儿构思动画片中的故事情节

3. 第三阶段——探究

主题：我们怎样拍摄才能使动画片有意思，观众看了才能喜欢。

方法：幼儿根据设计的故事情节，收集和制作素材（协商、制作）。

任务：幼儿选择艺术表达方式，制作素材，逐格拍摄（设计、逻辑）。

拍摄是幼儿感到最为有趣的环节。他们根据分工，收集拍摄所需的不同素材，利用剪纸的方式剪出故事中不同的人物和动物，制作故事背景，以便在拍摄中自由选择。有了素材，幼儿开始进行定格拍摄。几名幼儿分工明确，有的操作电脑，有的摆放景物素材，还有的根据拍摄过程的需要不断地补充材料（见图 6-3）。

图 6-3 《共享单车的故事》拍摄过程

4. 第四阶段——实践

主题：拍摄＋配音＋配乐。

方法：分工寻找音乐，为故事配音。

任务：根据故事情节的时长配语言、音乐。

配音是一门语言艺术，是配音演员用自己的语言在荧幕后、话筒前塑造和完善各种活生生的、性格鲜明的人物形象的一项创造性工作。在幼儿园里，幼儿根据自己创编的故事情节配音。例如，有一段几秒钟的视频是共享单车被堆放到路中间，幼儿的配音是"有人会把共享单车放在路上或草丛里，这样会挡住爷爷奶奶的路，就连小狗小猫回家的路也被挡住了"。幼儿在动画片中加入小狗小猫的形象，用拟人化的表现方法为故事增加了童趣。幼儿看着拍摄好的动画片，根据每个情节的发展，边看边讲解，教师帮忙录下声音(见图 6-4)。

幼儿由于计算机程序使用能力有限，因此在这一环节，往往主要借助教师的帮助，将音频插入视频之中。

图 6-4 《共享单车的故事》配音与分享

5. 第五阶段——呈现

作品呈现：播放作品。

问题解决：让更多的同伴了解保护共享单车的方法。

这是一个作品共享时段。每一次动画制作完成后，教师都要为幼儿提供作品介绍环节，让幼儿分享经验以及在拍摄时遇到的困难，这样的分享有助于幼儿增强自信。利用角色区的小剧场播放自制动画片，能让更多的幼儿分享经验，得到同伴的赞许和帮助，激发再次参与活动的积极性。

有的幼儿建议把自己拍摄的动画片发到家长微信群，让更多的家长欣赏自己的作品，让大家知道共享单车的方便以及如何爱护和按要求停放共享单车。

（此案例由穆东燕、曹红敏提供）

(二)案例分析

1. 设计活动

教师应当帮助幼儿确定拍摄的内容，紧扣探索与创新，强调动画作品能够反映幼儿的参与和创作，体现幼儿自身发现、思考、分析和解决问题的能力。幼儿自己设计动画内容显得尤为重要，因为动画拍摄是一种新型活动，它的特点是有核心、有主体，并且有连续性和发展性，是一种充分展示智慧和个性的学习活动，一种真正有意义、有价值的学习活动。幼儿从被动学习变为主动学习，由接受性学习变为探索性学习，兴趣得以激发，各种潜能得以开发。幼儿围绕共享单车创编情节，以自己认同的记录方式记录自己的设计思路以及准备拍摄的相关场景。

在设计过程中需要注意的是，注意故事细节和人物特征的呈现，这样可以起到丰富人物形象、推动情节发展的作用。

2. 合作探索

拍摄活动是幼儿自发参与、自主探索、自由表现的活动。幼儿在一段时间内围绕一个中心内容拍摄动画《共享单车的故事》。此过程需要同伴共同准备素材、共同拍摄、合作配音，打破了学科之间的界限，围绕一个中心将各科学习内容有机联结了起来，让幼儿通过活动获得了较为完整的体验。

3. 作品分享

每一次动画制作完成后，教师都要为幼儿提供作品介绍环节，让幼儿分享拍摄经验以及遇到的困难，这样的分享有助于幼儿积累经验（见图 6-5）。

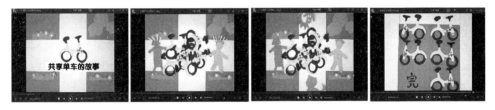

图 6-5　动画《共享单车的故事》截图

教师将幼儿的作品发到家长微信群，让更多的家长欣赏幼儿的作品；把幼儿对社会的认知呈现给家长，让家长了解幼儿。

（三）案例成效评价

在活动开展过程中，教师要注重观察幼儿的活动需求，满足幼儿的游戏愿望，提升幼儿自主探索的能力。通过对开展《共享单车的故事》动画制作活动前后幼儿学习方式的数据进行对比，我们发现了幼儿可喜的变化（见图 6-6）。

观察	倾听	视听结合	讨论	提问	回应性回答	理解性回答	探究性操作	实验	比较	选择	判断	推理和预测	记录	模仿	联觉学习	争论或辩驳	体验	扮演或表演	分工与合作	收集资源	联想与想象
30	43	53	22	23	44	25	36	31	33	34	32	35	26	52	41	32	37	48	29	36	38
60	75	85	65	74	68	84	67	75	69	72	81	76	83	79	69	65	75	85	69	87	88

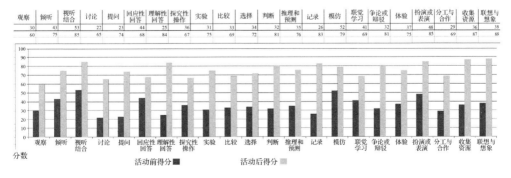

图 6-6　活动前后幼儿主要学习方式对比

二、动画《小蝌蚪找妈妈》案例

STEAM 教育理念在动画《小蝌蚪找妈妈》中的应用见表 6-3。

表 6-3　STEAM 教育理念在动画《小蝌蚪找妈妈》中的应用

科学核心经验	技术核心经验	工程核心经验	艺术核心经验	数学核心经验
远近距离、大小关系、形体认识	运用多媒体设备，拍摄动画，插入音频	制作有可观性的动画作品	利用剪纸、拼贴等方式，设计、制作所需情景	数量认知、空间位置、大小、形状

(一)案例描述

1. 第一阶段：兴趣使然——小蝌蚪是怎么变成青蛙的

幼儿园的小水池里有许多小蝌蚪。幼儿很喜欢小蝌蚪，每天都去观察。教师通过观察的方式及时捕捉幼儿的兴趣，开展了一系列活动。故事《小蝌蚪找妈妈》以图文并茂的形式，生动地讲述了小蝌蚪找妈妈以及最后变成青蛙的过程。教师鼓励幼儿在家长的陪同下在周末到户外观察小蝌蚪。

教师结合幼儿园各领域的目标，延伸了不同的系列活动。例如，和幼儿一起查找资料，了解蝌蚪是如何变成青蛙的；通过观察蝌蚪和青蛙的形象，结合数学领域发展目标，让幼儿了解序数的意义；将幼儿的观察做成记录，与幼儿一起续编《小蝌蚪找妈妈》的故事，并和幼儿一起用动画制作的形式呈现这个故事。

2. 第二阶段：提出问题——我们用什么方法制作故事里的动物

在游戏中，幼儿经常用拼贴、剪纸的方法呈现故事中的主人公。这次幼儿提出用泥塑的方式展示故事中的主人公。

在区域活动时间，幼儿通过彼此商量，决定分成两个小分队。一个小分队用纸黏土制作主人公：小蝌蚪、青蛙妈妈、鲤鱼妈妈、鸭子妈妈、鹅妈妈、乌龟妈妈。另一个小分队用剪纸的方式制作故事背景(见图 6-7 和图 6-8)。

图 6-7　幼儿为动画《小蝌蚪找妈妈》制作的小动物

图 6-8　用纸黏土制作主人公，用剪纸制作背景

在用纸黏土制作的过程中，四名幼儿初步进行了分工。祁祁说："我先用纸黏土做青蛙妈妈吧。"涵涵说："那我做鲤鱼妈妈。"然然说："我喜欢小鸭子，我做鸭子妈妈。"苏苏说："我喜欢白白的大鹅，那我做鹅妈妈吧。"祁祁说："我们开始做吧。"

四名幼儿开始制作了。在整个区域活动中，幼儿兴趣浓厚，自己决定纸黏土的数量与大小，边制作边交流。祁祁说："哎呀，还有乌龟妈妈和小蝌蚪没做呢。"涵涵说："我做乌龟妈妈，你们做小蝌蚪好不好？"其他三名幼儿都说："好的。"然然说："小蝌蚪是黑色的，小小的。"苏苏说："对，我们不能做得太大，不然就不是小蝌蚪了。"

在剪纸过程中，悠悠和彤彤两个人商量了半天。彤彤说："故事都是发生在水上的，那我们选蓝色的纸当背景吧。"悠悠说："嗯，是的。水上还有一些小草，我们可以用绿色的纸剪出一根根水草。"彤彤说："那我们开始剪吧。"在教师的引导下，两名幼儿拿起儿童美工剪刀剪了起来，不一会儿就剪出了不同的水草。彤彤说："悠悠，你再剪一会儿，我先粘上这些水草。"悠悠说："好。"随后，悠悠又剪了几根水草，彤彤用胶棒开始粘贴水草。

两个小分队的幼儿商量了一番，决定让祁祁和涵涵负责拍摄。两名幼儿对设备已经有了一定的了解：点击程序，开始拍摄。首先将池塘的背景图固定好，一名幼儿按动拍摄，在另一名幼儿移动故事中的主人公后，找准位置，一个画面按动拍摄器 5 次以上。

3. 第三阶段：分组拍摄——小动物游泳怎么一跳一跳的，像小兔子

第一个大白鹅的场景拍完后，幼儿非常想看拍摄的结果。回看时，彤彤发现，大白鹅在画面里是一跳一跳的，便问教师："老师，它怎么一跳一跳地走路？"她想让大白鹅很平滑地从水面上游过来，但是由于涵涵每一次移动大白鹅的

间距都比较大，拍摄后，大白鹅的游泳动作就变成了向前跳跃。

幼儿发现了问题，不断地回放拍摄的视频。在观看视频的过程中，幼儿发现，视频中小蝌蚪游泳的动作非常流畅，动作很稳。"这只小蝌蚪游得好。""我们问问涵涵，这只小蝌蚪能够慢慢地游泳，是怎么摆放的？"涵涵迷茫地看着彤彤说："不知道。"

幼儿发现了动画中大白鹅游泳时的运动轨迹不自然，小蝌蚪游泳时的动作很流畅。但是真正让幼儿说动画人物运动轨迹流畅的原因时，他们却很迷茫，因为他们的一些拍摄行为和动作是无意的。在拍摄过程中，他们并没有发现拍摄的方法与动画流畅之间的关系。

幼儿带着问题来寻求教师的帮助：为什么大白鹅游泳像兔子跳，而小蝌蚪却很流畅呢？带着这个问题，教师参与到拍摄中："我们有只小蝌蚪来晚了，咱们一起拍摄它吧。"教师先请两名幼儿用刚才的拍摄方法进行拍摄，然后让幼儿观察小蝌蚪的运动是否流畅，之后再引导幼儿："如果把移动的间距缩小一点，拍摄的效果会有变化吗？"祁祁说："不知道。"涵涵说："我觉得不会。""那我们为什么不试一试呢？"在这次拍摄时，教师引导幼儿每次移动拍摄物时移动间距都缩小一些。幼儿发现动画中小蝌蚪的运动流畅了很多。

在教师的引导下，幼儿对一个角色反复拍摄，体验如何调整拍摄物距离，观察拍摄物移动距离的不同带来的动画效果的不同。幼儿利用比较、发现、再尝试的方式，在反复体验中探索使动画人物动作流畅的拍摄方法。

4. 第四阶段：内容润色——怎么能让动画中的小蝌蚪说话

三天后，幼儿完成了拍摄内容。他们兴致勃勃地向班上的小朋友展示时发现，动画片中的动画人物没有对白。这真是个问题。对于中班幼儿来说，配音是难点。对画面情境的描述、语言和画面环节的对应对幼儿来说是很大的挑战。幼儿有迫切的配音愿望，所以教师决定支持幼儿实现愿望，和幼儿一起发现问题、探索方法。

"怎么配音？配音需要什么？"幼儿的问题接踵而来。苏苏想起了妈妈的录音方法：用手机能录视频，也能录音。大家决定试一试。教师带着幼儿开始尝试用手机录音，但问题一个接着一个出现了，如与动画中的故事对不上，不会把手机的音频传到动画中等。

这些问题对于中班幼儿来说确实很困难，但是幼儿有兴趣和需求，教师就要给予支持，以免挫伤幼儿的活动积极性，使幼儿对拍摄动画失去兴趣。于是，教师参与到幼儿的配音活动中，帮助幼儿录音，将录音插进动画。

在动画片制作完成后，幼儿将制作好的动画在班里分享。他们都非常喜欢自己参与制作的动画，还想制作更多的动画。

（此案例由杜艳丽、丁迎迎提供）

(二)案例分析

不论是教育活动还是区域活动，我们都能看出幼儿对用纸黏土制作作品十分感兴趣。在开展《小蝌蚪找妈妈》动画制作这一系列活动时，幼儿自发地进行探究，通过观察和收集，尝试改变以往利用剪纸制作角色的方式，用自己喜欢的泥塑形式进行展示，使得动画片制作更加新颖有趣。

在活动过程中，教师主要起协助和指导的作用，鼓励幼儿团结合作，在分组、分工的同时加强交流协商，保证整个过程顺畅有序。

幼儿在制作过程中遇到问题后，通过商量，最后决定去寻求教师的帮助。教师仔细询问幼儿遇到的困难，没有急于给出答案，而是与幼儿一起分析困难形成的原因，以游戏者和合作者的身份参与到幼儿的游戏中，与幼儿一起解决困难。困难一个一个被克服，幼儿在动画制作完成的基础上进行配音，使动画更加生动有趣，获得了成就感。

(三)案例成效评价

活动前后幼儿兴趣对比见图 6-9。

心情愉悦	神情专注	行动趋向	积极提问	积极回应	积极思考	坚持完成	兴致不高	目光散淡	无动于衷	中途撤离
35	37	45	43	26	45	39	71	46	88	78
90	86	79	69	82	73	86	37	20	46	10

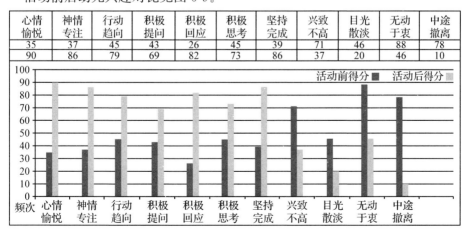

图 6-9 活动前后幼儿兴趣对比图

三、皮影戏《小红伞》案例

STEAM 教育理念在皮影戏《小红伞》中的应用见表 6-4。

表 6-4　STEAM 教育理念在皮影戏《小红伞》中的应用

科学核心经验	技术核心经验	工程核心经验	艺术核心经验	数学核心经验
通过实际操作，发现光和影之间的变化关系，初步了解影子形成的原因	运用多媒体设备，拍摄动画，插入音频	制作链接，选择材料	尝试自己制作皮影人，学会使活动部位相互重叠的制作技能，并能正确统计所需要的材料	感知空间方位、大小、位置

(一)案例描述

皮影戏是我国民间优秀的传统艺术表演形式。它作为戏剧的一种形式，集绘画、雕刻、音乐、美术、灯光、表演、造型为一体，通过中国画的散点透视原理，把立体的、动感的、鲜明的、复杂的自然物象巧妙地结合在一个平面上，具有良好的透明度和斑斓的色彩，造型优美，对比强烈，立体感强。皮影戏活动的开展不仅可以丰富幼儿的艺术内涵，提高幼儿的艺术修养，还可以帮助幼儿了解更多的民间艺术形式及其文化内涵，激发幼儿对民间艺术的兴趣，培养幼儿的民族自豪感。

本次活动的生成源于幼儿的一次民间博物馆之旅。皮影戏艺人的表演吸引了幼儿的注意，现场的动手表演使幼儿对皮影艺术产生了好奇心。回到班级后，幼儿不停地谈论着有关皮影戏的话题。"有趣的皮影戏"活动就这样生成了。在皮影戏的系列活动中，幼儿通过观看演出、调查与访问、交流与讨论、共同制作、合作表演等多种形式，与同伴、教师、家人和民间艺人互动，不断建构丰富的知识、经验，获得了丰富的审美体验，促进了语言表达能力、创造能力、探究能力、思维能力、合作能力等能力的发展，培养了自主、独立、勇于战胜困难的精神。

开展主题活动时，教师在班级内为幼儿创设了不同的区域，供幼儿选择和探索喜欢的内容。幼儿在表演区每天操作皮影，讲述故事，在感受传统技艺的同时萌发了自己制作皮影的愿望。幼儿问："皮影是怎么做的?""我们能做成皮影吗?""做皮影需要多少步骤才能完成?""我想用我自己做成的皮影讲故事可以吗?"幼儿对制作皮影、用皮影表演和在动画工作坊制作自己的动画产生了浓厚的兴趣。

1. 第一阶段：问题聚焦——想表演自己的皮影戏，我们需要做什么

幼儿每天在表演区表演皮影戏，想在每次表演之后都能够把故事内容长期保存下来。有的幼儿想把故事拍成动画。幼儿对皮影戏的道具制作与演出完全没有经验，教师有意识地将项目学习任务转化成了具有情境性的挑战，将幼儿制作皮影道具的过程拍摄成动画，为全园的幼儿播放。

接下来，教师提出具有引导性的问题："为完成这个任务，你认为我们需要知道什么？需要做哪些方面的准备？"小组进行讨论并记录下了讨论内容与结果。

皮影戏是怎样表演的？

我们将会用到哪些工具？

皮影会动的原理是什么？

我们需要一个合适的故事。

我们也许需要家长的帮助。

…………

2. 第二阶段：调查与研究——皮影是怎么制作出来的

通过收集资料，幼儿对皮影的兴趣更高涨了。他们带着好奇心，在欣赏精美的图片和有趣的皮影表演时，不时发出"哇！哇！"的惊叹声，感叹着皮影戏所带来的奇妙："原来一个完整的皮影需要 7 个步骤来制作呀。""皮影戏还有两个好听的名字：灯影戏和影子戏。""原来表演皮影戏需要一边操纵道具，一边讲述故事。"幼儿会创造出怎样的皮影故事呢？怎样将故事拍摄成皮影动画呢？

3. 第三阶段：设计与制作——动手做皮影

活动开始后，幼儿自主结成了 5 人小组，教师有意识地强调幼儿合作的重要性以及个人在小组中的作用。在每一次活动前，教师都会引导幼儿思考以下问题：

我今天做什么？

我帮助小伙伴做了什么？

我希望小伙伴帮助我做什么？

我们小组已经共同完成了什么？

教师以问题的形式帮助幼儿在活动前做好准备，了解自己在小组中的作用，明确分工合作的重要性。这对于设计与制作这个阶段非常重要。在上一个阶段，

幼儿弄明白了皮影的基本内容。这个阶段的重点是剧本的选择、场景的设计、道具的制作。大班幼儿要完成这些任务，需要教师的帮助。幼儿与教师分配好角色、设计好形象后，开始动手制作。

（1）选纸画稿

幼儿在美工区试着学习画稿，这对于他们来说没有什么难度。每名幼儿都有不同的想法："我要给我的皮影人画一件漂亮的裙子，上面还有很多花纹。""女生喜欢漂亮的裙子，我可不喜欢，我要给我的皮影人加一个帅气的领结，这样才帅。"幼儿边说自己的想法，边在纸张区选择适宜的纸张。有的选择了卡纸，有的选择了比较薄的宣纸，还有的选择了包装纸。他们在不同的纸张上绘画着自己想要的人物。

（2）皮影连接

教师在区域中投放了新的材料——毛根。对于到底该怎样连接皮影人，幼儿在网上查找皮影的制作步骤，逐渐了解到：把皮影人的相邻部件通过打孔后的骨眼进行固定、连接。他们从来没有想到这次的困难居然有这么大：骨眼的位置不好确定，容易打豁；骨眼的大小不合适，不易固定等。一次又一次失败，一次又一次不断尝试。幼儿坚持不懈，在失败中找到了方法。

（3）皮影固定

幼儿在熟悉的区域中找到了吸管、筷子、木棍、纸盒子、废弃的水彩笔……纷纷讨论着："我们需要固定小猴子用的操纵杆，这些材料可不可以呢？""我们可以试试。""这么多，我们用哪个呢？""是呀，把它们固定在哪里呢？"带着这些疑惑，幼儿开始尝试。吸管可以做皮影的操纵杆，可是要怎样固定，固定多少，教师把这些问题留给了幼儿，希望他们通过细心观察和实际操作找到答案。幼儿不断地观察着皮影的图片以及皮影手工品，很快就找到了固定的方法。

（4）皮影故事

今天的活动是幼儿最最期待的。有的幼儿提示："还记得老师在第一次活动中说过，皮影戏表演不光是皮影人在舞动，还需要配有一定的语言。"幼儿带着亲手制作的皮影人第一次上台。伴随着开心和紧张，几名幼儿开始了他们的表演。虽然幼儿的表演不是那么完美，但大家都非常开心，都相互鼓励着。正是有了这样的不完美，他们才要携手去创造更多的"完美"。

制作皮影需要 7 个步骤，教师都不敢相信他们能够学会。虽然幼儿的作品看起来不是那么精美，制作的过程不是那么顺利，表演还不够完善，但是每一次制作，每一次共同努力，幼儿都是用心的。

4. 第四阶段：动画拍摄

幼儿对动画拍摄情有独钟，总要把自己的新发现利用动画的形式进行记录和分享。他们在本次探索活动中收获了很多经验，要以动画的方式记录下来。

"我想把皮影的制作方法告诉更多的小朋友，用制作的皮影拍个动画。"

"咱们的皮影可以有动作，就像我们看的猪八戒吃西瓜一样。"

教师看到幼儿拍摄的动画时，非常惊奇。虽然时间很短，但是幼儿将制作皮影的过程也拍到了动画里。

活动之后，总结经验是必不可少的环节。教师通过开展"小小评论家"的活动，引导幼儿发现问题、总结经验。展示与评价是一个完整的学习活动不可或缺的部分。这个活动的展示环节既简单又复杂。简单是因为目标非常单一、具体，每个参与其中的幼儿都对目标非常明确；复杂是因为展示是一项综合任务，要考虑、关注、准备的东西很多，并且是一个多人合作的过程，这无疑给幼儿带来了新的挑战。教师在整个项目实施过程中一直强调团队的作用，一直在为最后的展示做准备。每个人都在为这项任务而努力。在展示环节，教师引导幼儿关注过程中自己的付出，引导幼儿反思与归纳自己在这个过程中的收获，而不仅仅关注演出的效果。无论是"观众"还是"演员"，都参与到了评价中，既评价自己，又评价别人。演出结束后，教师还组织了一场交流会，和大家一起分享整个项目中的思想、情绪、观点，倾听不同的声音。在整个活动中，幼儿的社会性也得到了很好的发展。他们能愉快地和同伴交流、分享自己的知识和经验，能积极发表自己的见解并认真倾听同伴的不同意见，能与同伴分工合作进行表演、制作等活动。

（此案例由王格、李术提供）

(二)案例分析

幼儿在整个活动过程中都能积极主动地参与，始终保持较高的热情。通过观看演出、调查与访问、交流与讨论、共同制作、合作表演，幼儿获得了关于皮影戏较为丰富的知识和经验，大大激发了对民间艺术的热爱之情，萌发了民族自豪感。在不断发现问题、解决问题的过程中，幼儿的语言表达能力得到了提高，勇于探索、不怕失败的品质得到了进一步体现。

在活动的最初阶段，教师应当抓住幼儿的兴趣点，利用幼儿对绘本《小红伞》的喜爱，用民间皮影艺术的表现形式呈现现代童话故事。为了保持幼儿的兴趣和好奇心，教师可以在教室里播放皮影戏的视频；为了增加幼儿对皮影人物动作特点的感知，在观看表演时教师可以引导幼儿模仿皮影戏里人物的动作。

在表演区，教师可以放置表演皮影戏的服装，引导幼儿自由模仿动作，从而使他们了解皮影戏中人物的动作特点。例如，伸缩脖子这一动作，幼儿理解为"小鸡啄米"，形象生动地表达了这个动作。幼儿在整个活动过程中能积极主动地参与，始终保持着较高的兴趣，还进行了皮影人物头像的绘画和剪纸活动，增强了动手能力。在解决问题的过程中，教师注意保护并不断激发幼儿的学习兴趣，循序渐进地引导幼儿参与活动，使得活动更加具有开放性、自主性和探究性。

1. 注重活动的整合性

在活动过程中，教师充分运用多种教育资源和教育手段，促进幼儿多种能力综合发展，如故事表演中的语言表达能力、解决问题过程中的探究能力、制作皮影物件时的动手操作能力、分工表演中的合作能力等。教师的鼓励和支持对增强幼儿参与活动的兴趣起到直接作用。教师要引导幼儿在活动中不断丰富知识、经验，获得积极的情绪情感体验，从而促进幼儿探究能力的提升。

2. 注重幼儿综合能力的提升

良好的教育不但有助于幼儿获得知识，而且可以培养幼儿的综合能力。皮影活动是一项综合实践活动，活动关注的焦点是幼儿关心什么、对什么感兴趣。陶行知说过，我们的教育，要解放儿童的头脑，让他们能想；解放儿童的眼睛，让他们能看；解放儿童的双手，让他们能做；解放儿童的时间，让他们能学自己想学的知识。这样的综合实践活动为幼儿打开了一个开放的空间，鼓励幼儿选择适合自己的方式，自主地、创造性地开展学习活动。这样的综合实践活动少了统一，多了宽松；少了强求，多了自主；少了批评，多了鼓励。这样的综合实践活动为幼儿展示个性创设了良好的环境。在整个学习过程中，幼儿是主体，教师是参与者、合作者、引导者。

(1)选择与分析

活动一直围绕着幼儿的兴趣开展。在游戏过程中，伴随着活动的开展，幼儿需要做不同的决策与分析，不断地选择与判断，如活动内容与材料的选择、方法的尝试。

以内容选择为例，故事情境的选择、故事人物的筛选、故事过程的表现，都是拍摄活动的基础。在这次活动中，幼儿选择了较为熟悉的绘本《小红伞》。《小红伞》主要描写了小红伞帮助小动物解决困难的故事。小鸡、猪、兔子、山羊等角色十分生动有趣，故事情节不乏想象的空间。但是角色多，拍摄难度就会变大。幼儿对绘本里的情节认真细读，仔细斟酌，最后筛选出 3 个情节，将其作为拍摄的素材。

（2）尝试与解决

幼儿根据兴趣，尝试制作皮影。开始制作时，教师问幼儿："要选什么样的纸做皮影?"幼儿回答："漂亮的。""彩色的。""薄薄的。"幼儿各持己见，每名幼儿都觉得自己说的是对的。其中一名幼儿说："我们拿这些纸来试一试，看看哪些纸合适。"幼儿选择了卡纸、宣纸、包装纸来进行实验，发现卡纸和包装纸因为不透光，所以不能用来制作皮影；宣纸很薄，可以透出光来，做皮影很合适。幼儿提出了新的问题："宣纸是怎么制作出来的? 怎么可以做得这么薄?"幼儿尝试制作纸浆。在这个过程中，幼儿反复尝试选择不同的纸，努力把纸做得很薄。他们发现，选择的纸要薄一些，要把薄纸撕碎，浸泡在水里。过两三天之后，将碎纸拧成纸团泥。将纸团泥拧干，倒入白胶，将白胶和纸团泥混合在一起、形成纸浆。在这个过程中，幼儿知道了纸来之不易，纷纷说："一张纸做出来太不容易了，我要好好爱惜这次自己做好的皮影。"

解决了宣纸的问题，幼儿开始设计皮影的内容，剪出外形，准备上色绘制。他们在逐步筛选的过程中发现了不同颜料的特性，找到了合适的颜料（既不晕染又鲜艳），开始为皮影上色。随后，幼儿就要开始拼装皮影了。用什么方法可以让皮影人活动自如? 在什么地方穿绳可以让皮影人看起来更加灵活? 活动的新问题随之产生了，幼儿的新探索也随之开始了。幼儿观察同伴的活动，发现要想使皮影人灵活，关键在于活动关节相互连接，如要想使胳膊灵活，就要使大臂与肩、小臂与大臂、手与小臂之间分别连接。幼儿利用打孔穿绳的方法进行皮影人的组装，将每个人物的活动关节连接好，再将手臂和腿与操作棍相连接，终于完成了皮影人的制作。

幼儿自制皮影做好了。他们开始协商所表演的节目，利用自制的皮影分角色进行表演。一场由幼儿原创的皮影戏正式上演了（见图 6-10）。

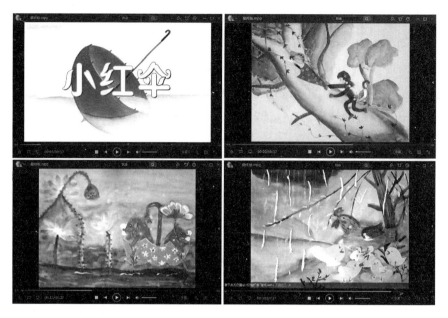

图 6-10　幼儿参与制作的皮影戏《小红伞》截图

（3）分享与反思

传统皮影制作工艺较为复杂，多用动物皮革制作，不适合幼儿使用。在整个制作过程中，传统皮影的制作工艺被简化。如何保留皮影戏本身的"神"？这一直是教师反复思考的问题。教师和幼儿找到各种各样与原材料相近的材料尝试制作。在不断尝试后，幼儿最终选择了宣纸。他们按照剧本的角色和背景进行了制作，将原型放大，先剪出形状，然后用颜料涂色，最后将制作好的图片用缀结扣连接在一起，这样皮影戏的主角就诞生了。

3. 有助于培养幼儿的协作精神

在活动中，幼儿在互动合作中体验皮影表演带来的乐趣。幼幼互动表演使幼儿的合作能力、语言表达能力、创造力都得以提升；师幼互动表演，在表演过程中教师帮助幼儿丰富表演经验；幼儿将皮影制作方法带到家中，亲子互动表演，不仅加深了亲子感情，也使全家成员感受到了民间皮影戏的魅力所在。

4. 促进了家园共育

在活动中，家长表现出极大的参与热情，帮助幼儿收集相关的资料，用自己的热情感染幼儿。在讨论交流活动中，家长的参与使幼儿的活动热情大大提高。皮影活动不但为幼儿开启了探索中国优秀传统文化的兴趣之门，而且使其通过与他人互动交流获取了知识和乐趣。教师既要吸收先进教育理念，又要肩负起传承优秀传统文化的使命，将中国优秀传统文化中特有的文化底蕴传递给下一代。

(三)案例成效评价

在活动中，幼儿自主设计、实施和总结，培养了严谨的科学态度，提高了运用科学知识解决问题的能力和获取信息、整理信息的能力。更重要的是在开放的实践活动中，幼儿学会了在生活中学习，学会了留心观察周围事物，关注身边的世界，关注社会生活问题，增强了对自然与社会的责任感，提高了科学素养。活动前后教师教育行为对比如图 6-11 所示。

讲解	示范	观察	倾听	提问	回应	记录	提供素材	角色扮演	搁置	维持秩序
79	68	67	57	74	69	78	63	78	77	82
81	49	89	98	78	91	89	89	86	53	61

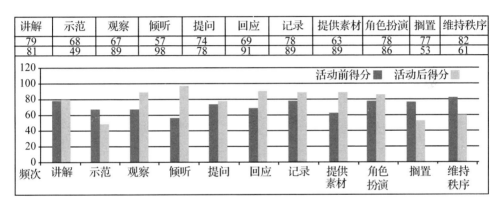

图 6-11　制作皮影戏《小红伞》活动前后教师行为对比图

幼儿较强的动手能力、丰富的想象力以及出众的语言表达能力弥补了其他方面的不足。在小组讨论中，他们热火朝天地进行选题，制订计划，确定分工，汇报材料等。在这个过程中，幼儿是忙碌的，也是有收获的。听听他们的收获感言吧："我觉得我今天太厉害了，我做了喜欢做的事情。""通过皮影活动，我喜欢上了画画。"……幼儿的收获不只是能力的发展，还有友谊、成功与满足。

第三节　整合 STEAM 教育理念的幼儿动画制作活动中幼儿学习方式的转变

一、重塑学习方式：变关注结果为关注过程

学习方式的转变意味着"以学定教"已经成为过去式，取而代之的是"以学定

学"。幼儿学习进程中暴露出来的问题成为他们下一阶段学习的起点；教师根据这些问题来决定他们应该在什么时候出现，以什么样的角色出现，能够为幼儿学习提供什么。

教师聚焦活动结果，忽视活动过程中幼儿的情绪情感、能力发展，很容易让幼儿产生焦虑和压力，从而影响学习质量。聚焦活动过程，期望的结果会很自然地出现。聚焦活动结果，幼儿便会陷入纠结，对过程感到厌倦和不耐烦。时刻以结果为导向，整个学习过程会直指活动目标，根本谈不上轻松学习。所以，在开展活动时，教师应当始终以过程为导向，引导幼儿关注活动的过程，以总目标指引自己努力的方向，并且自始至终围绕活动意图。

在幼儿的这种"经历学习"中，教育的质量集中体现在幼儿学习与发展的质量上。从这个意义上说，关注对幼儿的教转向关注幼儿的学习与发展，关注如何使幼儿园的教育教学回归幼儿学习的需要，关注如何使幼儿的学习更具发展和成长的意义，是教师必须思考的问题。

教师重新审视幼儿园一日生活对幼儿成长的意义，调整设计活动的思路和角度，生成了以 STEAM 教育理念为指引的一系列"经历学习"活动，让每次"经历学习"活动都有其内在的发展逻辑，蕴含特定的经验，有专门的活动内容和形式。

教师关注幼儿成长中的内在需求，强调活动与真实生活有机结合。幼儿经历真实、自然、综合、有效的学习，作为主体参与其中，并承担一定的任务和角色。为此，幼儿需要运用观察、模仿、探究、反思、合作、交流等学习方式。这种自然、真实地融合在具体生活情境之中的学习活动，不仅充分发挥了幼儿的学习潜能和创造性，而且对幼儿产生了更为积极、深远的教育影响。

二、拓展学习内容：从教师主导到幼儿自主学习

STEAM 教育最核心的原则是在真实生活情境中解决实际问题，因此学习的过程不再是知识的"输入—（加工）—输出"过程，而是使问题成为学习的起点，解决问题的过程成为将已有知识运用到实际的过程，学习的结果是制定出具有可行性的解决方案。学习过程即"输入问题—（思维显性）—创造知识"的过程。

教师依托幼儿喜欢的美术形式，基于 STEAM 教育理念，对美术教学过程进行重构，赋予课程较强的目的性和情境性，集手脑并用、寓学于乐、自主创意为一体，引导幼儿制作出了一个个会讲话、会做动作的泥塑动画角色，演绎出了一

个个精彩的动画故事，并通过分享传播，使活动充满了无限的吸引力。这种基于数字信息时代的融合课程，无疑对幼儿产生了更大的影响。动画拍摄便是在创客式教育价值观的引领下，在幼儿和教师的协同实践中孵化生成的。

在动画拍摄活动中，幼儿和教师探索与总结了不同的学习方法。

第一，变一变。

抓住每一个造型的关键部分，以模拟动物自然运动。用这种方式，应注意抓住每个造型的关键特征，注意大小比例，可适当运用背景中的情境，变化场景，使情节有变化。

第二，连一连。

有的动画角色造型变化不大，可以通过主要角色位置移动来实现运动效果，如在海底穿梭的鱼群。用这种方式制作动画，需要注意每移动一个位置或一个动画，造型变化都尽量细微；必须按照一定的运动规律移动，并需要拍摄大量的照片。幼儿发现只有采用逐渐移动、连续拍摄的方法，后期动画才会连贯自然。

第三，动一动。

为了使动物的动作变化流畅，幼儿花费了大量时间进行角色动作的制作。有的幼儿出主意："我们做人物的关节，就不用每个动作再做一遍了。"于是幼儿想办法在纸黏土中间加入毛根，这样使得制作人物造型的工作量大大减少了。有了骨架，人物的一些动作便可以随着故事脚本的需要而随时改变，幼儿不需要重新制作另一个造型了。骨架制作材料很多，如毛根、冰棍棒、胶棒、硬纸板等。其中，毛根的韧性较好，容易塑造各种造型，是幼儿常用的材料。制作过程中要注意人物四肢的关节处尽量不要用太多的黏土，以便于人物四肢自由摆动。人物重心要低，可以在脚底安装小积木、有重量的小玩具，方便人物站立于平面上变化造型。

三、调整思维模式：将目的性教学思维转化为支持性教学思维

传统的学习方式是教师按照教案来实现教学目标——掌握某学科的知识点。教学设计无论多么精彩纷呈，都无法回避一个事实，即教师心目中有一个预期目标。

在 STEAM 教育活动中，师生都没有"内定的"标准答案，教师的任务是和幼儿共同设计学习框架，制定可评估的标准，确定针对不同幼儿学习状况的介入时

机和程度。幼儿的活动是自定义活动，幼儿知道寻求多途径的力量支持学习。这样的学习过程必然会有思考、决策等高阶思维品质伴随其中，也只有这样的思维品质才可能促使师生共同关注学习过程，而非仅仅是学习结果。

STEAM 教育融合了信息技术的发展，开拓了创新教育的新天地。STEAM 教育带来的是学习内容的更新、学习过程的重构、思维方式的重塑。STEAM 教育采用创客的理念和方式来改造日常教育教学，形成了全新的教育教学模式。STEAM 教育以课程为载体，以信息技术为创新实践工具，以培养幼儿的想象力、创造力以及问题解决能力为最终目的。与传统课堂教学相比，基于 STEAM 教育理念的创客式教育通过想象、创造、重构完成知识建构和课程再造，促使幼儿全身心地投入学习。

在课题研究开始阶段，教师对 STEAM 教育还没有形成清晰的认识，没有意识到对幼儿进行 STEAM 教育的重要性。一方面，一些教师受传统教学思想影响较大，没有完全转变教学意识；另一方面，教师缺乏对相应的实践课程的设计指导能力和对幼儿核心素养、科学认知思维的培养能力。

STEAM 教育给教师提供了更多的机会，使教师在教学实践中识别、了解幼儿的学习状态。基于教师自身的专业成长，和幼儿共同设计学习是教师的重要职责。经过一段时间的理论学习和实践尝试，教师能够主动运用 STEAM 教育模式。在这个过程中，教师的创造性、学习品质有了明显的变化，教育观、儿童观、教育行为也发生了转变。

教师在 STEAM 教育理念融入动画制作过程的实践中，能够逐渐设置情境主题，以情境主题为核心，引导幼儿充分发挥想象力，进行自主创造。以情境主题为核心，有助于幼儿深入了解生活，形成科学化认知思维。利用游戏化的教学目标来激发幼儿潜在的学习欲望，能够使幼儿发挥主观能动性。在师幼互动中，幼儿和教师的学习能力都得到了提高。

（本章内容由北京市东城区新中街幼儿园穆东燕、黄姝等撰写）

第七章　渗透 STEAM 教育理念的幼儿戏剧活动案例研究

STEAM 教育主张让学生通过项目学习来完成学业并获取知识。项目实践包含知识、技能、创新能力方面的培养目标。STEAM 教育理念下的戏剧活动指的是幼儿在教师的引导下，以完成一次完整的项目活动为任务，在过程中学会整合经验、运用知识，最后呈现一场精彩的戏剧表演。将 STEAM 教育理念运用于幼儿戏剧活动中，可以在计划—实施—表演过程中，综合提升幼儿的创造力、合作能力、动手操作能力。本研究中，教师改变原有的戏剧活动，让幼儿用以展示和表演为主的活动形式参与戏剧前期准备，旨在通过 STEAM 教育理念下的戏剧活动培养幼儿的创新意识，提高其创新能力、动手操作能力与合作能力。

第一节　渗透 STEAM 教育理念的幼儿戏剧活动的理论概述

一、渗透 STEAM 教育理念的幼儿戏剧活动的概念及特征

(一)渗透 STEAM 教育理念的幼儿戏剧活动的概念

1. 幼儿戏剧活动的内涵

本研究将幼儿戏剧活动界定为幼儿在教师的引导下，通过寻找或编写剧本故事、分配角色、同伴合作设计服装与道具、搭建舞台等，最终呈现出一场戏剧演出的系列活动。

2. STEAM 教育的内涵

为了解决传统的学科分割教育范式无法培养社会所需的能够解决复杂问题的创新型人才的矛盾，在全球范围内，跨学科教育和跨学科学习已成为教育改革日

益受欢迎和日益增长的兴趣领域。这引发了关于科学(Science)、技术(Technology)、工程(Engineering)、艺术(Arts)和数学(Mathematics)学科整合(简称STEAM)教育的讨论。STEAM 教育的内涵实则远不止于科学、技术、工程、艺术和数学五个学科的内容，它是关于学生参与的教育，是基于项目的学习，是关于积极学习的，是关于合作与团队工作的，是关于解决实际问题的，联系抽象知识与学生生活，整合过程和内容……。表 7-1 是不同学者对 STEAM 教育内涵的界定。

表 7-1　STEAM 教育的内涵

研究者	STEAM 教育的内涵	概念界定的角度
格雷特·亚克门	STEAM 教育主要是以基于项目的学习、问题的学习为主要教学(学习)方式，引导学生通过合作与实践，完成主题项目和解决生活中遇到的问题①	从教育方式(途径)角度进行概念界定
时慧	STEAM 教育强调在帮助学生融会贯通科学、技术、工程、艺术、数学等知识的基础上，培养学生的兴趣驱动力、动手实践能力和创新思维②	从教育目的的角度进行概念界定
曾婷	STEAM 教育蕴含的是一种科学的、多学科融合的思想，以多种信息技术工具为载体，主要培养学生的问题解决能力、创新能力③	从教育方式和教育途径的角度进行概念界定

本研究综合多位研究者对 STEAM 教育的理解，从多个角度全面、综合地对STEAM 教育进行界定：STEAM 教育是以基于项目的学习、问题的学习为主要教学(学习)方式的教育模式，引导幼儿通过合作与实践，完成主题项目，解决生活中遇到的问题，旨在提升幼儿的创造力、问题解决能力、动手实践能力以及跨学科知识运用能力等。

3. STEAM 教育的理念

美国知名的教育学者格雷特·亚克门从教育目的的角度出发，指出 STEAM教育不仅可以提升学生的逻辑思维能力，还能培养学生的创新能力、合作能力及

① 赵慧臣、陆晓婷：《开展 STEAM 教育，提高学生创新能力——访美国 STEAM 教育知名学者格雷特·亚克门教授》，载《开放教育研究》，2016(5)。
② 时慧：《建构主义视域下的 STEAM 教育探析》，载《中国信息技术教育》，2017(Z2)。
③ 曾婷：《STEAM 教育的内涵、特征与实施路径》，载《教育现代化》，2017(33)。

自我实现的激励能力。简言之，STEAM 教育主要是培养具有创造能力和革新精神的全面发展的人。[①] 巴沙姆（Basham）从教育对象的角度指出，STEAM 教育强调关注所有的学生，包括具有不同认知能力、不同性别和不同文化背景的学生，甚至是残疾学生等有特殊需求的学生。[②] 格雷特·亚克门及李小涛等人还从教育途径与教育方式的角度出发，认为 STEAM 教育以项目学习为主要学习方式，学习者通过项目式学习来完成相关任务，在此过程中提升能力 。[③④]

如图 7-1 所示，从教育目的的角度出发，STEAM 教育理念重视培养创造力、

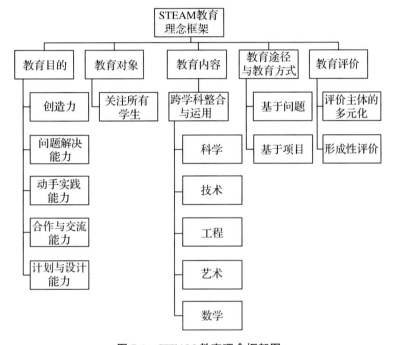

图 7-1　STEAM 教育理念框架图

① 赵慧臣、陆晓婷：《开展 STEAM 教育，提高学生创新能力——访美国 STEAM 教育知名学者格雷特·亚克门教授》，载《开放教育研究》，2016(5)。

② Basham J D，Israel M，Maynard K. "An Ecological Model of STEME ducation：Operationalizing STEM FOR ALL，" Journal of Special Education Technology，2010，25(3)：pp. 9-19.

③ 赵慧臣、陆晓婷：《开展 STEAM 教育，提高学生创新能力——访美国 STEAM 教育知名学者格雷特·亚克门教授》，载《开放教育研究》，2016(5)。

④ 李小涛、高海燕、邹佳人等：《"互联网＋"背景下的 STEAM 教育到创客教育之变迁——从基于项目的学习到创新能力的培养》，载《远程教育杂志》，2016(1)。

问题解决能力、动手实践能力、合作与交流能力及计划与设计能力；从教育对象的角度出发，STEAM 教育理念强调关注所有学生；从教育内容的角度出发，STEAM 教育理念重视科学、技术、工程、艺术、数学的知识与经验的整合和运用；从教育途径与教育方式的角度出发，STEAM 教育理念强调基于问题、基于项目开展活动；从教育评价的角度出发，STEAM 教育理念强调评价主体的多元化，重视采用形成性评价。

综上，本研究将 STEAM 教育理念界定为以培养具有创造性思维和具有问题解决、动手实践以及合作与交流的能力的人为教育目的，关注所有幼儿，运用跨学科整合式的学习方式让幼儿习得科学、技术、工程、艺术、数学的知识与经验。需要注意的是，在此过程中，教师要重视对幼儿的形成性评价。

4. 渗透 STEAM 教育理念的幼儿戏剧活动

本研究中基于 STEAM 教育理念的幼儿戏剧活动是指幼儿在教师的引导下，以完成一次戏剧活动项目（设计、探索、实践，最终演出一场适合幼儿观看的戏剧）为主要任务，潜移默化地进行跨学科学习，通过运用科学、技术、工程、艺术、数学方面的知识，使创新能力、问题解决能力、合作与交流能力、动手实践能力及设计能力得以提升的活动。

(二)渗透 STEAM 教育理念的幼儿戏剧活动的特征

本研究将从教育目的、教育对象、教育内容、教育途径及教育评价五个方面分别阐述渗透 STEAM 教育理念的幼儿戏剧活动的特征。

1. 在教育目的方面，重视幼儿创造力等各种能力的培养

2012 年，经济合作与发展组织（OECD）发布的《为 21 世纪培育教师和学校领导者：来自世界的经验》指出，21 世纪的学生必须掌握以下四方面十大核心技能：思维方式，即创造力、批判性思维、问题解决能力、决策和学习能力；工作方式，即沟通和合作能力；工作工具，即信息技术和信息处理能力；生活技能，即公民、变化的生活和职业以及个人和社会责任。STEAM 教育在学前阶段可以培养和锻炼的核心能力包括创造力、问题解决能力和合作能力。另外，STEAM 教育也非常重视动手实践能力、计划与设计能力。这是完成项目必备的能力，也是幼儿未来解决各类复杂问题时需要具备的能力。

戏剧活动是幼儿喜闻乐见的活动形式，完成一项戏剧活动对于幼儿来说极具

挑战性。在戏剧演出任务的驱动下，幼儿需要通过不断合作与交流，在计划与设计的基础上动手实践，不断地面临挑战，不断地想办法解决问题。在此过程中，幼儿的合作与交流能力、问题解决能力、创造力、动手实践能力、计划与设计能力得以提升。

2. 在教育对象方面，重视和关注全体幼儿

STEAM 教育理念下的幼儿戏剧活动需要所有幼儿的参与。在参与的过程中，每个幼儿发挥自己的独特之处，扬长避短。幼儿在不断合作与交流中相互学习，每个成员都在为一个共同的目标和任务努力，各司其职，最终合作完成一项戏剧活动的编排和演出。在戏剧活动开展过程中，教师没有根据某一标准分数将幼儿按照等级进行量化打分。每个幼儿在项目开展过程中都是平等的关系，都是有无穷潜力的独特个体。STEAM 教育理念下的幼儿戏剧活动重视发掘每一个幼儿的优势，让每一个幼儿为实现团队目标和展示成果做出贡献。

3. 在教育内容方面，重视跨学科知识的整合与应用

幼儿天生具有好奇心，渴望学习，乐于解决问题，喜欢挑战，对未知充满疑惑。幼儿在实践中面临着各种各样的问题，需要不断地应用各类相关的知识与经验去解决。在戏剧活动设计和实施中，他们将自己的热情和目标紧密结合在一起，在直观经验的基础上跨学科、综合地应用经验与知识。当幼儿完成一项戏剧活动后，他们将具备更强的解决问题的能力。在解决问题，尤其是在解决项目过程中的复杂问题时，幼儿在无形中进行了跨学科知识的整合与应用。在当今人类面临各种挑战的时代，这种能力是必不可少的。

4. 在教育途径方面，基于问题和项目去开展活动

STEAM 教育理念下的幼儿戏剧活动是基于项目的活动，无论是在查找资料与丰富经验阶段、小组设计阶段、动手实践阶段还是展示与交流阶段，幼儿都会遇到各种各样的问题。在这些问题的基础上，幼儿充分运用经验，想办法解决每一阶段的问题，克服各个困难，在这个过程中增长见识，实现自我成长。

5. 在教育评价方面，重视评价主体多元化和形成性评价的运用

STEAM 教育理念下的幼儿戏剧活动非常重视评价主体多元化。评价主体不仅是成人，如家长和教师，还包括幼儿。在开展幼儿戏剧活动的过程中，教师非常重视发挥幼儿的评价主体作用，让幼儿发现活动中的亮点与不足。幼儿有了评价的机会，才能感受到被尊重、被认可，更愿意主动地参与活动并承担责任，贡

献自己的智慧。

北京市朝阳区丽景幼儿园在开展 STEAM 教育理念下的幼儿戏剧活动时，非常重视运用形成性评价，包括对个别幼儿表现的评价、对小组表现的评价，根据幼儿在活动中的表现，通过提供定期反馈来调整幼儿开展活动的过程。形成性评价关注的是幼儿进行活动的过程和幼儿学习的过程。戏剧项目的实施与完成是一个相对漫长的历程，在实施过程中进行评价，评价的实效性、适宜性、针对性会更强一些。

二、在 STEAM 教育理念的指导下开展幼儿戏剧活动的意义

幼儿在设计与开展戏剧活动的过程中，面临着一系列问题。在不断发现问题、解决问题的过程中，他们的各项能力得以提升。经过一年的项目实施，北京市朝阳区丽景幼儿园两个实验班的幼儿变得更愿意主动地解决问题，问题解决的能力不断提升。戏剧活动项目离不开设计与创作，每一个项目及与其相关的具体任务都需要团队合作才能完成。幼儿分组合作，合作能力得以提升。园所在开展项目活动时，以最终演出一场戏剧为主要的项目成果。整个过程中幼儿动手操作的机会比较多，如舞台的搭建、道具的制作等，这些都需要幼儿全程参与。在此过程中，幼儿的动手操作能力得以提高。舞台的搭建属于工程范畴，搭建之前需要设计。工程的核心在于设计。戏剧剧本创作需要艺术设计与艺术创作，在此过程中幼儿体验美、表现美、创造美的能力得以提升。总之，在整个项目开展过程中，项目工程从无到有，项目的开展使得幼儿的创造力在潜移默化中得以提升。

三、渗透 STEAM 教育理念的幼儿戏剧活动的设计与分析

从 2017 年 9 月开始，北京市朝阳区丽景幼儿园开展了"STEAM 教育理念下幼儿戏剧活动的实践研究"这一课题。在 2017 年 9 月至 2018 年 5 月为期约八个月的实践研究中，园所两个实验班共实施了 4 个戏剧活动项目，分别是"熊猫百货商店""毕业华尔兹""成语表演故事"和"好玩的皮影戏"。在阶段性学习和多次研讨中，园所深刻地感悟和思考 STEAM 教育理念，并在开展一系列丰富的幼儿戏剧活动时积极践行 STEAM 教育理念。下面主要和大家分享三个戏剧活动设计方案，分别是"熊猫百货商店""成语表演故事"和"好玩的皮影戏"。方案内容主要

包括戏剧活动名称、年龄段、涉及学科、实施时间、戏剧活动设计背景、幼儿学习情况分析、戏剧活动目标、阶段性活动设计与评估、阶段性项目模式总结九个部分。

(一)幼儿戏剧活动"熊猫百货商店"设计方案与分析

表 7-2　幼儿戏剧活动"熊猫百货商店"设计方案与分析

戏剧活动名称	熊猫百货商店
年龄段	大班
涉及学科	科学：科学知识(物理—力的作用，自然—角色动物的特征及生活习性)，科学探究过程(发现问题—分析原因—解决问题) 技术：运用技术工具(灯光、音响)，积累技术经验(灯光与音响的相互配合) 工程：设计(舞台设计、服装道具设计)。实践：舞台搭建、舞台布景制作、戏剧演出 艺术：剧本创作，演出戏剧 数学：时间、舞台布景的测量、头饰大小的测量与比较
实施时间	2017 年 10 月至 12 月
戏剧活动设计背景	"熊猫百货商店"描述了熊猫百货商店里大熊猫和小熊猫全心全意为顾客服务的场景。即使面对长颈鹿、河马、大象、松鼠等身材比较特殊的顾客，它们也总是千方百计让顾客买到合适的商品。在观看动画片《熊猫百货商店》的过程中，幼儿开始对戏剧活动"熊猫百货商店"产生了浓厚的兴趣，因而产生了戏剧表演的强烈愿望
幼儿学习情况分析	大班幼儿多采取合作式学习的方式习得知识。《3—6 岁儿童学习与发展指南》和《幼儿园教育指导纲要(试行)》指出，5～6 岁的幼儿艺术活动的情感性、愉悦性、形象性符合大班幼儿的思维水平和认知特点。幼儿喜欢听故事、讲故事，喜欢朗读节奏鲜明、有韵律的歌谣，喜欢看情节有趣和角色鲜明的动画片，喜欢在游戏中再现他们感兴趣的人物表情、动作、情节和活动场面，喜欢在表演时根据自己的经验和想象不断求新与创造。本班幼儿在幼儿园期间，观看过两次现场戏剧，对从搭建舞台到表演的各个阶段已有了简单的了解；在中班时，有过表演儿童剧"小马过河"的经历，积累了一定的经验，喜欢按照自己选择的角色进行表演，表达自己对角色的理解

续表

戏剧活动目标	1. 了解剧本的组成并尝试参与剧本创作、道具制作、戏剧表演等活动 2. 乐于用自己喜欢的方式与同伴交流自己的意见和想法,体验分工合作的快乐 3. 在创作、排练、表演等活动中用数学知识来解决问题,增加感性经验,体验解决问题的乐趣、成就感与自豪感 4. 能用多种工具、材料或不同的表现手法表达自己对故事情节的理解			

	活动阶段	活动设计	活动评估标准	活动设计意图	
阶段性活动 设计与评估 (以舞台搭建 为例)	1. 查找资料 2. 积累经验,收集信息	1. 通过上网收集舞台搭建的相关信息 2. 现场观看舞台搭建	知道舞台搭建的基本要素	丰富幼儿搭建舞台的相关经验	
	小组设计	对舞台已有认识,初步设计舞台	可以制作舞台整体结构图和操作流程图	在没有任何参考的情况下,给幼儿留下充分的想象空间,发挥幼儿活动的主体性,保护幼儿的想象力	
	动手实践	小组尝试实践—发现问题—分析原因—寻找方法—解决问题—完善实践 (共同研究、发现并解决活动中的问题,完善舞台搭建)	尝试测试舞台设计是否合理(搭建舞台时幼儿要对舞台进行测试)	培养幼儿的试误精神、实验意识和实际动手能力,保证后期的活动顺利开展	
	展示交流	展示作品,用 PPT、照片、视频的形式将舞台搭建的过程展示出来	同伴间提出修改意见	让幼儿体验成功的快乐	

	STEAM 课堂教学 模式的共同要素	活动中的具体体现	
阶段性 项目模式总结	真实情境	戏剧表演中舞台是必不可少的	
	关键问题	如何搭建实用、美观的舞台	
	设计方案	采用实地参观、网络查询、家园合作的方式帮助幼儿了解舞台搭建常识,以小组的形式初步设计舞台	
	改进方案	通过实践,发现问题,不断改进,完善细节	
	实施方案	分组设计舞台,寻找适合搭建的工具,进行舞台搭建	
	演出展示	全体幼儿进行彩排,展示小组成品,在过程中发现问题。同伴间相互交流,提出修改建议	

(二)幼儿戏剧活动"成语表演故事"设计方案与分析

表 7-3 幼儿戏剧活动"成语表演故事"设计方案与分析

戏剧活动名称	成语表演故事
年龄段	大班
涉及学科	科学：科学探究过程(发现问题—分析原因—解决问题) 技术：运用技术工具(灯光、音响)，积累技术经验(灯光与音响的相互配合) 工程：设计(舞台设计、服装和道具设计)，舞台搭建，道具制作，戏剧演出(成语小剧场工程) 艺术：舞台表演，音乐欣赏，成语的艺术表现 数学：通过测量比较大小，认识日期和时间
实施时间	2017 年 10 月至 12 月
戏剧活动设计背景	大班幼儿以合作方式进行学习，专注力、语言表达能力等都有很大的提高，能够明白成语和故事之间的逻辑关系。在班级分享故事环节，经常有幼儿讲成语故事。成语故事体现了我国文化的博大精深，一个小小的成语蕴含丰富的内容和深刻的哲理。基于成语在生活中的广泛运用，师幼开展了以成语为主题的戏剧活动
幼儿学习情况分析	幼儿在园期间，观看过两次现场戏剧。从搭建舞台到演员表演各个环节，幼儿已有了简单的经验积累。在本次戏剧活动中，舞台是表演的基础。舞台搭建工作对于大班幼儿来说是有挑战性的，能使幼儿在真实的情境中体验动手的快乐
戏剧活动目标	1. 分享故事的幼儿能够比较有序、连贯、清楚地讲述故事，听故事的幼儿能够认真倾听 2. 了解剧本的组成并尝试参与图夹文剧本的创作 3. 积极参与道具制作、戏剧表演等活动，乐于用自己喜欢的方式与同伴交流自己的意见和想法，体验分工合作的快乐 4. 提升问题解决能力、动手实践能力、合作能力、创造力 5. 在活动中，能用多种工具、材料或不同的表现手法表达自己对成语故事的理解

续表

活动阶段	活动设计	活动评估标准	活动设计意图
查找资料	对想要表演的故事内容进行巩固	能够主动分享收集的资料	巩固和回忆成语故事的内容，为制作服装、道具做好材料准备
小组设计	根据自己感兴趣的成语故事，分组进行服装、道具设计	能够顺畅交流，良好合作，结合经验做计划，并把计划用自己的方式记录下来	合作完成服装和道具的计划表，为服装、道具的制作做准备
动手实践	制订计划—实践操作—发现问题—进行改进	能够动手制作服装、道具，完成场景布置	合作制作服装、道具，布置场景
彩排	分组进行成语故事表演	能够在适宜的场景合理运用服装、道具完成演出	彩排是正式演出的保障，具有承上启下的作用，为正式的演出做准备
演出	分工合作，进行演出	完整、顺畅地进行表演	体验演出的喜悦，增强自信心

阶段性活动设计与评估

STEAM 课堂教学模式的共同要素	活动中的具体体现
真实情境	适宜的场景，美观、坚固的舞台
关键问题	服装和道具的准备、制作，场景的布置
设计方案	运用绘画方式进行设计
改进方案	通过动手操作和亲身体验发现问题，修改方案
实施方案	通过小组分工合作完善演出方案，进行彩排
演出展示	相互合作，共同表演

阶段性项目模式总结

(三)幼儿戏剧活动"好玩的皮影戏"设计方案与分析

表 7-4　幼儿戏剧活动"好玩的皮影戏"设计方案与分析

戏剧活动主题	好玩的皮影戏
年龄段	大班
涉及学科	科学：科学探究过程，物理知识(摩擦力) 技术：积累技术经验(皮影人制作技术、皮影戏幕布制作技术、灯光控制及放置技术) 工程：设计(皮影戏戏台设计)，皮影戏人偶角色制作，皮影戏戏台搭建 艺术：设计幕布，皮影戏角色的制作与表演 数学：测量(幕布及皮影人的大小等)
实施时间	2018 年 3 月至 5 月
戏剧活动设计背景	春节和元宵节期间，幼儿感受到了浓浓的节日氛围。他们发现春节前人们会贴对联、剪纸、捏面人。有的小朋友还和爸爸妈妈一起去逛庙会，观看皮影戏，感受中国传统文化艺术的美。在此期间，幼儿对皮影产生了浓厚兴趣。因此教师以皮影戏为切入点，引导幼儿在了解皮影戏的过程中尝试设计、创造、表现中国优秀传统文化——皮影戏。《3—6 岁儿童学习与发展指南》指出："带幼儿观看或共同参与传统民间艺术和地方民俗文化活动"，感受优秀传统文化的艺术美。在"好玩的皮影戏"主题活动中，幼儿可以接触、了解具有中国风格的艺术文化，并根据自己的意愿开展活动
幼儿学习情况分析	幼儿目前处于大班下学期，即幼小衔接的重要阶段。其身心有了进一步的发展。幼儿的观察力、理解力增强，求知欲和好奇心很强，爱说，好动，动手和交往能力等有了一定的发展。幼儿在活动中更加有目的、有计划，自我控制能力也有所提高，但是解决复杂问题的能力、设计能力、合作能力、艺术表现与创造能力还有待进一步提高
戏剧活动目标	1. 在了解、收集皮影戏的过程中，感受中国艺术的特点和美，增强民族自豪感，培养爱国情怀 2. 通过设计皮影戏、创编剧本、制作背景音乐与艺术作品等，提高对艺术的表现与创作能力 3. 在活动中，对自己感兴趣的事情能够积极探究、思考，相互商量，敢于表达自己的想法，并在讨论中知道轮流讲话，学会尊重他人，共同合作设计；遇到问题时能够自主想办法解决，提高解决复杂问题的能力、设计与执行能力及合作能力 4. 在制订计划、设计剧本的过程中，愿意根据自己的想法、运用不同方式表现事物或故事内容 5. 在欣赏皮影戏时，能够用恰当的表情、动作、语言等方式表达自己的理解和感想 6. 能够了解皮影戏中的基本节奏，并用自己喜欢的方式进行表现

	活动阶段	活动设计	活动评估标准	活动设计意图
阶段性活动设计与评估（以皮影戏幕布支架设计为例）	1. 查找资料 2. 积累经验，收集信息	1. 欣赏皮影戏 2. 收集皮影戏有关知识 3. 互相分享，互相交流 4. 实地参观，了解皮影制作及皮影戏演出过程 5. 结合自己的想法，选取材料制作皮影戏幕布支架	了解皮影戏的基本要素，提出设想	丰富皮影戏设计的相关经验，激发制作皮影戏幕布支架的兴趣，对幕布支架的制作材料提出自己的想法
	小组设计	利用对皮影戏的已有认识，完成皮影戏幕布支架设计稿 1. 自主分组，讨论制作皮影戏幕布支架时需要用的材料及其特性 2. 以小组为单位，共同设计皮影戏幕布支架设计稿	描绘出皮影戏幕布支架设计稿	凭借经验进行设计，最大限度地发挥想象力
	动手实践	实施计划—发现问题—解决问题（共同发现、研究并解决在活动过程中出现的问题，完善皮影戏幕布支架的制作）	通过实践，测试之前的设计是否合理	培养动手实践和亲身体验的意识，确保后期操作时更加方便
	展示交流	相互分享，通过观看图片、视频等方式，思考什么是最适合制作皮影戏幕布支架的材料 1. 准备阶段，分享如何搭建 2. 共同发现制作中的问题，并寻找制作皮影戏幕布支架的合适材料 3. 完成皮影戏幕布支架的制作	同伴间互相提出建议	通过搭建皮影戏幕布支架，获得成功的体验
阶段性项目模式总结（以舞台搭建为例）	STEAM 课堂教学模式的共同要素	活动中的每一步均体现幼儿的自主性和创造性		
	真实情境	皮影戏表演中舞台的搭建是皮影戏活动开展过程中重要的情境		
	关键问题	材料的选择和应用		
	设计方案	通过现场观看皮影戏，增加对皮影戏表演的了解，并通过网络、家园共育的形式了解皮影戏舞台搭建常识，以小组的形式初步设计舞台		
	改进方案	通过实践探索，发现问题和不足，思考解决问题的方法		

实施方案	小组合作设计，动手操作，寻找适合搭建的材料和合适的方法	
演出展示	分小组进行彩排，展示小组探索的过程和成品，并再次发现问题。同伴间相互交流，提出建议	

（此部分由孟娜、李俊、李佳景提供）

第二节　渗透 STEAM 教育理念的幼儿戏剧活动案例呈现与分析

一、幼儿戏剧活动"熊猫百货商店"案例呈现与分析

(一)幼儿戏剧活动"熊猫百货商店"案例呈现

幼儿戏剧活动"熊猫百货商店"主要包括四个阶段，分别为：项目开启、生活体验、剧场工作和模拟剧场。在项目开启过程中，教师引导幼儿整理动画片《熊猫百货商店》中涉及的各种经验。具体活动有"我们一起看动画片""故事'熊猫百货商店'真有趣"等。其次，为了让幼儿在生活情境中获得多种体验，教师开展了"认识熊猫""我带过的围巾""我来量腰围"等一系列活动，让幼儿获得角色、行为和情感等多方面的体验。剧场工作是整个戏剧活动项目的核心，包括幼儿的表演工作以及从中分化出来的舞台设计、音乐准备、剧本描绘和导演安排等工作。具体活动有"用积木搭建舞台""不同样式的头饰"和"尺子的作用"等。最后幼儿通过演出，充分体验演员、导演、道具师和音响师等各个角色在剧场里的创作与合作过程。

在整个项目活动开展过程中，幼儿不断发现各类问题，想办法解决问题。下面分享舞台搭建系列案例和道具的产生与制作系列案例。

案例一：舞台搭建系列案例

1. 用积木搭建舞台

早餐后，几名幼儿选择进入舞台布景组。他们高高兴兴地跑到积木区，在没有商量的情况下每人拿了两块长条厚积木进行搭建。过了几分钟，积木区的地上已经被长条厚积木覆盖了一层，他们在搭建第二层。在完成第二层搭建的时候，

他们又拿了一些三角形的小积木放在里面作为填充物。教师不解地问："咦，为什么要把这样的积木放在里面呢？"元元小朋友回答："我们在看《小红帽》表演时发现，那个舞台就是用好多三角形铁块搭成的，班里没有铁块，所以可以用这个来代替呀。""哦，原来是这样。"教师恍然大悟。幼儿搭建的舞台成型后，高兴地来到音响组邀请同伴参观。音响组的幼儿看到用积木搭建的舞台后笑着拍着手说："你们真棒！"然后追着教师要求放音乐。音乐响起，几名女孩要上去跳舞。她们的一只脚刚上去，就听到"啪"的一声，积木都倒了。舞台布景组的幼儿不高兴地说："哎呀，我们的舞台没有了。"几名女孩说："这个舞台太不结实了，还没有上去就倒了。"于是转身离开了。

这是幼儿刚刚用积木尝试搭建的舞台，他们发现用积木搭建的舞台不牢固。

2. 舞台可以站人了

幼儿发现用积木搭建舞台不牢固。教师问他们："那你们觉得用什么材料搭建舞台更结实呢？"幼儿第一个想到的是用椅子代替积木搭建第一层。几名幼儿踩到椅子上进行多次试验，发现椅子不会倒塌。于是他们用椅子和积木开始搭建舞台。因为舞台是平面的，所以幼儿把椅子两两相对进行拼摆，然后在椅子上用积木搭建了第二层。很快舞台就搭建完成了。这次他们没有先去邀请其他小朋友过来尝试，而是自己进行尝试。他们站在上面走来走去。刚走了一个来回，其中一名幼儿说："不行，这上面不能演出。"另一名幼儿说："为什么？我们站上来了，没有倒呀。"这名幼儿说："表演的小朋友要在上面跳舞，这个下面是椅子，不稳，而且很不平，他们连跑都没法跑。"

幼儿利用椅子搭建舞台，却发现无法固定椅子，演员在上面无法跳舞。

3. 舞台搭建接近尾声

由于幼儿发现无法固定椅子，于是，舞台布景组又做了调整。他们想到了户外玩具塑料积木。一名幼儿说："这里有大的、厚厚的长方形积木，我们能拿到楼上吗？"教师说："可以呀。"于是教师带着舞台布景组的幼儿到楼下开始搬积木。他们很快搭建好了两层，还站在上面蹦来蹦去，高兴地说："老师，这个不会倒，你看，还可以跑呢。"尝试完之后，他们就跳了下来。旁边的一名幼儿说："你们看，让你们跳得都不整齐了，中间都开了。"舞台布景组的幼儿相互看了看，自言自语："用这个也不行呀。"哎！这个时候活动时间结束了。在区域分享的时候，舞台布景组的幼儿把自己组遇到的问题告诉了同伴，于是其他幼儿开始出主意：

"用胶钉粘住。""可以用胶条，可以用双面胶，也可以用布。"幼儿你一言我一语，说了很多方法。听到这些办法后，第二天舞台布景组选择了用胶条来固定所有的塑料积木。问题又来了：从哪儿开始粘呢？他们想了想说："咱们从左向右粘吧。"经过了一天的活动，幼儿终于完成了第一层。可是问题又来了：第二层怎么和第一层粘在一起呀？宜宜小朋友说："老师，第一层太多了，我们要粘上第二层就搬不动了，怎么办呢？"教师说："你们可以先尝试着按照第一层的方法粘好第二层，然后再想如何使两层连接上。"这时帅帅小朋友已经开始工作了。当粘到一半时他说："老师，我们可以在粘完后用一大块布把它们固定住。"教师笑了笑说："好，一会儿老师帮你们找布，你们来试一试。"

于是，教师带着幼儿来到了资料室，让幼儿自己询问资料员（见图 7-2）。资料员问："你们需要多大的布呢？"他们半天没有说话。教师告诉他们："要不回去量一量具体的长和宽我们再去找布好吗？"两名幼儿有些沮丧地回到舞台前。宜宜小朋友快速地去植物角拿来了卷尺，并说："我们量一量舞台的长和宽吧。"就这样，幼儿又开始了一番"折腾"。量完后，帅帅用自己能看懂的符号写下了长和宽的具体数字，然后拉着教师去找资料员。看到资料员后，他举着手里的纸告诉资料员需要多大的布。来到资料室后，幼儿选择了印有自己喜欢的图案的布。刚取回布，幼儿就对这块布合不合适产生了疑问。于是，幼儿把布铺平，用刚才的办法开始测量这块布，发现长和宽的数据都比刚才的多。帅帅大声说："这个可以用。"就这样，舞台搭建工作慢慢地接近尾声。

（此案例由马颖老师提供）

图 7-2　幼儿找资料员借舞台搭建材料

教师反思：

舞台布景组的幼儿从刚开始用积木搭建失败，到尝试用椅子搭建，到用塑料积木进行拼接并用布和胶带进行固定，在这个"漫长"的舞台选材、设计、搭建的过程中，大胆试误。当然，舞台搭建的过程离不开教师的指导和启发。教师通过抛出适宜的问题，让幼儿了解了活动中的问题所在，弥补了幼儿经验上的不足；通过追问，激发幼儿进一步思考和探究解决难题的方法，从而帮助幼儿完善舞台搭建经验，学习感性知识。

案例二：道具的产生与制作系列案例

幼儿在表演区进行了第一次尝试表演，演出后同伴提出了许多意见。例如，"如果你们有道具就会演得更好了。""你们表演时声音有些小。"小演员听到来自不同小观众的意见后，便开始着手制作道具。可是问题来了：都准备哪些道具呢？由于幼儿从故事的一开始就按照角色对需要的道具进行了梳理，有的幼儿怕自己忘记，便用笔记录了下来，因此大家很快把需要的道具归纳出来了。如何去制作这些道具呢？

1. 不同样式的头饰

故事中有大象、长颈鹿、河马、熊猫等动物，幼儿对这些动物并不陌生。可是如何做相关头饰呢？一开始承担角色任务的幼儿进入美工区，拿了一张白纸，画上自己扮演的角色的图案，用双面胶贴在衣服上，然后尝试表演，结果发现图案总是掉下来，怎么办呢？有的幼儿告诉他们："我妈妈带我出去看表演，人家都是在头上戴着这个。"听了小伙伴的建议，他们喃喃自语："头上？用什么固定才能戴在头上呢？"幼儿想到了万圣节的鬼脸，于是把纸两侧加上了线，戴在了头上，尝试着扮演自己喜欢的角色。戴上头饰后幼儿发现什么也看不到，原来是没有给眼睛留出地方。于是幼儿在头饰上挖出两个洞，又一次戴上。因为其中一个角色有 4～5 名幼儿扮演，所以当同一个角色的幼儿都来试了一遍后，头饰都快要被弄坏了，这可怎么办呢？有的女孩子想起了之前制作钥匙扣的方法，于是对教师说："我们可以把纸进行过塑，这样就不容易撕坏了。"幼儿马上开始尝试，纷纷把自己做的头饰进行过塑，然后重新佩戴。"戴着头饰说话，声音会变小，而且我们做的是平面的，弄得鼻子会不舒服，怎么办？"有的幼儿提出了问题。这时另一名幼儿按照经验在嘴巴处弄了一个洞，还有的幼儿在鼻子处弄了一个洞。这时珺珺小朋友说："我们可以做一个立体的，这样就不用弄那么多的洞了。"立

体的怎么做呢？美美小朋友插了一句："我妈妈带
我去迪士尼的时候，我发现帽子上有米奇，我们
可以在班里的草帽上制作，我们直接戴草帽就好
了。"通过班级集体讨论，大家决定分为两组，分
别制作立体头饰和帽子式头饰。在做立体头饰的
时候，大家又遇到了问题——不知道该怎样裁剪。
于是，幼儿特意寻找了一些立体动物折纸的过程
进行研究。通过测量、观察、比对，幼儿最终制
作完成了新的头饰（见图 7-3）。

图 7-3　幼儿佩戴头饰

2. 道具中的围脖

围脖对于幼儿来说不陌生，但是他们从来没
有看到过织围脖的过程。通过了解动画片和故事
书里的内容，幼儿知道了小熊猫是借助山羊奶奶的帮助才完成长颈鹿需要的超长
围脖的。一开始幼儿只知道编织围脖的原料是毛线。教师在美工区特意提供了这
种材料，并引导幼儿观察故事内容，仔细看一看故事中的围脖是怎么制作的。通
过教师的引导，幼儿了解到围脖是用针织出来的。可是应该怎么织呢？为了方便
幼儿操作，教师特意准备了多根又粗又短的针。在压线的过程中，幼儿无法进行
手指绕线。教师进行演示：把两根针平放在桌子上，一只手按住针，另一只手绕
线。幼儿按照教师的织法织了起来，第一条围脖很快做成了。幼儿很兴奋，可是
在给扮演长颈鹿的小朋友试戴时，发现太短了。长度增加多少合适呢？

3. 尺子的作用

幼儿在制作头饰和其他道具的过程中，发现每一个步骤都需要测量。在一次
次测量中，幼儿对尺子的种类有所了解。他们学会拿直尺测量围脖的长短，测量
头饰的大小。可是当测量脖子和腰围的时候他们无从下手了。美美想给豪豪做一
个围脖，想先测量一下需要织多长。美美从自己的柜子里拿来尺子，对着豪豪的
脖子转了好几圈也没有测量出长度。教师走过去问美美："需要什么帮助吗？"美
美说："脖子是一圈，怎么量呀？"教师问美美："你手中的尺子可以弯曲吗？""不
能"美美说。"什么物品可以弯曲？"教师问。这时天天回答："我们体能测试时量
距离的那个尺子可以。""我们除了用能卷的尺子外还可以用什么办法呢？"教师追
问。幼儿说："我们可以拿一张长条纸，绕在脖子上一圈，然后把纸放平，再用

直尺测量。"幼儿通过不断尝试，学会了不同的测量方法，不仅了解到了生活中有直尺还有卷尺，而且想出了用直尺测量圆周的好办法。

（此案例由马颖提供）

教师反思：

案例二描述了幼儿为戏剧表演制作头饰、为戏剧中的人物织围脖以及认识并学会使用尺子这种测量工具的过程。在STEAM教育活动中，幼儿教师改变原有的终结性评价，注重幼儿能力的发展，让每名幼儿各司其职，充分发挥其智慧和作用，从而带动全体幼儿共同成长。

(二)幼儿戏剧活动"熊猫百货商店"案例分析

通过两个多月的实践，北京市朝阳区丽景幼儿园在践行STEAM教育理念的过程中总结出了一系列注意事项和教育方法，形成了初步的教育经验。

1. 重视对幼儿解决真实问题的能力以及动手实践能力的培养

舞台搭建的系列案例说明，看似寻常的动手实践过程中蕴含变化和挫折。幼儿在舞台搭建的过程中一次次陷入困境，又一次次柳暗花明。他们在搭建过程中增长了经验。我们可以从幼儿身上看到十分典型的工匠精神——对于质量的追求。他们并不满足一般意义上的"像"，而是尽其所能来逼近真实。

在培养幼儿各种能力的过程中，教师采用的方法是基于项目的完成和问题的解决，在围绕完成一个大项目的基础上，完成一个个小项目，解决一个个小问题。教师在实践STEAM教育理念、培养幼儿解决问题的能力时，采用引导探究的方法，通过实际操作、试误和小组合作等适合幼儿年龄特点的方法培养幼儿解决真实问题的能力。

2. 重视跨学科知识的整合运用

在搭建舞台时，幼儿在无形中运用到了数学中测量的相关知识；在遇到问题时，幼儿分析出现问题的原因，探究解决问题的方法，尽可能使作品整齐、美观。舞台搭建需要设计技术，整个舞台的成功搭建正是幼儿完成一项小工程的体现。完成工程的过程中渗透着对科学、技术、工程、艺术、数学学科知识的应用，体现了STEAM教育跨学科的理念。

3. 重视对幼儿创造性思维的培养

当幼儿改变以往的固定思维模式，用户外塑料积木搭建舞台时，教师给予极大的支持和赞扬，使幼儿完成舞台搭建的积极性得到了提升。在道具制作过程中，教师与幼儿共同收集材料，尝试制作，制订合适的制作方案。幼儿在制作过程中发现问题，通过测量、对比和试误，最终解决了问题。

二、幼儿戏剧活动"成语表演故事"案例呈现与分析

(一)幼儿戏剧活动"成语表演故事"案例呈现

教师在与幼儿日常相处中发现，幼儿有表演成语故事的愿望，因此决定根据幼儿的兴趣开展工程项目——成语小剧场。

开展这个工程项目的过程主要包括三步：第一，收集、了解、熟悉成语故事；第二，结合想要表演的成语故事，进行自主选择、分组；第三，表演成语故事。表演成语故事的过程又分为以下三个阶段：前期准备阶段，包括服装、道具、场景、音乐、配音的准备；中期彩排、宣传阶段；后期正式表演阶段，包括采访小观众，对整个活动进行回顾和反思。以下是成语故事戏剧活动工程项目开展过程中的两个具体案例。

案例一："刻舟求剑"组服装、道具的设计

教师根据本部分戏剧活动将幼儿分组。服装道具组成员在了解成语故事的基础上，明确了故事中的角色有丢剑的人、船夫和共同乘船的人。在制订服装、道具的计划的过程中，幼儿提出了问题："如何表现这三个人的不同特征呢？"幼儿发现不一样的人穿的衣服不一样。比如，船夫要穿蓑衣，戴蓑帽；丢剑的人要有宝剑，穿着比较华丽。三个人的衣服具体应该是什么样的呢？由于古代人的装束与现代人差别很大，因此幼儿凭借经验无法解决这一问题。为了增加幼儿对这方面知识的了解，教师引导幼儿上网查阅那个时候人们所穿的衣服的样式、特点。在商讨帽子用什么做时，有的幼儿说："直接戴我的那个帽子(鸭舌帽)就行。"立刻有幼儿摇头："那个帽子不像，不能用。"还有的幼儿说："可以用纸围一圈，戴在头上当帽子。"有幼儿反驳："硬纸没有那么大，做起来也很麻烦，我觉得那个帽子很像洗澡时防止水进入眼睛的帽子，直接在那个帽子上装饰，就变成船夫的帽子啦。"其他幼儿听了立刻拍手叫绝。在激烈的讨论中，幼儿解决了服装、道具的设计难题。

（此案例由耿京金提供）

教师反思：

在幼儿因经验不足导致服装、道具设计遇到瓶颈时，教师一改往日直接讲述的方式，让幼儿通过上网查阅了解古人服饰的特点，寻找生活中的替代品并将其加以改装，从而完成服装、道具设计。在这个活动中，幼儿发挥了自主性。寻找替代品的过程也是幼儿发挥想象力的过程。教师运用教育智慧，逐步引导幼儿积累经验，体验活动的乐趣。

案例二："狐假虎威"组服装、道具的制作与彩排

1."狐假虎威"组服装、道具的制作

在商量老虎尾巴的制作方法时，结合玩报纸的经验，有幼儿提出可以用报纸制作尾巴。于是幼儿卷了一条"尾巴"。卷好后，问题出现了：如何戴上尾巴呢？经过讨论，他们提出两种解决办法：一种是用绳子系在腰上，还有一种是用松紧带系在腰上。紧接着一名幼儿提出疑问："这两种方法哪种比较好呢？"思考后，幼儿一致认为用松紧带好，因为绳子每次都需要系，他们系不好，并且浪费时间。达成一致后，幼儿动手操作，测量同伴腰围，在多次尝试打结未果后，主动寻求教师帮助。在教师的帮助下，他们顺利打好了一个结。幼儿在彩纸上画上花纹，将其粘在报纸尾巴上，一条老虎尾巴制作成功了。

在商量老虎服装大小时，幼儿很快想到让扮演老虎的幼儿躺在大纸上，画出上半身的轮廓，就是服装的大小。幼儿剪出两片"衣服"，拼粘成服装后发现扮演老虎的幼儿穿不进去。教师提问："衣服哪里不合适，为什么穿不进去？"幼儿发现，人是有"厚度"的，而之前做的衣服只有身体的前面和后面，也就是只有前胸后背，没有两个侧面。"怎么修改衣服呢？"教师追问。幼儿比着身体两侧的厚度，剪下两条纸，粘在两片衣服的两边，衣服就可以穿了。

2."狐假虎威"组节目彩排

"狐假虎威"组在准备好服装道具之后，在班级中进行彩排。幼儿带着制作的道具上场，开始了表演。

表演结束后，教师鼓励幼儿发表意见。一名幼儿提出："服装和道具很多，很漂亮。"还有幼儿说："扮演老虎的小朋友表情丰富，动作到位。""小鸟和小松鼠忘记上台时，小兔子会提醒他们俩。小朋友之间有提醒、有合作。"有幼儿举手补充道。教师问："你们认为哪些方面需要改进，可以怎么改？"幼儿列举出表演注意事项：表情、动作要大方，要让观众们看到；不能演着演着就跑到舞台的一边

了，最好在中间；旁白和表演要对得上……经过彩排和讨论，幼儿了解到了自己作品的优势和存在的问题，为真正的表演做好了准备。

（此案例由耿京金提供）

教师反思：

在"狐假虎威"组准备道具和表演的过程中，教师在幼儿出现失误时，没有立即给予纠正，而是让他们通过尝试自己发现问题，再通过追问帮助他们获得启发，从而有效地解决问题。比如，对于老虎衣服的制作，幼儿经历了较长的修改时间，获得了制作服装的感性知识，动手能力也得到了显著提升。

（二）幼儿戏剧活动"成语表演故事"案例分析

1. "刻舟求剑"组服装、道具计划制订案例分析

教师采用头脑风暴法，给幼儿充分讨论的机会，让幼儿了解不同人的想法。采用头脑风暴法，有利于培养幼儿多角度思考问题、解决问题的能力，培养幼儿的创造性思维。在小组讨论中，幼儿学会了倾听，学会了合作，培养了与同伴合作交流的能力。

另外，STEAM 教育比较重视对幼儿设计能力的培养，让幼儿做计划是培养幼儿设计能力的基础。当幼儿遇到问题难以解决时，教师采用引导幼儿探究的方法，让幼儿通过查资料等方式丰富相关经验。

2. "狐假虎威"组服装、道具制作案例分析

首先，STEAM 教育重视对幼儿问题解决能力和动手实践能力的培养。在幼儿遇到问题时，教师不是包办代替，而是采用试误法，给予幼儿充分的时间和机会，让幼儿不断尝试，不断思考如何解决问题。

其次，STEAM 教育重视跨学科知识的应用。例如，制作老虎的尾巴和服装涉及科学、数学、艺术等方面的知识。幼儿了解绳子和松紧带的不同特性，根据材料的性质选择合适的材料，将科学探究及科学知识运用于其中；利用实体测量、比较的方式，确定服装大小；运用数学知识，利用绘画、剪纸、粘贴等方式，进行艺术体现，表现老虎服装的特点。教师在幼儿讨论的过程中，以倾听者、观察者、引导者的身份，基于幼儿遇到的问题和困难，给予适时适地的指导。

3. "狐假虎威"组节目彩排案例分析

STEAM 教育理念非常重视评价主体的多元化，尤其是重视从幼儿的视角对

成果进行评价，旨在改变以往教师评价占主导的模式。在"狐假虎威"组节目彩排过程中，教师尊重幼儿的想法，给予幼儿充分表达的机会。幼儿表达自己观点的过程，也是相互评价和自我评价的过程。在评价中，幼儿可以相互学习，提高自省能力。

三、幼儿戏剧活动"好玩的皮影戏"案例呈现与分析

(一)幼儿戏剧活动"好玩的皮影戏"案例呈现

在"好玩的皮影戏"项目活动中，无论是在查找资料、积累经验阶段，还是在设计、实施、展示交流阶段，教师充分发挥幼儿的主体性，重视对幼儿问题解决能力的培养。以下是观看与了解皮影戏系列案例和皮影戏幕布支架制作系列案例。

案例一：观看与了解皮影戏系列案例

1. 幼儿对皮影戏产生浓厚的兴趣

多多小朋友最近在家中观看了皮影戏动画，来到幼儿园就跟教师和同伴说了起来："我看了哪吒闹海，里面有龙和海，还有一个带着项圈的小男孩，那个小男孩叫哪吒，特别厉害。"

其他幼儿听到后也想观看皮影戏。随着幼儿对皮影戏逐渐产生兴趣，教师提出问题："皮影戏跟我们平常看到的动画有什么不同?"幼儿发现皮影戏需要幕布，角色是用线操作的剪影，背景音乐和讲故事的声音跟平常不太一样……

幼儿通过观察、探讨，发现皮影戏与现在的动画有很大差异，这大大激发了他们对皮影戏的兴趣。很多幼儿回到家中与家长共同收集有关皮影戏的资料，到幼儿园后与同伴分享，如通过网络、书籍了解到皮影戏的制作过程、表演过程等。

2. 我想看现场皮影戏

幼儿对皮影戏产生了浓厚兴趣，经常在家中和爸爸妈妈一同搜索有关皮影戏的节目，甚至还利用周末到皮影剧院观看皮影戏。有些幼儿提出愿望："老师，我想去看现场皮影戏。"

教师问："哪里有现场皮影戏呢?"

幼儿的回答五花八门："网上说河北、山东有皮影戏。""木偶剧院应该有皮影

戏。""皮影戏博物馆肯定会有。"

教师又问："那你们想去哪里看皮影戏？想什么时候看呢？"

一名幼儿说："周末我们一起去看。"另一名幼儿郁闷地说："我周末有事不能去。"

紧接着有幼儿提出："老师带着我们一起去就好了。"又有幼儿说："路程那么远，人这么多，老师看不过来，有人丢了怎么办？而且我们去那么远的地方，我们赶不回来吃饭怎么办？"幼儿提出很多意见。

这时一名幼儿说："那我们在幼儿园看皮影戏不就好了，他们表演的舞台不太大，能够搬到我们的大房子里。"

根据幼儿的建议，教师又提出问题："这个建议可不可行需要问谁呢？"

幼儿想到可以问后勤老师。他们收集了大家的问题：可不可以在幼儿园举行皮影戏现场表演？如果可以，什么时候进行表演？我们可以进行采访吗？幼儿为了防止忘记，把大家提出的问题和想法记录在纸上，推荐三个小代表到后勤老师那里询问，然后把答案带回来分享。

在这一过程中，幼儿敢于提出自己的想法和问题，愿意想办法解决。教师以引导、提问的方式鼓励幼儿积极思考和讨论。

3. 采访皮影戏老师

在观看皮影戏前，幼儿非常兴奋，提出了很多相关问题。为了使观看表演后的采访目的性更强、思路更清晰，在采访前，幼儿小组商讨出了对于皮影戏想要了解的问题，教师协助幼儿制定了采访表，并将问题并记录了下来。

"我们如何采访呢？"幼儿表示首先要有礼貌，先跟皮影戏老师问好；然后选一个能够说清楚自己小组问题的小朋友做代表，请教皮影戏老师。

幼儿在采访中非常有序、认真，依次进行提问。幼儿把皮影戏老师的回答记录在之前的计划表里，对皮影戏方面的知识逐渐有了更多了解。

在设计观看皮影戏、采访皮影戏老师的过程中，教师采用小组讨论、制订采访计划表的方式，给幼儿提供了充分讨论的机会，提高了幼儿合作交流、制订计划的能力。幼儿结合自身经验和兴趣点进行提问，锻炼了口语交际能力。

（此案例由耿京金提供）

教师反思：

生动有趣的传统艺术——皮影戏深深地吸引着幼儿的注意力。为了欣赏皮影戏，幼儿集体商讨，制订观看计划，并自主商讨采访提纲。在这个活动的策划过程中，幼儿的积极性和主动性得到了充分发挥。教师在其中充当引导者和协助者的角色，帮助幼儿弥补经验的不足，从而使得活动顺利完成。

案例二：皮影戏幕布支架制作系列案例

在制作幕布前，教师提出问题："你想怎样制作皮影戏幕布？幕布的尺寸是多大？需要用到哪些材料？"

关于搭建皮影戏幕布支架的材料，幼儿提出三种：报纸卷成的纸筒，建筑区的积木和科学区的管子。关于皮影戏幕布的大小，幼儿提出：像班里的电视那么大，像桌子那么大，像图书区的墙面那么大。

由于几种想法都有支持者，为了给幼儿进一步思考的机会，教师让幼儿分小组尝试制作皮影戏幕布支架。

各组幼儿首先制作幕布计划书，包括：白布的大小、支架下部的高矮、支架的大小和材料等。这一过程巩固了组内每名幼儿对制作任务的了解，给了小组成员共同协商的机会，为之后的制作做了准备。幼儿在分组制作皮影戏幕布支架的过程中，发现问题，并共同解决问题。

1. 用报纸卷成的纸筒制作皮影戏幕布支架

提出用报纸卷成的纸筒制作皮影戏幕布支架的小组，在收集了足量的报纸后，将报纸卷成圆柱体。卷出五根后，一名幼儿提出："我们看看够不够。"这组的幼儿想要桌子那么大的幕布，于是幼儿用已经做好的五根报纸卷摆放在桌子的周围，发现五根报纸卷仅仅围了一个长加一个宽。一名幼儿说："我们还得继续做。""还需要卷多少报纸呢？""一个桌面有两个长两个宽，所以还需要五根。""下面还需要支柱，不能光是布的架子啊。"于是幼儿确定要做五根以上的柱子。幼儿积极动手制作，很快所有的报纸卷都做好了。接下来幼儿选择利用胶条粘连报纸卷。起初两根报纸卷连接后，幼儿没有发现太多的问题；但当报纸卷不断增加，高度也随之增加后，幼儿发现有些地方出现了折断的现象。于是他们又用了许多胶条固定，但仍然没有成功……

2. 用积木制作皮影戏幕布支架

用积木制作皮影戏幕布支架的小组来到建筑区，选择适宜的积木进行搭建。他们先从下部的两边往上垒高。一名幼儿提出："我们怎么把它粘起来呢？"有的幼儿拿来双面胶，有的拿来大胶条。粘牢后，幼儿根据之前用尺子量的宽度，把两边搭好的柱子挪宽了一些，使之与之前测量的宽度相同。在挪的过程中，积木出现晃晃悠悠的现象。幼儿发现后相互扶着积木，把两边的柱子挪到相应宽度。接下来，幼儿在摆放白色幕布的时候遇到了很大的困难。在连接横向的积木时，无论用大胶条还是双面胶都无法固定。幼儿尝试多次都未果。教师问道："为什么会这样呢？"幼儿说："因为积木太重了，并且比较大，根本粘不牢。"

3. 用管子制作皮影戏幕布支架

用科学区的管子制作支架的幼儿相互配合，很快完成了皮影戏幕布支架的制作，还把皮影戏的白布摆放好了。制作成功后，幼儿兴高采烈地跟同伴分享他们的成品，但他们的手一直没有离开支架。教师鼓励他们放手试一试。结果他们一撒手，支架就倒了。教师问："为什么会这样呢？"一名幼儿说："因为中间没有连接好，总是开。"他一边说一边使劲地把两根管子插在一起。

三组幼儿都完成制作之后，教师组织所有幼儿利用图片及视频的方式观看各组的制作情况，并提出问题："你们在制作过程中发生了什么事情？发现了哪些问题？"幼儿如实地做了回答。教师又问："这三种材料中，哪种最适合制作皮影戏幕布支架，为什么？"幼儿都提出管子是最适合制作皮影戏幕布支架的，因为管子之间有插口，容易连接；比较硬，不容易坏；比较轻，具有方便取放的优点。结合利用科学区管子制作的小组的成品，教师引导幼儿继续探讨："谁能说一说皮影戏幕布支架存在的问题或提一些改进建议？"幼儿提出："这个支架有点软，不扶着容易倒。""支撑白布的中间位置容易断，应该更结实一些。"教师继续提问："那我们可以如何改进呢？"有的幼儿提出："我们可以用胶条粘。"有的幼儿说："这是科学区的玩具，我们可以到门口的爷爷那里再拿一些新的管子吗？这样我们锯的时候中间不留缝就好了。"很多幼儿都支持这个想法，于是他们借了很多新管子、接头等。完成测量后，教师帮助幼儿把管子锯出所需的长度。之后幼儿相互合作，最终把皮影戏幕布支架做好了。

（此案例由耿京金提供）

教师反思：

在皮影戏幕布支架制作过程中，教师依据幼儿的兴趣和爱好，充分发挥幼儿在活动中的主体作用，让幼儿在自由的氛围中实现创造力的发展。幼儿间有效的交流互动也为其各方面能力的发展提供了帮助。这些都是 STEAM 教育理念提倡的学习形式。

(二)幼儿戏剧活动"好玩的皮影戏"案例思考与分析

1. 源于幼儿的兴趣，发挥幼儿的主体作用

与皮影戏相关的活动源于幼儿感兴趣的话题。教师在幼儿对皮影戏进行话题讨论时，能够利用提问的方式，引导幼儿观察、发现皮影戏与普通动画的不同。幼儿在对自己感兴趣的内容进行观察和比较的过程中了解到了事物的差异，对自己感兴趣的内容有了更深刻的认识，能自觉地利用不同的途径收集有关皮影戏的资料。在这个过程中，幼儿成为学习的主体，从被动地了解事物的表象转化为主动地探索事物的本质。

2. 源于幼儿的真实问题，提供开放的信息交流平台

在采访皮影戏老师的案例中，教师协助幼儿讨论制定采访表，让幼儿将需要解决的问题记录在采访表中，给予了幼儿充分讨论与交流的机会，鼓励幼儿分组思考、大胆采访。通过采访，幼儿了解到了皮影戏的相关知识，为之后设计皮影戏、表演皮影戏打下了基础。

制作皮影戏幕布支架是一个小工程。从材料选择，到分组制作，再到在制作中发现问题、解决问题，教师没有因为提前知道幼儿选择的材料不合适而阻止幼儿探索与操作，而是在幼儿提出自己的想法后鼓励他们大胆探索、动手尝试。在幼儿遇到瓶颈、实在无法解决时，教师也没有否定幼儿的想法，而是提供了相互分享的平台，利用照片和视频引导幼儿通过对比发现运用不同材料出现的问题，进而选择合适的材料，最终得出管子最适合做支架的结论。幼儿通过了解管子跟积木、报纸的不同，丰富了对感性知识的积累。

（本章内容由北京市朝阳区丽景幼儿园孟娜、李俊、李佳景、

蒋华青、唐燕等撰写）

参考文献

[1]陈迈 . 逐格动画技法[M]. 北京：中国人民大学出版社，2005.

[2]戴平 . 戏剧——综合的美学工程[M]. 上海：上海人民出版社，1988.

[3]韩磊 . 怪兽来了：定格动画摄影棚[M]. 北京：中国青年出版社，2004.

[4]李林，肖玉林 . 学前儿童文学[M]. 上海：复旦大学出版社，2008.

[5][美]玛格丽特·赫尼，[美]大卫·E. 坎特 . 设计·制作·游戏：培养下一代 STEAM 创新者[M]. 赵中建，张悦颖，译 . 上海：上海科技教育出版社，2015.

[6]潘云泽，王以宁 . 信息化进程中教育技术的创新与应用[M]. 长春：吉林大学出版社，2004.

[7]朱家雄 . 学前儿童美术教育[M]. 上海：华东师范大学出版社，1999.

[8]傅骞，刘鹏飞 . 从验证到创造——中小学 STEM 教育应用模式研究[J]. 中国电化教育，2016(4)：71-78，105.

[9]李小涛，高海燕，邹佳人，等 . "互联网＋"背景下的 STEAM 教育到创客教育之变迁——从基于项目的学习到创新能力的培养[J]. 远程教育杂志，2016(1)：28-36.

[10]孟蝶 . 浅谈定格动画的发展与现代媒体的关系[J]. 黑龙江教育学院学报，2013(5)：126-127.

[11]时慧 . 建构主义视域下的 STEAM 教育探析[J]. 中国信息技术教育，2017(Z2)：84-87.

[12]孙江山，吴永和，任友群 . 3D 打印教育创新：创客空间、创新实验室和 STEAM[J]. 现代远程教育研究，2015(4)：96-103.

[13]田梓林 . 刍议定格动画创作中材料应用与研究[J]. 才智，2014(23)：290.

[14]叶兆宁，朱丽娜，杨元魁 . "集成式 STEM"课程如何实现各领域的集成——

以美国 STEM 课程单元《电梯》为例[J]. 人民教育，2016(12)：58-63.

[15]余胜泉，胡翔. STEM 教育理念与跨学科整合模式[J]. 开放教育研究，2015(4)：13-22.

[16]曾婷. STEAM 教育的内涵、特征与实施路径[J]. 教育现代化，2017(33)：271-273.

[17]赵慧臣，陆晓婷. 开展 STEAM 教育，提高学生创新能力——访美国 STEAM 教育知名学者格雷特·亚克门教授[J]. 开放教育研究，2016，22(5)：4-10.

[18]赵慧臣，周昱希，李彦奇，等. 跨学科视野下"工匠型"创新人才的培养策略——基于美国 STEAM 教育活动设计的启示[J]. 远程教育杂志，2017(1)：94-101.

[19]赵闪. STEAM 教育探析[J]. 科技视界，2016(7)：156.

[20]王冬. 现代定格动画表现语言变化与发展的研究[D]. 广州：广州大学，2013.

[21]韩丰. 从 STEM 到 STEAM 增加的何止艺术[N]. 中国教师报，2016-06-22.

[22]林静. STEAM 教育如何对接核心素养[N]. 中国教育报，2017-01-04.

[23]钟秉林. STEAM 教育如何本土化[N]. 人民政协报，2017-04-05.